国家社会科学基金资助项目（项目批准号：19BJY240）

金融开放影响实体经济和虚拟经济非平衡增长

研究

袁申国 刘兰凤 ◎ 著

中国财经出版传媒集团

经济科学出版社

Economic Science Press

图书在版编目（CIP）数据

金融开放影响实体经济和虚拟经济非平衡增长研究/
袁申国，刘兰凤著 . −−北京：经济科学出版社，
2022. 10

ISBN 978 − 7 − 5218 − 4152 − 7

Ⅰ . ①金⋯　Ⅱ . ①袁⋯②刘⋯　Ⅲ . ①金融开放 − 影
响 − 中国经济 − 经济增长 − 研究　Ⅳ . ①F832.0②F124.1

中国版本图书馆 CIP 数据核字（2022）第 195610 号

责任编辑：周国强
责任校对：隗立娜
责任印制：张佳裕

金融开放影响实体经济和虚拟经济非平衡增长研究

袁申国　刘兰凤　著

经济科学出版社出版、发行　新华书店经销

社址：北京市海淀区阜成路甲 28 号　邮编：100142

总编部电话：010 − 88191217　发行部电话：010 − 88191522

网址：www. esp. com. cn

电子邮箱：esp@ esp. com. cn

天猫网店：经济科学出版社旗舰店

网址：http: //jjkxcbs. tmall. com

固安华明印业有限公司印装

710 × 1000　16 开　17. 25 印张　300000 字

2022 年 10 月第 1 版　2022 年 10 月第 1 次印刷

ISBN 978 − 7 − 5218 − 4152 − 7　定价：98. 00 元

（图书出现印装问题，本社负责调换。电话：010 − 88191510）

（版权所有　侵权必究　打击盗版　举报热线：010 − 88191661

QQ：2242791300　营销中心电话：010 − 88191537

电子邮箱：dbts@ esp. com. cn）

前　　言

　　本书主要针对中国经济出现的"脱实向虚"现象，从金融开放视角寻求引起该经济现象的原因。全书在分析金融开放影响实体经济和虚拟经济非平衡增长机制的基础上，建立局部和一般均衡模型，从理论上探讨金融开放是否引起了实体经济和虚拟经济非平衡增长。然后使用宏观、微观数据实证考察了金融开放引起两类经济非平衡增长的客观事实，并通过实证分析了金融开放引起两类经济非平衡增长的路径，包括金融开放对行业资本配置效率、企业资产组合和企业融资能力的影响。最后在理论和实证研究基础上提出了相关政策建议。

　　本书首先简要介绍了选题背景、研究目标和研究价值、研究思路、基本分析框架和研究方法、研究内容和主要创新点。然后对国内外主要研究文献进行了回顾和梳理，同时还系统分析了国际和国内学术界在相关领域的最新研究成果和发展趋势，并对国内外相关研究进行了评述和总结。接着建立一新型开放经济宏观（NOEM）模型模拟不同金融开放度和金融效率下中国宏观经济变量波动情形，同时使用省际层面和国家层面面板数据实证考察了金融开放与中国宏观经济变量波动性的关系。主要目的是了解中国金融开放对各宏观经济变量波动是否产生影响，如果金融开放显著影响宏观变量波动性，表明金融开放对经济增长具有显著影响，从而为后面实证研究金融开放影响两类经济非平衡增长奠定基础。模拟和实证结果都表明金融开放对产出、投资和消费波动性的影响显著。接下来用四章的篇幅从实体经济和虚拟经济总量、分行业、分地区以及金融开放空间效应视角，通过实证研究深入考察金融开放引起实体经济和虚拟经济非平衡增长的客观事实。其中，第4章主要针对中国金融开放逐步扩大背景下实体经济和虚拟经济出现显著非平衡增长的事实，研究金融开放对实体经济和虚拟经济整体增长的影响，目的是考察金融开放与实体经济和虚拟经济产出非平衡增长的关系。通过使用两部门模型从理论上推导了金融开放与两类经济产出比的关系，并建立相应计量模型实证分析了金融开放对实体经济和虚拟经济总产出比的影响，随后又分别考察了金融开放对实体经济和虚拟经济整体增长率影响的差异性。研究发现金融开放显著提高了虚拟经济和实体经济产出之比，金融开放对虚拟经济增长具有显著的促进作用，对实体经济增长作用不明显甚至可能产生了负向影响。第5章、第6章分别考察了金融开放对不同行业和不同地区实体经济和虚拟经济非平衡增长的影响。第7章建立空间面板模型考察金融开放的空间效应及其对实体经济和虚拟经济非平衡增长的影响程度。

接下来的三章主要研究金融开放是否通过影响实体经济行业资本配置效率、企业投资结构和企业债务融资能力而影响实体经济增长以及造成实体经济和虚拟经济非平衡增长，以便深入了解金融开放影响实体经济的路径和机制。其中，第8章通过研究金融开放与实体经济行业资本配置效率的关系，从地区层面考察金融开放影响实体经济的路径和机制。第9章从微观角度研究金融开放对实体经济企业固定资产和金融资产投资组合的影响，考察金融开放总指标以及资本跨境流入和跨境流出子指标是否与企业投资组合选择有关，以便深层次了解跨境流动资本是更能促进固定资产投资还是更能促进金融资产投资。第10章从微观角度研究金融开放对实体经济企业债务融资的影响，主要目的是深入了解金融开放是否有利于提高实体经济企业融资能力从而促进企业投资和实体经济增长。

本书得出的主要结论：第一，金融开放显著促进了实体经济和虚拟经济非平衡增长，因而金融开放扩大可能是引起中国经济出现"脱实向虚"的原因之一；第二，金融开放引起的空间效应对两类经济非平衡增长同样具有重要影响；第三，金融开放主要通过影响行业资本配置效率、企业投资结构和企业债务融资能力而影响了实体经济和虚拟经济非平衡增长。

目　　录

第1章

导　　言

1.1　研　究　背　景

20 世纪 90 年代以来，随着全球经济一体化程度加深，世界各国不同程度地扩大了金融开放。无可否认，金融开放对各国经济的发展起到了很大的推动作用。但在金融开放逐步扩大背景下不少国家出现了需要共同面对的问题，即去工业化，或称经济金融化、经济"脱实向虚"。同样，中国金融开放较大地促进了中国经济快速发展，但在金融开放逐步扩大过程中国实体经济和虚拟经济也出现了显著非平衡增长，经济"脱实向虚"趋势明显。

由图 1 - 1 可知，1996 ~ 2007 年中国金融开放度事实指标呈现出显著的快速增长趋势，2008 年受到金融危机冲击的影响，随后金融开放度事实指标基本保持在 1.0 上下波动，2018 年之后又呈现出扩大趋势。在此期间，中国经济出现较为明显的"脱实向虚"现象。具体表现为：1996 ~ 2020 年以实体经济宽口径计算的行业增加值占当年 GDP 的比重呈现明显的下降趋势，由 1996 年的 81.7% 下降到 2020 年的 61.1%，而虚拟经济行业增加值占当年 GDP 比重则呈明显上升趋势，由 1996 年的 8.8% 上升到 2020 年的 15.6%。其中实体经济行业包括农林牧渔业、工业、建筑业、批发和零售业、交通运输、仓储和邮政业、住宿和餐饮业，虚拟经济行业包括房地产业和金融业。此期间货币供应量 M2 与 GDP 比值也呈现明显的上升趋势，由 1996 年的 1.06 上升到 2020 年的 2.15。另外，中国 2014 年银行金融机构资产、股票市值和债券存量等虚拟资产之和为 GDP 的 2.81 倍，2017 年为 GDP 的 3.18 倍。[①]

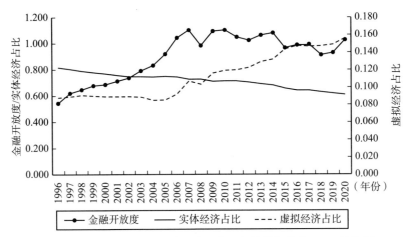

图 1-1 金融开放度、实体经济和虚拟经济增加值占 GDP 的比重

资料来源：国家统计局网站。

这给我们提出如下课题：为什么金融开放扩大背景下实体经济和虚拟经济出现了显著非平衡增长，实体经济行业增加值占 GDP 的比重一直呈下降趋势，虚拟经济行业增加值占 GDP 的比重一直呈上升趋势？金融开放是否对实体经济增长产生了积极影响？金融开放对实体经济增长和虚拟经济增长的影响是否存在差异性？出现这种差异性影响的原因或者影响路径是什么？

一般而言，金融开放对本国实体经济会产生以下几种影响：一是金融开放有助于引入更多外资进入实体经济，同时会加剧竞争而有助于本国资金进入实体经济，从而有利于促进"金融服务实体经济"。二是金融开放引入的外资可能更多进入金融领域而未进入实体经济，本国投资实体经济的资金因金融开放而流向他国，从而不利于实体经济发展。三是金融开放引起资本跨境流动可能改变一国贸易品相对价格和金融资产价格，从而影响实体经济和虚拟经济的非平衡发展。另外，一般认为金融抑制会阻止产业结构由工业向服务业转型。根据此观点，金融开放也可能会促使实体经济和虚拟经济出现非平衡增长。因为金融开放扩大会降低金融抑制程度促进服务业尤其是金融

---

① 中国人民银行网站：统计数据与标准。

业发展而使制造业等实体经济发展相对减缓。基于以上背景，本书将深入考察中国金融开放对实体经济增长是否具有积极推动作用，同时深入比较研究中国金融开放影响实体经济和虚拟经济增长的差异性，一方面了解金融开放是否影响了实体经济和虚拟经济非平衡增长；另一方面了解金融开放通过哪些路径影响实体经济和虚拟经济非平衡增长，以便从金融开放视角考察中国经济"脱实向虚"问题，使金融更好地服务实体经济。

1.2　研究目标和研究价值

1.2.1　研究目标

本书根据中国经济近年出现"脱实向虚"现象，从金融开放视角深入考察金融开放对实体经济增长是否产生了显著影响，以及金融开放如何影响实体经济增长。同时，比较分析金融开放对实体经济和虚拟经济增长影响的差异，以便弄清金融开放是否在一定程度上促使经济"脱实向虚"。本书的研究目标包括以下几点：

（1）弄清金融开放背景下中国金融开放对实体经济增长的影响，并考察金融开放对实体经济和虚拟经济增长影响的差异性，通过相关研究厘清金融开放与中国经济"脱实向虚"问题的关系。

（2）考察金融开放影响实体经济增长和虚拟经济增长出现差异性的机制路径，从金融开放视角为中国解决经济"脱实向虚"问题提供理论和实证参考。

（3）从金融开放视角寻求解决中国实体经济和虚拟经济非平衡发展问题，使"金融更好地服务实体经济"。

1.2.2　研究价值

1.2.2.1　学术价值

（1）不同的研究视角。从金融开放角度研究中国实体经济增长，并与虚拟经济增长进行比较，为深入了解中国实体经济和虚拟经济非平衡增长提出了不同的研究视角。

（2）拓宽了研究领域。将金融开放对整体经济影响的研究拓展渗透到对实体经济三个层次及虚拟经济影响研究中，拓宽了金融开放对经济增长影响的研究领域。

（3）拓展了理论模型，提供了新的研究思路。将金融开放参数引入非平衡增长模型中，将金融开放和金融效率参数引入动态随机一般均衡（dynamic stochastic general equilibrium，DSGE）模型中，为研究金融开放与中国实体经济和虚拟经济非平衡增长和经济波动关系提供了新的理论思路，同时也为研究"金融更好地服务实体经济"提供了新的研究思路。

1.2.2.2 应用价值

（1）有助于各经济主体深刻了解金融开放与中国实体经济和虚拟经济非平衡增长的关系。本书从理论和实证两方面研究金融开放对中国实体经济和虚拟经济的影响，以便深入了解是金融开放对实体经济增长影响更大还是对金融自身增长影响更大？对了解金融开放与中国经济"脱实向虚"的关系以及从金融开放角度解决金融"脱实向虚"问题具有重要现实意义。

（2）有助于决策者从金融开放角度寻求解决中国经济"脱实向虚"问题的办法。本书从金融开放角度为决策者解决中国经济"脱实向虚"问题提供理论和实证依据，同时也提供了新视角。

（3）有助于促进中国扩大金融开放进程中的各项金融改革，使金融更好地服务实体经济。扩大金融开放必须有助于中国经济"脱实向虚"问题的解决，本书的研究成果将有助于促使金融开放扩大进程中的各项金融改革更好地为实体经济服务。

1.3 研究思路、框架和方法

1.3.1 研究思路

本书主要比较研究金融开放对实体经济和虚拟经济增长的影响，以及考察金融开放引起实体经济和虚拟经济非平衡增长的机制和路径。

总体研究思路为（见图 1－2）：首先，根据已有理论和相关文献，深入分析金融开放影响实体经济和虚拟经济增长机制。接着在此基础上通过建立 DSGE 模型和两部门非平衡增长宏观经济模型，分别研究金融开放对经济增长波动性及实体经济和虚拟经济非平衡增长的影响，并使用空间计量模型分别考察金融开放对地区实体经济和虚拟经济增长及其增长差距的影响。随后从实体经济资本配置效率、企业投资结构和融资约束三个方面实证考察金融开放影响实体经济和虚拟经济增长差异性的路径。最后，根据前述研究，详细阐述扩大金融开放进程中资本流向控制和监管问题及其相应对策。

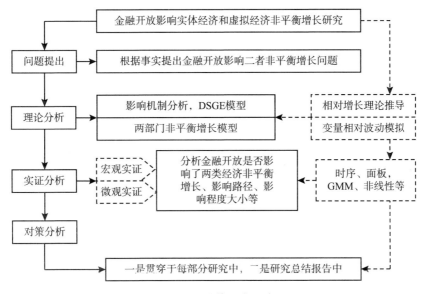

图 1－2　总体研究思路

1.3.2　研究框架

本书共分为 10 章。

第 1 章为导言，主要包括研究背景、研究目标和研究价值、研究思路、研究框架和研究方法、研究内容以及研究结论等。

第 2 章为文献综述。主要对已有文献进行梳理和评述。包括金融开放界定、金融开放测度等相关文献；实体经济和虚拟经济界定的相关文献；金融开放对经济增长和经济波动影响的相关文献；金融开放、空间效应和地区经济增长等相关文献；金融开放对实体经济企业资本配置效率、固定资产投资和金融资产投资组合以及企业融资的影响等相关文献。

第 3 章到第 7 章主要研究金融开放对实体经济和虚拟经济波动性和增长的影响。第 3 章通过建立 DSGE 模型模拟金融开放扩大和金融效率提高对宏观经济相应变量波动性的影响，同时使用计量模型考察金融开放与宏观经济变量波动性之间的关系。第 4 章主要比较研究金融开放对实体经济和虚拟经济产出增长影响的差异性。第 5 章从地区视角考察金融开放对地区两类经济增长影响的差异性，同时，研究金融开放对实体经济和虚拟经济产出增长影响的非线性特征。第 6 章从行业视角进一步深入考察金融开放对不同行业产出增长影响的差异性。第 7 章建立空间计量模型，考虑金融开放对产出增长影响具有空间效应，进一步分析金融开放对实体经济和虚拟经济增长的影响。

第 8 章到第 10 章主要考察金融开放通过哪些路径影响实体经济和虚拟经济非平衡增长。具体从金融开放对行业资本配置效率、企业投资机构和债务融资能力的影响三个方面开展研究。

1.3.3　研究方法

本书采用理论研究与实证研究相结合、数值模拟与计量回归分析相结合以及比较研究的方法，详细深入地考察了金融开放对实体经济与虚拟经济增长的影响及其影响的差异性。

1.3.3.1　理论研究与实证研究相结合

理论研究方法主要有非平衡增长两部门模型和 DSGE 模型。首先，将鲍莫尔（Baumol, 1967）两部门非平衡增长宏观经济模型拓展到实体经济和虚拟经济非平衡增长研究中。其次，使用 DSGE 模型分析金融开放、金融效率和经济波动的关系。将两部门模型适当变换引入含金融效率参数的 DSGE 模型中，模拟金融开放度和金融效率取不同值时，实体经济各宏观变量波动性的变化情况。实证研究主要包括：①金融开放的空间效应分析，以及金融开放空间效应对地区经济增长的影响；②金融开放对实体经济企业固定资产与金融资产投资组合比例的影响；③金融开放对实体经济资本配置效率的影响；④金融开放对企业债务融资的影响。

1.3.3.2　数值模拟与计量回归分析相结合

在考察金融开放、金融效率对宏观经济变量波动性的影响时，建立包含消费者、企业、金融效率、货币政策、财政政策方程 DSGE 模型，使用贝叶斯方法估计模型参数，随后模拟不同金融开放度、不同金融效率下，产出、消费、投资、名义利率、就业和通货膨胀率波动性。计量回归分析主要使用宏观总量时间序列和省际、行业、企业动态或静态面板数据，进行 GMM、固定效应、随机效应等方法估计。另外还使用省际数据和空间计量模型考察金融开放的空间效应及其对地区经济增长的影响。

1.3.3.3　比较研究

本书针对具体的研究主题做了相应的比较研究。具体包括：①比较研究了金融开放对实体经济和虚拟经济增长影响的差异性，主要考察金融开放是否是引起两类经济非平衡增长的原因之一。②比较研究了金融开放事实指标对实体经济不同行业固定资产和金融资产投资组合比例的影响，同时还分别比较研究了资本跨境流出和资本跨境流入对实体经济两类资产组合比例的影响。③比较研究了金融开放对不同性质、不同规模企业债务融资能力的影响。④比较研究了金融开放对不同地区实体经济和虚拟经济增长的影响，同时还比较研究了金融开放对不同地区实体经济资本配置效率的影响。

1.4　研　究　内　容

1.4.1　各变量指标构建

（1）实体经济分 R_0、R_1 和 R_2 三个层次指标。虚拟经济指标分：①金融业和房地产业；②从实体企业剥离出金融投资和金融资产。具体包括产出比、固定资产投资与金融资产比等。

（2）金融开放指标分：①法定指标，根据汇率制度、进口经常账户交易、资本账户交易、出口收入强制结汇、金融业开放 5 个方面开放程度进行相应赋值计算得到。②事实指标，包括 FDI、资本流入、资本流出以及二者之和占 GDP 比值。分国家层面、省级层面二级指标。

（3）金融效率指标，包括金融机构效率、金融市场效率和投资储蓄转化率。

1.4.2　金融开放影响实体经济与虚拟经济非平衡增长机制分析

金融开放影响实体经济与虚拟经济非平衡增长机制分析包括两个方面。一方面，从理论层面分析金融开放影响实体经济增长机制，该内容包含在本书章节中。金融开放引起资本跨境流动会影响国内贸易品相对价格、金融资产价格、汇率而对实体经济增长产生影响。另外，金融开放政策制定时会影响投资者预期，执行时反映了制度变化，这都会影响投资者在固定资产和金融资产投资之间作出调整。同时，金融开放使得国外资金流入国内实体经济或者虚拟经济，国内用于固定资产投资或者金融资产投资资金会流向国外。金融开放会影响金融加速器效应、分散投资风险和金融创新而影响实体经济和虚拟经济发展。金融开放还会加剧竞争而推动实体经济和金融业发展，后者会对实体经济产生"挤出效应"。金融开放还会缓解金融抑制而促使产业由工业向服务业转型，有利于金融业发展而对实体经济可能产生"挤出效应"。另一方面，实证考察金融开放影响实体经济和虚拟经济非平衡增长的路径，包括金融开放对行业资本配置效率、企业固定资产和金融资产投资组合、企业债务融资能力三个方面的影响。

1.4.3　金融开放、实体经济和虚拟经济非平衡增长研究

金融开放、实体经济和虚拟经济非平衡增长研究内容包含第 3~7 章。主要通过理论推导和实证检验考察金融开放是否是引起中国经济"脱实向虚"的原因之一，即金融开放是否引起了实体经济和虚拟经济非平衡增长。

1.4.3.1　金融开放与宏观经济增长波动性（第 3 章）

本章主要目的是了解中国金融开放与各宏观经济变量波动性之间的关系，如果金融开放显著影响了宏观经济变量波动性，表明金融开放对经济增长产生了一定的影响。究竟对实体经济增长影响大还是对虚拟经济增长影响大，则需要进一步深入研究。本章首先建立一新型开放经济宏观（NOEM）模型模拟不同金融开放度和金融效率下中国宏观经济变量波动情形，然后在模拟基础上使用面板计量模型和中国经济数据，实证分析金融开放、金融效率对宏观经济变量波动性的影响，考察了金融开放扩大、金融效率提高是加大还是降低了中国经济波动性问题。模拟结果显示，在金融效率不变时扩大金融开放会使得消费、投资波动性先降后升呈 U 形特征，产出和利率波动性先表现出较平稳而后上升，就业和通货膨胀波动性则一直上升。在保持金融开放不变时，产出、消费、投资、利率、就业、通货膨胀率波动性都随着金融效率提高呈下降趋势。表明如果中国继续扩大金融开放而不同时提高金融效率，将会引起宏观经济波动不确定性增加，金融效率的提高有利于平滑各宏观经济变量波动性。实证分析结果也表明金融开放扩大会加大产出的波动性，而提高金融效率可以平滑产出、消费和投资波动性。

1.4.3.2　金融开放与实体经济和虚拟经济产出非平衡增长（第 4 章）

根据第 3 章研究结论，金融开放对宏观经济变量波动性产生了显著的影响，其中金融开放扩大加大了产出波动性，表明金融开放对经济增长产生了一定的影响。本章主要考察金融开放对实体经济和虚拟经济产出增长是否产生了非平衡影响，并从资本流出和资本流入两个方面深入研究该主题。针对中国金融开放逐步扩大背景下实体经济和虚拟经济出现显著非平衡发展的事实，本章考察了金融开放与实体经济和虚拟经济产出非平衡增长的关系。通过使用 1996～2016 年 29 个省际面板数据和两阶段工具变量回归方法估计发现，金融开放扩大显著提高了虚拟经济与实体经济产出之比。样本期间使用资本跨境流动总额衡量的事实金融开放度提高 1%，促使中国虚拟经济与实体经济产出之比大约上升 0.70%。进一步分析发现，金融开放扩大显著提高了虚拟经济产出增长率，而对实体经济产出增长率的影响不十分明显甚至产生负面影响。当将金融开放分解为资本流入和资本流出两个子指标进行回归分析时得出的结论基本一致。

1.4.3.3　金融开放影响两类经济增长地区差异性及非线性特征（第5章）

本章主要考虑到中国地区经济非平衡增长的特点较为明显，同时各地区实际金融开放程度差异较大，所以从地区角度研究金融开放对不同地区实体经济和虚拟经济增长的影响。另外，由第3章结论可知，金融开放对投资和消费波动性的影响呈现出 U 形特征，本章从地区角度进一步深入分析金融开放对实体经济和虚拟经济增长的影响是否也具有非线性特征。

1.4.3.4　金融开放影响两类经济增长行业差异性（第6章）

本章根据《国民经济行业分类（GB/T 4754—2017）》标准，研究金融开放对不同行业产出增长的影响，进一步从行业角度考察金融开放对实体经济行业和虚拟经济行业影响的差异性，其中行业分为农林牧渔业、工业、建筑业、批发和零售业、交通运输、仓储和邮政业、住宿和餐饮业、金融业、房地产业、其他行业九大类，虚拟经济行业包括金融业和房地产业，其他七类为实体经济行业。

1.4.3.5　金融开放、空间效应与两类经济非平衡增长（第7章）

本章主要研究一个地区扩大金融开放是否会产生一定的空间效应而影响其他地区经济增长？同时，考察这种空间效应是对其他地区的经济增长产生了正向影响还是负向影响？这种空间效应大小与一个地区金融开放度大小以及时间长短是否有一定的关系？研究结果可以为中国进一步扩大金融开放时如何考虑地区间金融开放度差异提供相应实证经验。

金融开放对经济增长的影响会产生一定的空间溢出效应，同时也可能因竞争资源而产生资源转移效应，综合效应究竟表现为地区促进还是地区竞争需进行相关研究。这部分使用 2003～2017 年中国省际数据和相应的空间面板模型对该问题进行了深入考察。研究发现：金融开放影响经济增长的空间效应表现为显著的地区竞争，即其他地区金融开放扩大对本地区经济增长产生了显著的负向空间效应。进一步分析发现：金融开放度相对较小的地区对其他地区经济增长影响产生的负向空间效应大于金融开放度相对较大地区产生的负向空间效应；同时，通过分析空间效应的动态特征发现随着时间推移和各地区金融开放度增加，金融开放对经济增长影响的空间效应呈现出减弱趋势，且各地区面临的空间效应短期要大于长期。由此得到启示，从国内看，为减少中国地区不平衡发展程度，各地区应尽量减少金融开放度差异性，从全球看，与其他国家相比中国保持相对更高的金融开放度更有利于中国经济增长。

1.4.4　金融开放影响两类经济非平衡发展路径研究

这部分研究内容包含第 8～10 章。主要研究金融开放是否通过影响实体经济企业资本配置效率、投资结构和债务融资能力而影响实体经济增长，从而引起实体经济和虚拟经济非平衡增长。具体研究内容为：

1.4.4.1　金融开放与实体经济资本配置效率（第 8 章）

本章通过研究金融开放与实体经济资本配置效率的关系，从地区层面考察金融开放影响实体经济的路径和机制。本章从宏观视角考察金融开放对实体经济资本配置效率的影响。通过使用沃格勒（Wurgler，2000）资本配置效率模型和中国 30 个省份 2007～2016 年面板数据研究发现：中国实体经济资本配置效率整体有效，但配置效率低下。从分地区看有明显的区域差异，其中东部地区实体经济资本配置效率最高，中部次之，西部地区存在无效配置。金融开放对实体经济资本配置效率产生了一定的影响，总体上使得资本配置效率有所卜降，这可能是中国实体经济和虚拟经济非平衡增长的部分原因。进一步分析发现：金融开放程度较高的地区对实体经济资本配置效率的影响相对更大，具体表现为金融开放程度相对较高的东部地区，金融开放对实体经济资本配置效率产生显著的负向影响，而金融开放程度相对较低的中西部地区，金融开放对实体经济资本配置效率的影响不显著。

1.4.4.2　金融开放对企业固定资产－金融资产投资组合影响研究（第 9 章）

本章从微观企业角度研究金融开放对实体经济增长的影响，以便深入了解金融开放影响实体经济的路径和机制。基于实体经济企业 2003～2019 年动态面板数据，使用系统 GMM 方法研究了金融开放对实体经济三个层次企业固定资产和金融资产投资组合比例的影响。实证结果表明，无论对实体经济哪个层次，金融开放扩大都显著降低了二者之比。金融开放对不同行业影响显著不同，其中对农业、建筑业和其他工业企业固定资产－金融资产投资组合比例的负向影响最大，其次是除房地产业和金融业以外的其他服务业企业，再次是制造业。同时，金融开放引起的资本跨境流出对二者比例负向影响大于资本跨境流入的影响。另外，金融开放与金融资产收益率、经济不确定性对二者比例负向影响具有相互强化作用。

1.4.4.3 金融开放、资产负债表与企业债务融资能力（第10章）

本章从微观角度研究金融开放对实体经济企业债务融资能力的影响，主要目的是深入了解金融开放是否有利于提高实体经济企业融资能力从而促进企业投资和实体经济增长。本章利用上市公司面板数据实证考察了金融开放对企业债务融资规模和融资期限结构的影响。研究发现，金融开放通过弱化企业债务融资约束显著提高了企业债务融资能力，在资产负债表状况不变时，金融开放扩大明显增加了企业债务融资规模和企业长期贷款在总贷款中的比例。进一步分析发现，金融开放对不同性质和不同规模企业债务融资能力的影响存在显著差异。金融开放对企业债务融资规模的影响具有明显的金融加速器效应，相对于国有企业和大规模企业而言，金融开放对民营企业和中小型企业的债务融资规模影响更大。但对企业债务期限结构的影响则出现相反情形，表明金融开放并未改变金融机构对民营企业和中小型企业贷款风险更多担忧的现状。本章研究结论与第8章、第9章研究结论结合起来可知，金融开放扩大提高了企业贷款能力，在金融开放扩大进程中企业更容易获得贷款。但是，企业并未将获得的贷款更多地用于固定资产投资项目，而是将更多的资金投入了金融资产，造成企业资本配置效率下降、固定资产和金融资产投资比例减少，促使实体经济和虚拟经济非平衡增长，从而加大了中国经济"脱实向虚"程度。

1.4.5 金融开放更好地服务实体经济政策研究

主要根据前述研究从金融开放角度寻求金融如何更好地服务实体经济的相关政策，使中国经济更有效地"抑虚扬实"。即深入探讨中国扩大金融开放过程中，如何通过相关政策引导资本市场流入的资金更多进入实体经济，流出的资金如何更好地为促进实体经济发展服务。同时，如何采取相应政策减轻金融开放扩大通过价格和汇率渠道影响两类经济非平衡发展的程度。该部分研究内容分布于各章节中。

1.5　研究创新和主要结论

1.5.1　研究创新

（1）突破金融"脱实向虚"或经济金融化表象，提出金融开放在促进经济发展同时还可能助推经济"脱实向虚"的观点，从金融开放角度研究两类经济非平衡增长的深层原因，为研究金融更好地服务实体经济提供了新思路。

（2）对鲍莫尔（Baumol，1967）非平衡增长理论模型进行拓展，将金融开放参数引入实体和虚拟经济二部门模型中，从理论上考察金融开放与两类经济非平衡增长的关系。同时将金融开放、金融效率参数引入 DSGE 模型模拟二者对经济产出等变量波动性的影响，补充了中国经济"脱实向虚"问题的研究。

（3）用法定和事实指标从宏观、行业和企业层面系统研究金融开放各种衡量指标对两类经济增长的影响，实证考察金融开放是否影响两类经济非平衡增长及影响机制和路径，为该领域研究作出有益尝试。

1.5.2　主要结论

通过对研究主题进行深入研究和考察，本书得出以下主要结论：

（1）金融开放在一定程度上加大了中国经济"脱实向虚"的程度，金融开放扩大显著提高了虚拟经济与实体经济产出之比。使用资本跨境流动总额衡量的金融开放度指标提高 1 个百分点，促使中国虚拟经济与实体经济产出比大约上升 0.7 个百分点。进一步分析发现，金融开放扩大显著提高了虚拟经济产出增长率，而对实体经济产出增长率的影响不十分明显甚至产生负面影响。当将金融开放分解为资本流入和资本流出两个子指标进行回归分析时得出的结论基本一致。

（2）金融效率不变时扩大金融开放会使得消费、投资波动性先降后升呈 U 形特征，产出和利率波动性先表现出较平稳而后上升，就业和通货膨胀波动性则一直上升。在保持金融开放不变时，产出、消费、投资、利率、就业、通货膨胀率波动性都随着金融效率提高呈下降趋势。DSGE 模型模拟结果表明如果中国继续扩大金融开放而不同时提高金融效率，将会引起宏观经济波动不确定性增加，金融效率的提高有利于平滑各宏观经济变量波动性。实证分析结果也表明金融开放扩大会加大产出的波动性，而提高金融效率可以平滑产出、消费和投资波动性。

（3）金融开放对各地区实体经济和虚拟经济产出比都具有显著正向影响，但差异明显。金融开放对东部和中部地区实体经济和虚拟经济非平衡增长的影响明显，对西部地区两类经济非平衡增长的影响不显著。

（4）金融开放对虚拟经济行业产出增长具有显著的正向影响，对实体经济行业农林牧渔业、工业、建筑业、批发和零售业行业产出有负向影响，对住宿和餐饮业和其他服务行业产出增长的影响不显著。

（5）金融开放影响经济增长的空间效应表现为显著的地区竞争，即其他地区金融开放扩大对本地区经济增长产生了显著的负向空间效应。金融开放对实体经济增长影响的空间效应大于对虚拟经济增长影响的空间效应，该结论表明金融开放可能通过空间效应进一步加大了中国实体经济和虚拟经济非平衡增长的程度。

（6）金融开放对实体经济资本配置效率产生了一定的影响，总体上使得资本配置效率有所下降，金融开放程度较高的地区对实体经济资本配置效率的影响相对更大。

（7）金融开放扩大显著降低了企业固定资产－金融资产之比。金融开放对不同行业影响显著不同，其中对农业、建筑业和其他工业企业固定资产投资－金融资产组合比值负向影响最大，其次是除房地产业和金融业以外的其他服务业企业，再次是制造业。同时，金融开放引起的资本跨境流出对二者比例负向影响大于资本跨境流入的影响。另外，金融开放与金融资产收益率、经济不确定性对二者比例负向影响具有相互强化作用。

（8）金融开放通过弱化企业债务融资约束显著提高了企业债务融资能

力，在资产负债表状况不变时，金融开放扩大明显增加了企业债务融资规模和企业长期贷款在总贷款中的比例。金融开放对不同性质和不同规模企业债务融资能力的影响存在显著差异。金融开放对企业债务融资规模的影响具有明显的金融加速器效应，相对于国有企业和大规模企业而言，金融开放对民营企业和中小型企业的债务融资规模影响更大。但对企业债务期限结构的影响则出现相反情形，表明金融开放并未改变金融机构对民营企业和中小型企业贷款风险更多担忧的现状。

最后三章研究结论表明，金融开放逐步扩大进程中资本跨境流动虽然逐步增加，但跨境流入的资本并没有更多地进入成长型行业增加其固定资产投资，跨境流出的资本可能来自成长型行业用于固定资产投资项目的资金。

第 2 章

文 献 综 述

2.1 金融开放相关文献

2.1.1 金融开放的界定

金融开放思想主要是起源于金融自由化理论。麦金农（Mckinnon，1973）和肖（Shaw，1973）分别从不同视角研究了金融自由化如何影响金融发展继而进一步影响经济增长的机制，并提出金融深化理论。其中金融自由化是相对金融抑制而言，金融深化是实现金融自由化的最终目标。金融开放理论在金融深化基础上得到进一步推进，随着金融自由化在全球范围内迅速发展，金融开放在全球范围内得到了推广并且在新兴市场国家变得非常活跃。

关于金融开放的含义，学者们分别从不同视角进行了界定。有的认为金融开放具有静态和动态两方面内涵（姜波克，1999）：从静态看金融开放是指一个国家或地区的金融市场对外开放；从动态看金融开放是指一个国家或地区由金融封闭状态向金融开放状态转变的过程。有的认为金融开放有广义和狭义之分：从广义看金融开放是指一个国家或地区政府通过出台相关法律法规，对本国或本地区居民和机构参与当地金融市场和国际金融市场的投资交易活动，逐步放松管制或者取消管制的过程；从狭义看金融开放是指一个国家或地区政府在行政上放松对本国居民或机构，以及外国居民或机构在当地和国际金融市场上进行金融交易活动的限制。有文献指出金融开放包括两个方面的内容：第一，资本账户和金融账户开放，即一国或地区对资本跨境交易和汇兑放松管制甚至取消管制，比如，中国在资本项目逐步开放过程中，放松对人民币汇率、人民币国际化以及资本项目的管制；第二，金融市场和金融业开放，指一国或地区对从事银行、证券、保险等金融服务的跨国金融机构放松准入，以及对本地区居民或机构参与国际金融市场交易放松限制。从各国金融开放的历史经验来看，资本账户与金融账户开放、金融市场与金融业开放并没有一定的先后顺序，两方面开放的顺序取决于一国发展的实际情况。具体而言，放松对资本账户与金融账户相关领域的管制实行开放，需要协调资本账户开放、汇率市场化以及利率市场化之间的关系；而对于金融市场和金融业放松管制实行开放，起决定性作用的因素包括国内是否有健全的监管体制，以及金融机构是否已具备较强市场竞争力等方面。

国外学者对金融开放的界定也存在不同的观点。有的认为金融开放包括资本账户开放、股票市场开放、金融业改革、国家基金发行、私有化、资本跨境自由流动和国际直接投资七个方面的开放（Bekaert and Harvey，1995）；有的认为金融开放包括资本账户开放、股票市场开放以及国家基金发行（Kaminsky and Schmukler，2007）。

2.1.2 金融开放测度及指标构建

从已有文献看，测度金融开放度大小的方法一般包括法定测度、事实测度和混合测度，其中后者是前二者的组合。国际货币基金组织的《汇兑安排和汇兑限制年报》（*Annual Report on Exchange Arrangements and Exchange Restrictions*，*AREAER*）是金融开放法定测度的主要数据来源。法定测度是指根据一国或地区金融开放相关法律、法规及其他规范性法律文件，构建相应法定指标来衡量一国或地区金融开放大小程度。这类指标体现了一国或地区政府实行金融开放政策的意愿和战略规划，可以反映制度变迁和投资者预期变化对实体和虚拟经济产生的影响。法定测度指标构造方法一般包括：第一，虚拟变量法，如钦和伊托（Chinn and Ito，2008）的二元法、奎恩（Quinn，1997）的三元法、蒙蒂埃尔和莱因哈特（Montiel and Reinhart，1999）的五元法；第二，比例法，如克莱因和奥利弗（Klein and Olivel，2008）、蓝发钦（2005）的研究；第三，市场法，如马图（Mattoo，2000）、张金清等（2008）的研究。

事实测度是指根据一国或地区金融开放进程中各金融市场主体行为特征，构建相应的事实指标来衡量一国或地区金融开放大小程度。这类指标可以更加客观地反映一国或地区金融开放的实际情况，主要通过国内外利率差、存款率与投资率之间的相关程度、股市收益率联系程度等一系列指数进行测度。事实测度指标构造方法包括：第一，资本流动数量法，如黄玲（2007）、莱恩和米勒斯－弗莱提（Lane and Milesi-Ferretti，2007）的研究；第二，储蓄－投资率法，如费尔德斯坦和堀冈（Feldstein and Horioka，1980）的研究指出使用一国储蓄与投资之间相关性来测算金融开放程度；第三，利率平价法，如瑞森和耶克斯（Reisen and Yèches，1993）的研究；第四，股市收益关联法，如贝克特和哈维（Bekaert and Harvey，1995）的研究。

本书研究金融开放对实体经济和虚拟经济增长影响时，将使用三种方式构建相应的金融开放度指标。一是使用法定指标构建国家层面的金融开放度，主要参考 IMF、奎恩（Quinn，1997）、张小波（2017）等研究的方法构建，同时考虑资本与金融账户、金融业和金融市场开放度。二是使用事实指标构建国家层面的金融开放度，主要参考莱恩和米勒斯－弗莱提（Lane and Milesi-Ferretti，2001）、菲利普和米勒斯－弗莱提（Philip and Milesi-Ferretti，2007）使用资本跨境流动数据进行构建。三是使用事实指标构建省级层面金融开放度，主要参考陶雄华和谢寿琼（2017）的方法构建，使用资本流动数量法，分别考虑 FDI、资本流出、资本跨境流动总和（资本流入＋资本流出）等不同指标，从流量和存量两个方面构建各类指标，以便从金融开放的不同衡量视角分析其对两类经济增长的影响。事实指标体现了外资流入实体经济或虚拟经济以及国内流出资金是来自固定资产投资或金融资产，从而对实体和虚拟经济产生影响。

2.2 实体经济和虚拟经济相关文献

2.2.1 实体经济和虚拟经济的界定

对于实体经济和虚拟经济的界定存在多种说法。其中，有些文献和学者对实体经济和虚拟经济的界定主要是从定性视角进行描述，无法从定量视角进行量化统计。比如，成思危（1999）从物质生产角度界定实体经济，刘俊民（2002）认为不应从行业视角界定实体经济，而应从定价视角进行界定，实体经济是以成本和技术支撑的价格体系，与此相对应，虚拟经济是以观念支撑的定价方式。也有不少观点认为实体经济应从行业视角来进行界定，比如，美联储认为除房地产业和金融业之外的所有行业都是实体经济，宋超英和王宁（2010）认为实体经济主要包括农业、工业、商业、建筑业和交通运输业等产业部门，刘晓欣（2011）认为实体经济包括工业、农业、建筑业、运输业和商业以及相关的物质生产活动，金碚（2012）认为广义的实体经济包括第一产业、第二产业和第三产业中直接服务业和工业化服务业。很显然，从行业视角界定实体经济可以对实体经济的相关数据进行量化统计，有助于对实体经济和虚拟经济做进一步实证研究。为便于实证和现实分析需要，黄群慧（2017）从产业视角提出了实体经济的三层次分类：R_0、R_1 和 R_2。其中 R_0 为第一层次，只包含实体经济的核心部分制造业，是最狭义的实体经济。R_1 为第二层次，包含 R_0、农业、建筑业和除制造业以外的其他工业。R_2 为第三层次，包含 R_1、批发和零售业、交通运输仓储和邮政业、住宿和餐饮业，以及除金融业、房地产业以外的其他所有服务业，是最广义的实体经济。本书将遵循这种划分标准围绕这三个层次深入研究金融开放对不同层次的实体经济的影响。其中虚拟经济结合其他相关文献分两个方面：一是金融业和房地产业；二是非金融企业的金融资产部分。

2.2.2 实体经济和虚拟经济非平衡增长

目前直接研究实体经济和虚拟经济非平衡增长的文献不多。国外对于实体经济和虚拟经济非平衡发展的研究可以追溯到戈德史密斯（Goldsmith，1969）及其后来的相关研究。戈德史密斯通过对多个国家金融资产和实物资产构成的价值分析得出结论：这些国家伴随着工业快速发展的同时金融业也得到了飞速发展，但金融业发展规模与实体经济之间出现了显著非平衡，以金融业为代表的虚拟经济的发展速度超过了实体经济。随后不少文献围绕虚拟经济快速发展即经济金融化展开研究，这些文献一般将金融业视为虚拟经济，同时这些文献并非研究虚拟经济和实体经济非平衡发展影响因素，而是围绕虚拟经济对实体经济发展的利弊展开讨论。比如在美国2007年发生次贷危机之前的早期研究中，有文献认为经济金融化或者虚拟经济快速发展有利于促进实体经济发展（Magdoff and Sweezy，1983；Sweezy，1997），另一些文献则认为经济金融化或虚拟经济快速发展不利于实体经济发展（Crotty，2000；Stockhammer，2004；Epstein and Jayadev，2005）。但是，2007年美国发生次贷危机之后，更多研究认为经济金融化或虚拟经济快速发展不利于实体经济发展（Field，2007；Thomas，2007；Trivedi，2014）。国内研究实体经济和虚拟经济的文献也基本没有研究两类经济非平衡发展的影响因素。有的研究中国经济过度金融化或虚拟经济发展过快问题（武文静和周晓唯，2017）。有的研究虚拟经济快速发展或者经济金融化对实体经济的影响，其中认为有利于实体经济发展的有李青原等（2013）、马勇和李镏洋（2015）、戴伟和张雪芳（2016）；认为不利于实体经济发展的有刘笃池等（2016）、谢家智等（2014a）、张成思和张步昙（2015）等。还有部分文献研究了虚拟经济和实体经济的相互关系。如叶祥松和晏宗新（2012）以马克思虚拟资本理论为基础，从国际产业转移角度分析了虚拟经济和实体经济的互动关系。苏治等（2017）基于GVAR模型从规模和周期视角研究了中国虚拟经济与实体经济的关联性。李扬（2017）从金融的基本功能层面对"金融服务实体经济"进行了剖析。

迄今为止，研究中国经济"脱实向虚"或实体经济和虚拟经济非平衡发展成因的文献非常少。任羽菲（2017）从货币增速剪刀差与资产价格相互作用机制角度研究了中国经济"脱实向虚"的原因及其引起的流动性风险。俞俏萍（2017）从经济均衡发展视野考察了中国经济"脱实向虚"成因和治理问题，指出实体经济与虚拟经济间的不均衡状态日益凸显，过度膨胀的虚拟经济抑制了实体经济的健康发展，并认为资本"脱实向虚"的主要原因在于资本的逐利性、恶劣的实业环境和发展滞后的金融市场。李鹏飞和孙建波（2017）从国际比较视角分析了中国经济"脱实向虚"的成因。另外，笔者掌握的资料中基本没有文献研究金融开放与实体经济和虚拟经济非平衡增长问题。

2.3　金融开放与经济增长和经济波动

2.3.1　金融开放与经济增长

目前较少文献研究金融开放对实体经济和虚拟经济增长影响的差异性问题，大多数文献都是研究金融开放对整体经济增长的影响问题，且研究结论存在较大差异。归纳起来有：

（1）金融开放促进了整体经济增长。赞同者认为金融开放可以通过增加国内投资、分散投资风险、促进金融市场竞争等直接渠道，以及通过广播信号、促进专业化提高劳动生产率等间接渠道促进经济增长。比如：奥布斯特费尔德（Obstfeld，1994）研究了资本市场开放效应，发现一国开放资本市场有助于分散投资风险、提高消费水平而产生稳定的经济增长效应。奎恩（Quinn，1997）使用 58 个国家 1975～1989 年面板数据研究了经济增长和资本账户开放程度之间的关系，发现一国资本账户开放程度显著地促进了人均 GDP 增长。巴尔托利尼和德雷真（Bartolini and Drazen，1997）认为一国扩大金融开放实质上是一种广播信号，表明该国将放松资本跨境流入流出管制，允许外国投资者进入本国投资，最终促进该国经济稳定增长。亨利（Henry，2000）通过对比新兴资本市场实行金融开放后的风险情况与资产定价，来研究资本市场的开放程度对宏观经济造成的影响，发现新兴的投资收益和私人投资在实行金融开放后都相对得到了提高。克莱森斯等（Claessens et al.，2001）认为金融开放可以减轻国内金融抑制程度，提高国内金融机构效率，改善国内金融基础建设，因而有利于经济增长。贝克特等（Bekaert et al.，2011）研究表明金融开放可以降低企业融资成本、提供更多投资机会、缓解金融管制和促进金融发展，从而促使企业增加投资、改善投资效率促进经济增长。卡普里奥和霍诺翰（Caprio and Honohan，1999）研究认为新兴市场国家引进外国银行投资，可以激励本国金融体系改革，从而促进本国金融发展水平与经济发展水平提高。张小波和傅强（2011）基于内生经济增长理论，构建了金融开放影响经济增长效应模型，从风险与收益视角研究金融开放对经济增长的影响，结果表明中国金融开放对经济增长产生积极的正向影响。陈志民（2017）利用1979～2015年时间序列数据，使用边限检验法和完全修正最小二乘法，实证考察了金融开放与经济增长的关系，研究发现中国改革开放以来金融开放对经济增长产生了显著的正向影响。

赞同金融开放对经济增长具有正向促进作用的文献中，有文献认为金融开放必须在具备一定的条件下才会对经济增长产生积极影响，比如艾伦等（Allen et al.，2005）的研究。王舒健和李钊（2006）认为金融开放能否促进经济增长与一国公共治理、金融危机以及金融开放路径等条件有关。吴晓鹏（2007）研究认为金融开放必须与经济结构平衡协调发展。邓力平和孔令强（2009）认为金融开放步伐要受制于一国法律体制的完善程度。吴卫锋和庄宗明（2013）利用1973～2007年105个国家数据，使用动态面板数据模型研究金融开放影响经济增长的门限条件，研究结果表明只有在一国市场条件达到一定水平时才能有利于促进金融开放对经济增长产生正向影响。还有部分文献比较分析了金融开放法定指标和事实指标影响经济增长的程度，但得出的结论不一致。张小波和傅强（2011）研究发现，金融开放法定指标和事实指标对经济增长的综合效应为正，但事实指标对经济增长的促进作用要低于法定指标对经济增长的促进作用。吴卫锋和庄宗明（2013）、陈志民（2017）研究表明金融开放事实指标对经济增长的促进作用大于法定指标对经济增长的促进作用。

（2）金融开放未促进整体经济增长。认为金融开放并未对整体经济增长产生积极推动作用的文献中，有的认为金融开放使得资本跨国流动增加可能会引起金融不稳定（Stiglitz，2000；Edison et al.，2004）；有的认为一国开放金融市场可能导致大量国内资金短期内流向国际资本市场，引起国内投资下降、生产萎缩，最终引发金融危机（Glick and Hutchinson，2005）。

（3）金融开放与整体经济增长的关系不明确。有文献认为发展中国家金融开放与经济增长不存在明确的关系，例如，普拉萨德等（Prasad et al.，2007）的研究。萨欧斯森（Saoussen，2009）对东南亚地区新兴经济体的研究发现，金融开放的进程应该结合一国金融部门的实际情况，适度的金融开放会为这些国家带来经济繁荣，而不切实际的过度开放反而会抑制经济增长，因此指出金融开放对经济增长的影响并不确定。

2.3.2　金融开放与经济波动

不少文献研究了金融开放对整体经济波动的影响，但研究结论同样有差异。有的研究认为金融开放加大了经济波动，因而不利于宏观经济稳定。例如，加文和豪斯曼（Gavin and Hausmann，1996）认为金融开放增加了消费波动性从而使宏观经济更加不稳定；莫瑟尔（Mocel，2001）、列夫琴科等（Levchenko et al.，2009）研究发现资本账户开放会导致市场分裂和宏观经济不稳定。金融一体化可能导致经济不景气和严重衰退，尤其是在金融管制放松后金融部门承担风险增加和竞争性增强的情况下，金融开放可能使资金流入和金融冲击跨国传递更容易，从而造成国内部分金融机构承担过多风险，最终使得金融冲击在国内各经济体之间快速传递（Buch et al.，2005；Mishkin，2006；鄢莉莉和王一鸣，2012）。有的文献研究认为金融开放降低了经济波动，因而有利于宏观经济稳定。例如，贝克特等（Bekaert et al.，2005）认为一个发达的金融市场能够降低产出波动；格里克和哈奇森（Glick and Hutchison，2005）研究表明资本账户开放程度高的经济体更不容易发生货币危机；奥布斯特费尔德和罗戈夫（Obstfeld and Rogoff，1995）、德弗罗和萨瑟兰（Devereux and Sutherland，2008）认为金融开放可以使企业在全球范围内分散投资风险或者平滑消费，使得宏观经济更加平稳；凯莉麦里－奥兹坎等（Kalemli-Ozcan et al.，2003）、凯诺思和比克皮（Grossel and Biekpe，2013）认为一国实行金融开放还可能有助于促进金融机构改革，促使金融体系更加稳定、降低生产风险、减缓外部冲击的影响从而使宏观经济更加稳定。有的认为金融开放对经济波动影响不显著（Bekaert et al.，2006）。门多萨（Mendoza，1992）运用动态随机经济周期模型考察资本账户开放与产出波动之间的关系，研究发现产出和消费波动对资本账户开放响应不明显。劳伦森和唐（Laurenceson and Tang，2005）研究结果表明资本账户完全开放不会导致明显的金融波动。布克和耶内尔（Buch and Yenner，2010）实证检验发现资本账户开放与产出波动之间并没有联系。马勇和王芳（2018）使用 DSGE 模型模拟金融开放扩大对产出波动的影响时发现随着金融开放度的提高，产出波动的上升效应不太明显。

另外，在研究金融开放与经济波动关系的文献中，有的认为金融开放对宏观经济稳定的影响与其他因素有关。金融开放效应受开放国制度质量、金融发展程度、经济中冲击类型、金融体系等特定条件的影响（Sutherland，1996；张玉鹏和王茜，2011；王国静和田国强，2014；Ma，2015）。还有文献认为金融开放与经济波动的关系与国家类型有关。例如，加文和豪斯曼（Gavin and Hausman，1996）研究发现不同类型国家产出波动对资本账户开放响应存在明显差异，OECD 国家资本账户开放程度越高产出波动越小，非OECD 国家资本账户开放程度越高产出波动则越大。与发达国家相比，金融开放对发展中国家宏观经济波动性影响可能更大，学者们尝试着从不同角度对该问题进行了分析。施蒂格利茨（Stiglitz，2000）认为对于新兴市场经济国家，金融开放可能出现资金流入突然逆转和资本外逃问题，从而增加经济波动。贵丽娟等（2015）从宏观金融风险角度研究了金融开放对发展中国家金融开放的影响，发现发展中国家在宏观金融风险程度较低时实施金融开放能减小经济波动。但发展中国家一般由于金融发展水平较低、制度质量较差而面临较高的宏观金融风险。朱荣华和左晓慧（2018）从货币政策视角研究了中国金融开放与经济波动的关系。

至于金融开放对中国宏观经济波动性或稳定性的影响究竟怎样，迄今为止直接对该问题进行深入研究的文献不多，得出的结论也同样存在差异。有的研究认为金融开放对中国宏观经济的影响与经济中的冲击类型有关，比如何国华和常鑫鑫（2013）研究表明，当面对国内冲击时金融开放度的提高有利于宏观经济稳定，当面对国外冲击时金融开放度的提高会加剧宏观经济波动。有的研究认为金融开放对金融波动影响明显，对产出波动影响不显著。例如，马勇和王芳（2018）研究发现金融波动会随着金融开放度的提高而出现明显上升，而产出波动的上升则非常微弱。还有的研究认为金融开放对经济波动的影响具有时间效应，例如，朱荣华和左晓慧（2018）将货币政策、金融开放和经济波动纳入一个研究框架，实证检验表明短期内金融开放没有起到稳定经济的作用反而加剧了经济波动，长期看可能起到减缓经济波动的作用。

2.4　金融开放、空间效应与地区经济增长

研究金融开放对经济增长影响的文献基本都是研究一国或地区金融开放

对本国或本地区经济增长的影响，也就是研究金融开放对经济增长的直接效应。理论上，这种直接效应一般表现为正。根据理论分析，金融开放可以从以下四方面促进一国或地区投资增加从而驱动经济增长。第一，降低银企信息非对称程度、减少逆向选择和道德风险（Stulz，1999；Mishkin，2001），从而缓解企业融资约束，提高企业贷款能力促进企业投资增加；第二，增加企业融资渠道，企业可以进入国际金融市场融资（Obstfeld，1998），使得企业获得贷款更加便利从而促进本地区投资增加；第三，通过引进更多外资，降低本国或者本地区利率继而降低企业融资成本（Henry，2000；Aghion et al.，2004），促进本地区投资增加；第四，消除金融抑制（Mckinnon，1973；Shaw，1973）、提高金融机构竞争程度和金融机构效率（Stiglitz，2000；Claessens et al.，2001；Bumann and Lensink，2016）、促进金融发展（Caprio and Honoban，1999；Bekaert et al.，2006）推动经济增长。但是实证研究结论似乎并不完全与理论预期结论一致。虽然有部分实证研究文献得出金融开放直接效应为正的结论，认为金融开放促进了本国或者本地区经济增长（Quinn，1997；Andersen and Tarp，2003；Klein and Olive，2008）。但更多的实证文献研究发现金融开放的直接效应不显著或者为负，这些文献认为金融开放对一国或地区经济增长无影响甚至出现负面影响（Grilli and Milesi-Ferretti，1995；Rodrik，1998；Arellano and Enrique，2002；Edison et al.，2002；Glick and Hutchinson，2005；黎贵才和卢荻，2014）。

不过，以往文献无论是理论研究还是经验研究都有一个共同假设，即假设一国或地区的经济增长只受本国或本地区金融开放的影响，没有同时考虑其他国家或地区的金融开放可能对本国或本地区经济增长的影响，或者说没有研究本国或本地区金融开放对其他国家或地区经济增长的影响，即没有文献研究金融开放对经济增长影响的空间效应。但事实上随着全球经济一体化程度加深，金融开放对经济增长影响的空间效应可能会变得越来越重要起来。同时，这种空间效应可能存在两种情形：一种情形可能表现为国家或地区之间相互促进，即一国或地区金融开放促进了其他地区的经济增长；另一种情形表现为国家或地区间相互竞争，即一国或地区金融开放可能对其他地区经济增长产生抑制作用。第一种情形的发生是由于一国或地区实行金融开放提高了本国或本地区生产技术水平或者全要素生产率而对其他国家或地区产生技术溢出效应引起的。不少文献指出金融开放可以提高开放国或地区各种技术和全要素生产率。比如克列诺和诺德日葛克尔（Klenow and Rodriguezclare，2005）研究认为，金融开放在促进本国金融市场化的同时从其他国家引进了先进金融技术，从而促进了本国金融技术的提高。邦菲廖利（Bonfiglioli，2008）通过实证研究发现，金融开放显著提高了开放国全要素生产率。贝克特等（Bekaert et al.，2011）同样发现金融开放大幅提升了具有更高金融发展水平与制度质量国家的全要素生产率。这些技术和全要素生产率提高可能对其他地区产生溢出效应。有文献研究指出这种溢出效应有利于推动其他地区的经济增长，比如韩峰等（2014）研究指出生产性服务业空间技术溢出对经济增长具有明显的促进作用。如果这些技术伴随着研发要素（如研发人员和研发资本）流动到其他地区，则会产生空间知识溢出效应而促进其他地区的经济增长（白俊红等，2017）。

但是，金融开放对经济增长影响的空间效应更多地可能表现为国家和地区间相互竞争，即第二种情形。主要可以从两个方面进行理解：

第一，因为全世界作为一个整体，资本、劳动、土地、自然资源等生产要素是一定的，或者说是有限的。经济学理论告诉我们，处于竞争市场中的资本、劳动、技术等生产要素一般都会追求更加有效的配置方式从而获得更多利益。一旦一国或地区扩大金融开放就会使得该国或该地区投资快速增加和大量外资流入（Krugman，1994；Kaminsky and Schmukler，2007；Bussière and Fratzscher，2008），从而对劳动力、资本和技术等生产要素需求增加，在本国或本地区生产要素供给不变的情况下将引起生产要素价格上升，从而可能吸引其他国家或地区的资本、劳动和技术等生产要素，引起其他国家或地区生产要素数量减少价格上升，使得其他国家或地区生产成本上升。即金融开放会导致国家或地区间出现资源转移效应（Corden and Neary，1982），生产要素可能从金融开放程度小或者未实行金融开放的国家或地区转移到金融开放程度大的国家或地区，造成前者因生产要素供给下降而引起产出减少，导致其经济增长放缓。

第二，金融开放可能会造成地区收入不平等或地区经济差距扩大，而这同样会引起生产要素从金融开放程度小的地区流向金融开放程度大的地区，从而对前者经济增长造成负面影响。有研究指出金融开放事实指标的重要组成部分外商直接投资引起了中国地区收入不平等（Yu et al.，2011）和中低收入国家的收入不平等（Lessmann，2013）。万广华等（2005）研究也认为全球化对于收入差距的贡献显著为正，必须努力提高中国中西部贸易和外商直接投资流入，否则进一步的全球化会导致中国地区间收入差距扩大，其中提到的外商直接投资就与金融开放密切相关。另外，引起收入不平等的程度可能与金融开放度大小和金融发展水平有关，卡巴莱等（Cabral et al.，2016）研究发现金融开放度较低时，金融自由化会加剧收入集聚从而恶化收入分配，当金融开放达到某特定值，金融自由化将降低收入集聚从而减少收入不平等。金融发展水平较低的国家金融开放会导致收入不平等（Bumann and Lensink，2016）。金融开放导致收入不平等的同时也引起地区经济发展不平衡和生产要素的流动。例如，有研究表明金融开放使得外商直接投资更多地集中在具有比较优势和竞争优势的区域（He，2002），引起经济活动和生产要素进一步向这些地区集中，因而外商直接投资在促进省区经济增长的同时，也扩大了中国区域经济之间的差距（Chen and Fleisher，1996；Sun and Chai，1998；Buckley et al.，2002）。市场化、外商直接投资和交通设施改善是中国 20 世纪 90 年代以来省份间经济差距扩大的主要原因（贺灿飞和梁进社，2004）。金融开放还可能推动省份出口的增长，同样造成地区间经济差距扩大。中国自改革开放以来，大部分出口源自金融开放程度较高的沿海省份，出口的增长引起生产要素流向这些地区在推动这些省区经济增长的同时可能对要素流出地区经济增长造成负面影响（Yao and Zhang，2001）。这种资源转移效应在金融开放初期表现得尤为突出，因为一国或者地区最初实行金融开放时投资增长迅速，对劳动力等生产要素的需求也快速提高（Krugman，1994；Kaminsky and Schmukler，2007）。金融开放还可能引起不发达地区和发达地区间经济差距加大。不发达地区和发达地区同时实行金融开放获得的好处可能不同，不发达地区由于信贷市场不完善、信息不对称使得企业无法享受到金融开放带来融资成本下降的好处，这样资本将更多地流向经济更加发达同样实行金融开放的发达国家或地区，从而引起地区间经济差距加大（Bumann and Lensink，2016），这同样体现了实行金融开放的地区之间对生产要素的一种竞争。另外，金融开放还可能使开放地区产业结构发生改变，从而对其他地区产生一定的影响造成地区间经济出现非平衡发展，引起地区发展差异扩大。金融开放引起收入差距扩大和地区间经济发展不平衡，对其他地区经济增长可能会产生一定的抑制作用。

2.5 关于金融开放与资产投资组合文献

由笔者所掌握的资料看，很少有文献从金融开放视角直接研究金融开放度大小对企业固定资产投资和金融资产投资组合的影响。但关于企业面临多个投资选择时企业如何进行资产组合选择，以及如何使资源达到最优配置等相关问题在经济学研究中已不是一个新鲜话题。已有文献分别从不同的角度研究了企业投资资产组合问题。归纳起来主要有以下四个方面：

第一，资产收益率大小决定了投资者对二者组合的选择。例如，托宾（Tobin，1965）指出资产组合余额中实物资产和金融资产具有相互替代性，因此，投资者会根据各种资产收益率大小来决定资产组合中实物资产和金融资产的多少。特里维迪（Trivedi，2014）认为更高的股息支付率和日益增长的食利者分成对实物资本积累具有显著的负面影响，当企业面临更高的股息支付率时企业会更多地选择投资金融资产而不是实物资产。第二，经济环境决定了企业对二者组合的选择偏好。在不确定的经济环境中，发展中国家实体部门企业可能会偏好投资由金融部门提供的相似的或者收益更高、更具流动性且可以逆转的金融资产，而不会选择投资不可逆转的固定资产（Tornell，1990）。第三，企业金融化影响了企业实体资本积累和金融资产投资之间的权衡选择。在研究企业对实物资产投资和金融资产投资组合选择的文献中，从金融化角度展开研究的文献相对较多。其中有不少文献认为企业金融化导致金融资产投资增加直接对实物资产投资产生"挤出效应"。例如，克罗蒂（Crotty，2003）研究表明企业金融化会导致金融资产投资挤占实物资本投资引起实物资本生产不断萎缩，使经济重心从实体经济部门转向金融部门，或者从固定资产投资转向金融资产投资。斯托克哈默尔（Stockhammer，2004）研究发现金融化导致了非金融企业的物质资产积累下降而金融资产投资增加。企业过度金融化还会使得非金融企业越来越倾向于将资本投向金融资产而不是用于商品生产的长期固定资产生产上（Epstein and Jayadev，2005）。另外，奥尔汉加济（Orhangazi，2007）使用美国 1973～2004 年数据实证验证了美国非金融企业金融化对实体投资产生了挤出效应。德米尔（Demir，2009）指出实体部门金融化是 20 世纪 90 年代出现令人失望的低固定资本形成率的原因之一。张成思和张步昙（2015）研究发现经济金融化显著降低了中国企业的实业投资率，并弱化了货币政策提振实体经济的效果。也有文献认为金融化抑制了企业的创新能力，从而对实体资产投资产生负面影响。例如，谢家智等（2014b）认为制造业过度金融化抑制了技术创新能力，政府管制进一步放大了金融化对创新的消极影响。第四，还有一些文献认为企业内不同群体目标的冲突、管理者与股东的冲突导致了企业在选择投资组合方面出现差异。这些文献一般都认为管理者更重视企业长期生存发展，因而喜欢带来高资本积累的投资策略，而股东一般更倾向于使企业利润最大化以便获得最大化红利，因而较少考虑物质资本积累，相应的文献有：克罗蒂（Crotty，2000）、斯托克哈默尔（Stockhammer，2004，2007）等。

另外，还有少量文献研究了金融自由化或者资本跨境流动背景下企业资产组合相关问题。比如斯托克哈默尔（Stockhammer，2007）指出金融化概念包括对金融部门解除管理规则、新的金融工具的传播、国际资本自由流动和随之发生的股东价值倾向，这几方面的金融化都会影响到企业的投资组合决策。与此类似，斯科特和柳（Skott and Ryoo，2007）把金融化看作国际和国内市场资本流动显著增加，这种资本流动的增加对企业的实物资产投资和金融资产投资将产生一定的影响。德米尔（Demir，2009）研究了新兴市场国家在金融自由化引起的金融化背景下实体部门企业面临的资产组合——固定资产和金融资产投资决策问题。

上述文献基本都未深入研究金融开放对实物投资和金融资产投资的影响，也没有将金融开放作为相应变量加入计量模型实证研究其对企业资产组合的影响。事实上，金融开放可能会促使实体经济和虚拟经济非平衡发展。因为金融开放扩大会降低金融抑制程度促进服务业尤其是金融业发展而使制造业等实体经济发展相对减缓（王勋和 Johansson，2013）。从国内外资本跨境流动角度看，金融开放对本国实体经济会产生两种影响：一是金融开放有助于引入更多外资进入实体经济，同时会加剧竞争而有助于本国资本进入实体经济，从而有利于促进"金融服务实体经济"。二是通过金融开放引入的外资可能更多进入金融领域而未进入实体经济，本国投资实体经济的资本因金融开放而流向他国，从而不利于实体经济发展。另外，研究金融开放对经济影响的文献一般只是将整个经济作为研究对象，研究其对整体经济增长、经济波动和经济结构的影响，很少有文献研究金融开放影响实体经济和虚拟经济非平衡发展的问题，尤其是几乎没有文献研究金融开放对企业固定资产投资和金融资产组合选择的影响，本书试图开展这方面的研究，以便对相关研究作出补充。

2.6 对已有研究文献评述

已有文献基本围绕金融开放对一国或地区整体经济增长或者波动开展研究，并且无论是研究金融开放对整体经济增长的影响还是对经济波动的影响，学者们至今并未得出一致结论，因而关于该主题还需进一步进行深入研究。与此同时，纵观已有文献基本没有研究金融开放对一国或地区实体经济增长和虚拟经济增长影响的差异性。事实上，随着全球经济一体化程度加深，包括中国在内的世界各国金融开放度基本呈扩大趋势，而随着金融开放度扩大，世界不少国家经济出现去工业化、企业金融化或者经济"脱实向虚"。这些经济现象的背后究竟隐藏了什么需要学者们进行深入开展研究。归纳起来，已有文献存在以下需要进一步完善或者继续研究下去的议题：

（1）已有文献只是研究金融开放对整体经济的增长、波动和经济结构的影响。本书将经济区分为实体经济和虚拟经济研究金融开放对两类经济非平衡增长的影响，实体经济分 R_0、R_1 和 R_2 三个层次，虚拟经济分金融业、房地产业和非金融企业的金融资产部分。

（2）研究各种因素对实体经济影响的文献没有同时比较研究这些因素对虚拟经济的影响，因而无法弄清这些因素对实体经济和虚拟经济增长的影响谁大谁小。由于中国金融开放度逐步扩大过程中实体经济和虚拟经济出现显著非平衡发展，因而研究实体经济发展同时研究虚拟经济的发展，更有益于促进金融更好地为实体经济服务。本书将比较研究金融开放对实体经济和虚拟经济增长影响大小，以便考察金融开放是否影响了实体经济和虚拟经济非平衡增长，同时还将深入考察金融开放引起二者非平衡增长的机制和路径。

（3）已有文献没有从资金流入和资金流出视角深入研究中国金融开放对三个层次实体经济和虚拟经济的影响，本书将对此展开研究，以便对已有研究进行补充。金融开放可以吸引更多外资进行生产性投资，促进实体经济发展。但流入的资金也可能进入金融资本市场进行投资套利，抬高资产价格而影响实体经济发展，同时本国投资实体经济的资金也可能因金融开放而流向他国。这都可能引起两类经济非平衡增长。

（4）研究金融开放对经济影响的文献一般都未考虑金融效率高低是否会影响金融开放的经济效应。因而国内外没有文献将金融开放、金融效率和实体经济三者联系起来进行相关研究。本书通过回归分析发现中高收入国家金融效率显著抑制了金融开放的经济波动效应，而中低收入国家金融效率却加大了金融开放的经济波动效应。这在一定程度上表明金融效率可能影响了金融开放的经济效应，因而本书在研究金融开放影响两类经济非平衡增长时，将同时研究金融效率对金融开放的经济增长效应的影响。

（5）没有文献从金融开放视角使用非平衡增长理论模型和 DSGE 模型研究两类经济非平衡增长问题。本书将建立包含金融开放的两部门非平衡增长宏观经济模型对该问题进行研究。同时，没有文献建立包含金融开放、金融效率参数的 DSGE 模型模拟不同程度金融开放、金融效率对实体经济增长波动、投资和消费的影响，本书将根据此思路对相关问题进行深入研究。

（6）实证方面很少有文献区分实体经济和虚拟经济使用省际、行业和企业面板数据或时间序列数据比较研究金融开放对两类经济的行业和企业产出、资本配置效率、债务融资能力、投资结构和收益的影响，本书将在这些方面展开深入研究。

第3章

金融开放与宏观经济增长波动性

3.1 引　言

金融开放和经济波动的关系是经济学研究的一个重要命题，金融开放对经济波动影响的争论伴随着经济的发展不断变化。迄今为止金融开放对经济波动究竟产生怎样的影响，研究金融开放与经济波动关系的文献仍未达成一致意见。综观文献，无外乎三种观点：一是认为金融开放有利于宏观经济稳定；二是认为金融开放不利于宏观经济稳定；三是认为金融开放对宏观经济稳定的影响与其他因素有关。由此可见，金融开放对一国宏观经济波动性的影响究竟如何还需要进一步深入研究。理论上，扩大金融开放应能提高资本在全球的分配效率，促进风险全球共担，指导宏观政策和便利机构改革，因而金融开放给发展中国家带来的收益应该更大。因为发展中国家一般缺乏稳定的宏观经济政策，具有更严重的金融摩擦和较低的机构容量，因此金融向全球市场开放应有助于这些国家提高生产率和加快经济增长。但事实并非如此，研究金融开放对不同类型国家经济波动影响文献多数都认为金融开放对发展中国家经济波动影响更大，对发达国家经济波动影响相对较小。经济发展现实也表明，20 世纪 80 年代各国自进行资本账户自由化改革和扩大金融开放后，发展中国家开放度越高产出增长波动性越大，而发达国家随着金融开放度扩大产出增长波动性变化不显著。这说明金融开放度扩大有可能加大了发展中国家产出的波动性。由于中国属于发展中国家，并且相关政策强调要扩大金融业双向开放，表明中国今后将加大金融开放力度。因此深入研究金融开放扩大和金融效率变化对中国宏观经济稳定性的影响就具有非常重要的现实意义。

虽然以往文献从不同视角考察了影响金融开放的宏观经济波动效应的因素，但基本没有文献从金融效率①角度考察金融开放的经济波动效应。然而经济发展事实表明，金融效率对宏观经济有着非常重要的影响。金融开放会促进金融发展，金融发展能减少金融摩擦和信息不对称，其实质是降低企业融资成本使企业融资更加便利，因而可以加快储蓄资金转移到投资项目的速度从而提高金融效率。金融开放还能促进金融创新，金融创新的目的是提高金融中介效率，让储蓄资金更快、更有效地转移到投资领域。事实上，在金融研究相关文献中有大量研究表明金融效率与经济活动有着非常重要的关联，几乎所有的研究都证实金融效率更高的经济体其业绩更好（Schumpeter，1969）。莱文（Levine，2004）指出英格兰和较穷国家相比，根本的差别在于英格兰的金融系统能够为大笔交易提供资金，因而有效投资不会因为缺少资金而搁浅。他认为英格兰经济的繁荣并非国民储蓄率带来的结果，而是金融部门聚集现有自由零散资金并最有效利用这些资金的能力带来的结果。洛扎诺－维瓦斯和帕斯特尔（Lozano-Vivas and Pastor，2006）使用 15 个 OECD 国家 1980 ~ 1997 年数据研究了宏观经济效率和金融效率之间的关系，发现银行效率与宏观经济效率演变路径非常相似，银行部门的成效有助于解释整个经济的成效。邹（Chou，2007）认为金融创新增加了金融产品和金融服务种类，从而提高了金融中介效率，使得个体资金拥有者和需要扩展资金和未来产品的投资者更容易匹配，促使资本积累而最终促进经济增长。另外，通过对部分发达国家和发展中国家 2005 ~ 2015 年金融效率年均值的计算发现，发达国家金融效率相对较高，而发展中国家金融效率相对较低。那么金融开放对发展中国家宏观稳定性影响更大、对发达国家影响相对较小是否与金融效率有关呢？基于此，本章尝试建立相应模型和使用实证方法考察金融效率是否会显著影响金融开放的宏观经济波动效应。

通过对相关文献分析，发现已有文献还存在一些可以改进或者尚需进一步深入研究的问题。首先，无论是国外还是国内都很少有文献将金融开放度、

---

① 本章研究的金融效率是指金融中介效率，在模拟和实证中都使用储蓄投资转化率衡量。

金融效率和经济波动三者联系起来研究金融开放与宏观经济变量波动性关系。其次，大多数文献都是使用多国面板数据利用计量方法研究多个发达国家或者发展中国家的共性问题，较少文献研究中国金融开放、金融效率与经济波动性关系问题。另外，虽然有些文献研究了金融开放对经济波动的影响，但还没有文献建立包含金融开放和金融效率参数的新型开放经济宏观模型（NOEM）研究金融开放和经济波动的关系，尤其还没有相关文献用开放经济中的动态随机一般均衡这样更符合中国现实经济的模型对这些问题深入研究。为了研究上述问题，本章将建立 NOEM 模型，将金融开放、金融效率和经济波动之间的内在关系联系起来，通过数值模拟中国经济在不同金融开放度、不同金融效率下经济的运行特征和经济变量的波动性，以验证金融开放扩大是否会加大中国宏观经济波动及金融效率提高是否可以平滑经济波动问题。同时使用实证模型对模拟结果做进一步分析。

　　本章的贡献主要体现在：第一，将金融开放和金融效率参数同时引入 NOEM 模型中，从而将金融开放、金融效率、经济波动三者结合起来研究中国金融开放与宏观经济波动效应问题。该研究可以分析金融开放是否与宏观经济波动性有关以及关系如何，同时还可以模拟提高金融效率是否可以减少宏观经济波动性问题，为进一步研究金融开放对宏观经济波动性的影响提供了一个新的研究视角，同时从理论上丰富了金融开放与宏观经济波动关系的研究。第二，使用中国省际面板数据，实证检验金融开放是否对中国经济波动有显著影响，以及金融效率提高是否可以平滑中国经济波动。同时使用国家层面数据对研究结论的稳健性和精确性进行了进一步检验。

3.2　经验事实、研究假设、影响机制

3.2.1　经验事实和研究假设

中国自 1978 年改革开放以来，金融开放度总体上呈现明显的扩大趋势。

根据相关资料和笔者计算①，金融开放度自 1981 年以来逐步扩大。图 3-1 显示了 2001~2016 年金融开放度变化情况，2009 年之前金融开放度一直上升，随后几年则在较高位置波动。2018 年随着"十三五"规划进一步扩大金融开放政策的实施，金融开放度再次呈上升趋势，由 2018 年的 0.913 上升到 2020 年的 1.028。另外，1997 年开始金融机构效率呈略微提高趋势，由 1997 年的 0.701 提高到 2014 年的 0.772。② 由图 3-2、图 3-3 和图 3-4 可知，在金融开放逐步扩大的这段时期，人均实际 GDP 的波动性呈现明显上升趋势。人均实际消费波动性先呈上升趋势，随后表现出 U 形特征。全社会固定资产投资的波动性则呈现出比较明显的 U 形特征。

根据中国经济运行事实和前文的阐述，本章提出如下假设，并通过数值模拟和实证考察对研究假设进行检验。

假设 1：中国金融开放加大了产出波动性，对消费和投资波动性的影响呈 U 形特征。

假设 2：金融效率的提高能够抑制中国宏观经济波动，对金融开放的经济波动效应具有平滑作用。

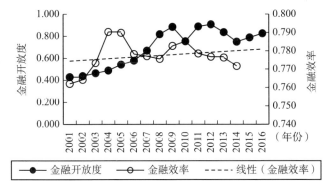

图 3-1 金融开放度和金融效率 （趋势线）

资料来源：国家统计局网站。

---

① 1981~2011 年数据来自菲利普和米勒斯 - 弗莱提（Philip and Milesi-Ferretti, 2007）；2012~2020 年数据来自国际货币基金组织网站的国际投资头寸统计（International Investment Position Statistics, IIPS）数据库并由笔者整理计算获得。

② 国际货币基金组织网站的金融发展指数（Financial Development Index）。

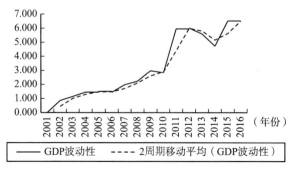

图 3 - 2　人均实际 GDP 波动性及趋势线

资料来源：国家统计局网站。

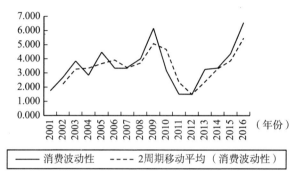

图 3 - 3　消费波动性及趋势线

资料来源：国家统计局网站。

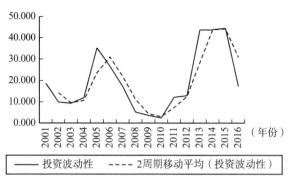

图 3 - 4　投资波动性及趋势线

资料来源：国家统计局网站。

3.2.2 金融开放、金融效率影响经济波动机制

3.2.2.1 金融开放影响经济波动机制

金融开放一般通过影响消费、投资和进出口变动，进一步影响产出的波动。第一，对消费的影响。随着金融开放扩大，消费者进入国际金融市场更加便利，因而可以通过国际金融市场借贷来缓冲国内的冲击，通过风险共担实现更加稳定的消费路径（Obstfeld and Rogoff，2000；Buch et al.，2005）。消费者还可能得益于财富效应和金融市场多种资产结构分散风险而带来的交互效应促使消费波动性下降（Baxter and Grucini，1995）。根据相关文献研究，本章将金融开放变量引入消费者效用函数，通过数值模拟金融开放扩大是否对消费波动产生显著影响。第二，对投资的影响。有不少研究表明，金融开放对投资增长和波动会产生影响。金融开放为资金需求方企业和资金供给方银行等金融机构进入国际金融市场提供了机会，同时也为国际金融机构进入国内信贷市场提供了机会，从而增加信贷市场竞争而迫使国内金融机构降低贷款利率有利于投资增加。金融开放还可能引起国内资产价格上升，使得企业净资产上升，企业借款的抵押价值增加，促使企业融资能力提高，促进投资增加。第三，对进出口的影响。金融开放可能通过提升企业的出口附加值率（铁瑛和何欢浪，2020）而影响出口。同时，金融开放更大的地区进出口增长更快。有研究表明中国自改革开放以来大部分进出口源自金融开放程度较高的沿海省区（Yao and Zhang，2001）。

3.2.2.2 金融效率影响经济波动机制

金融效率对经济波动的影响机制可以通过修改后的索洛增长模型来进行分析。索洛增长模型假设金融市场是完美的，因而储蓄可以无成本地完全转化成投资，即经济中总有 $I = S$。然而，现实经济中由于金融市场不完美而使得金融中介不可能具有完全效率。尤其是还有一些厌恶风险的储蓄者会选择将流动性持在手中，例如，一些贫穷国家的村民选择将储蓄藏在家中的枕头底下（Chou，2007）。很显然，这些储蓄无法转化为投资而进入潜在的投资者手中。因而储蓄和投资不会完全相等，而是存在一定的比例关系。当存在

交易成本和信息不对称时，储蓄转化成投资的效率则取决于金融部门的发展水平。邹（Chou，2007）认为金融部门的发展暗含着金融效率的提高，为了说明金融效率在经济增长进程中的重要性，将金融效率变量引入基本的索洛增长模型中。具体而言，该研究改变了储蓄等于投资的假设，使用更加精确地反映投资和储蓄之间关系的方程取而代之，即 $I = \varphi S$，φ 为金融效率，表示储蓄转化为投资的比率。又根据索洛增长模型资本运动方程 $\dot{K} = I - \delta K$，可以推出包含金融效率后的人均资本运动方程为 $\dot{k} = \varphi s y - \delta k$，其中 s 为外生给定的储蓄率。很显然，金融效率的变化会影响到稳态时人均资本的大小。金融效率提高会提高稳态时的人均资本从而提高人均产出水平，金融效率下降会减少稳态时的人均资本从而减少人均产出。所以，金融效率的变化会影响到产出水平，从而影响到经济增长率的波动性。

3.3　理论模型

自奥布斯特费尔德和罗戈夫（Obstfeld and Rogoff，1995）开创性工作以来，新型开放经济宏观（NOEM）模型成了研究国际宏观问题的标准工具。萨瑟兰（Sutherland，1996）将 NOEM 模型拓展到研究金融开放对宏观经济波动性的影响。本章在这些文献基础上建立一新型开放经济宏观模型，研究金融开放、金融效率对经济波动的影响。与以往模型相比，本章模型不同点主要体现在以下三个方面：一是根据以往研究金融开放对消费影响文献结论，将金融开放变量直接引入消费者效用函数中，并通过模拟不同金融开放度情形下各宏观经济变量波动性。二是将金融开放变量引入国内家庭持有的外国债券函数中，反映金融开放大小影响国内家庭持有外国债券数量的事实。三是考虑到金融开放和金融效率都会影响投资和储蓄，将二者同时引入投资和储蓄的关系式中。

3.3.1　消费者

不少文献研究了金融开放对消费波动性的影响。有的研究表明金融开放增加了消费的波动性，有的研究表明金融开放可以平滑消费。这意味着消费波动性与金融开放可能存在一定的关系。因而本章在构建 DSGE 模型时在家庭效用函数中加入金融开放参数。假设家庭无限期生存，代表性家庭 t 期效用由实际消费 c_t、实际货币余额 m_t 和劳动 N_t 决定。鲁比尼和萨拉 - 伊 - 马丁（Roubini and Sala-i-Martin，1992）将金融发展水平引入消费效用函数，假设实际货币余额带来的效用随着金融发展水平提高而降低。由于金融开放扩大一般会促进金融发展水平提高，因而本章借鉴该文的设定思路，同时，根据前述影响机制分析，设家庭消费和持有货币的相对偏好参数为 Γ。其中，Γ 代表金融开放水平，且满足 $0 < \Gamma < 1$（将金融开放水平标准化处理），即家庭持有货币的边际效用为金融开放度的减函数。因为金融开放度越高，表明金融抑制程度就越低，消费者就越能方便地使用自动取款机、支票和信用卡进行支付，从而持有货币的边际收益就越低，消费者持有货币就越少，用于储蓄的货币就越多。家庭在约束条件下最大化下列效用函数：

$$U_0 = E_0 \sum_{t=0}^{\infty} \beta^t \left[(C_t^{\Gamma} m_t^{1-\Gamma})^{1-\sigma}/(1-\sigma) - N_t^{1+v}/(1+v) \right] \qquad (3-1)$$

其中，β 为折现因子，σ 为跨期替代弹性，$v > 0$ 为劳动供给弹性，实际货币余额 $m_t = M_t/P_t$，M_t 为名义货币供给量，P_t 为价格总水平。总消费 C_t 由国内生产的消费品和进口产品构成：

$$C_t = \left[\gamma^{1/\theta} (C_{H_t})^{(\theta-1)/\theta} + (1-\gamma)^{1/\theta} (C_{F_t})^{(\theta-1)/\theta} \right]^{\theta/(\theta-1)} \qquad (3-2)$$

其中，C_{H_t} 为国内消费品，C_{F_t} 为居民消费的进口产品，θ 为居民对国内消费品的消费偏好。假设进口商品价格为 P_{F_t}，P_{H_t} 表示国内商品价格，则相应的价格总水平为：

$$P_t = \left[\gamma (P_{H_t})^{1-\theta} + (1-\gamma)(P_{F_t})^{1-\theta} \right]^{1/(1-\theta)} \qquad (3-3)$$

t 时期家庭预算约束为：

$$P_t C_t + Z_t + M_t + P_t T_t + D_t + S_t F_t^* = W_t N_t + M_{t-1} + R_{t-1} D_{t-1} + R_{t-1}^* S_t F_{t-1}^*$$
$$(3-4)$$

其中，F_t^* 为家庭 t 期的以外币计价的债券；S_t 为名义汇率；D_t 为总储蓄；T_t 为 t 期实际总税收；W_t 为名义工资；R_{t-1} 和 R_{t-1}^* 分别为 $t-1$ 时期国内名义利率和国外名义利率，$R_{t-1} = 1 + r_{t-1}$，$R_{t-1}^* = 1 + r_{t-1}^*$。家庭买卖债券和股票有中介成本 Z_t，参考塞利姆和伊凡（Selim and Ivan，2007）设家庭面临的金融中介成本为：

$$Z_t = \frac{\iota_D}{2}(D_t)^2 + \frac{\iota_{F^*}}{2}(S_t F_t^*)^2 \qquad (3-5)$$

参考布克等（Buch et al.，2005）对国内家庭持有国外债券的设定思想，同时，考虑到金融开放度越大，国内家庭持有外国债券的机会越多，假设国内家庭持有的外国债券受国外名义利率、金融开放度和随机风险酬金的影响。与布克文不同的是本章未考虑国内家庭每期追加到国外的投资。式（3-6）中，Ω_{t-1} 为随机风险酬金冲击，服从一阶自回归过程：$\Omega_t = \rho_\Omega \Omega_{t-1} + \mu_{\Omega_t}$，其中，$\rho_\Omega$ 为自回归系数，μ_{Ω_t} 为干扰项，服从均值为 0，标准差为 σ_Ω 的正态分布。

$$F_t^* = R_{t-1}^*(1 + \Omega_{t-1}\Gamma)F_{t-1}^* \qquad (3-6)$$

家庭在预算约束式（3-4）和 D_t、F_t^* 初始值条件下，选择 C_t、M_t、N_t、D_t、F_t^* 最大化期望效用式（3-1）。根据拉格朗日方法，可以得到如下一阶条件：

$$\lambda_t = \Gamma \times m_t^{(1-\Gamma)(1-\sigma)} C_t^{\Gamma(1-\sigma)-1} \qquad (3-7)$$

$$(1-\Gamma) \times m_t^{(1-\Gamma)(1-\sigma)-1} C_t^{\Gamma(1-\sigma)} = \lambda_t - \beta E_t(\lambda_{t+1}/\pi_{t+1}) \qquad (3-8)$$

$$N_t^\nu = \lambda_t w_t \qquad (3-9)$$

$$\lambda_t(1 + \iota_D D_t) = \beta R_t E_t(\lambda_{t+1}/\pi_{t+1}) \qquad (3-10)$$

$$\lambda_t(1 + \iota_F F_t^*) = \beta R_t^* E_t(\lambda_{t+1} S_{t+1}/S_t \pi_{t+1}) \qquad (3-11)$$

其中，$\pi_{t+1} = P_{t+1}/P_t$，式（3-7）是消费的欧拉方程，式（3-8）是实际货币余额需求方程，式（3-9）是劳动供给方程。式（3-10）和式（3-11）分别是国内资产的欧拉方程和国外资产的欧拉方程，二者结合起来的利率平价条件为：

$$E_t(\lambda_{t+1}/\pi_{t+1})[R_t(1 + \iota_F F_t^*) - R_t^*(1 + \iota_D D_t)E_t(S_{t+1}/S_t)] = 0$$
$$(3-12)$$

3.3.2　企业和价格设定

经济中有许多竞争性生产企业，代表性生产企业的生产技术为

$$Y_t = K_t^\alpha (A_t N_t)^{1-\alpha} \qquad (3-13)$$

其中，A_t 为技术冲击，对所有生产企业都相同；N_t 为家庭提供的劳动；K_t 由资本生产者提供；α 为资本在产出中的贡献份额。

企业利润最大化的一阶条件为：

$$R_{Kt} = \zeta_t \alpha Y_t / K_t \qquad (3-14)$$

$$W_t = \zeta_t (1-\alpha) Y_t / N_t \qquad (3-15)$$

其中，R_{Kt}、W_t 分别为资本价格和名义工资。总资本存量的变化路径由下式决定：

$$K_{t+1} = I_t + (1-\delta) K_t \qquad (3-16)$$

设国内企业按照卡尔沃（Calvo，1983）方法交错设定产品价格。每期重新设定价格的企业比例为 $(1-\varphi)$，保持价格不变的企业比例为 φ。根据盖特勒（Gertler，2003）得出 t 期国内产品通货膨胀率的表达式为 $\hat{\pi}_t^H = \phi \hat{\zeta}_t^H + \beta E_t (\hat{\pi}_{t+1}^H)$，其中 $\phi = (1-\varphi)(1-\beta\varphi)/\varphi$，该值随 φ 递减，是价格黏性的度量。$\zeta_t^H = P_{W,t} / P_t^H$，$P_{W,t}$ 为零售商价格加成后的销售价格水平。t 期国内进口产品通货膨胀率的表达式为 $\hat{\pi}_t^F = \phi \hat{\zeta}_t^F + \beta E_t (\hat{\pi}_{t+1}^F)$，其中 $\phi^f = (1-\varphi^f)(1-\beta\varphi^f)/\varphi^f$，$\hat{\zeta}_t^F = E_t P_t^{F*} / P_t^F$，$P_t^{F*}$ 为进口商品国外货币计价价格，P_t^F 为进口商品的国内货币计价价格。当校准模型时假设国内产品和国外产品生产企业面临同样的价格黏性，即有 $\phi^f = \phi$。在稳定状态的局部区域，总通货膨胀可以表示为：

$$\pi_t = (\pi_t^H)^\gamma (\pi_t^F)^{1-\gamma} \qquad (3-17)$$

3.3.3 金融效率

金融效率衡量指标有多种，前文影响机制部分已指出本章模型将储蓄投资转化率作为金融效率衡量指标，同时实证分析时还将金融机构效率和金融市场效率作为金融效率代理变量考察二者对经济波动的影响。因为当这两种效率提高时都会加快储蓄向投资转化，进而影响到储蓄投资转化率。下面详细阐述储蓄投资转化率作为金融效率的衡量问题。麦金农（McKinnon，1973）和肖（Shaw，1973）强调金融抑制影响了金融中介部门富有效率地将储蓄分配到投资项目，这不但影响了储蓄和投资的税前收益，还影响了储蓄和投资的均衡数量。根据麦金农和肖的观点，可以认为储蓄转化为投资的效率依赖于经济体金融开放程度，金融中介部门受到金融抑制程度越低，也可以认为开放程度越高，就越能有效地将储蓄转化到相应的投资项目中去。假设每一期期初金融机构总储蓄为D_t，包括居民、企业、政府和外国储蓄。受到政府金融抑制政策影响的金融中介部门储蓄为D_{F_t}，占总储蓄的比例为η，则$D_{F_t} = \eta D_t$。不受政府金融抑制政策影响的金融中介部门储蓄为$\overline{D}_{F_t}$，于是有$\overline{D}_{F_t} = (1 - \eta) D_t$。受金融抑制影响的金融中介将储蓄贷给企业的成本直接或间接地受到政府部门金融规则的影响，例如，对金融中介征税将直接增加这些部门的成本。这种抑制政策随后会降低金融部门效率减少投资。令ζ_F为这些部门因政府金融抑制政策损失的储蓄占其总储蓄的比例，所以最终金融机构能够贷给企业转化为投资总额I_t与总储蓄D_t的关系为：

$$I_t = (1 + \varpi_t \Gamma) \left[\overline{D}_{F_t} + (1 - \zeta_F) D_{F_t} \right] = (1 + \varpi_t \Gamma)(1 - \eta \zeta_F) D_t \qquad (3 - 18)$$

有不少研究表明，金融开放对投资增长和波动会产生影响，因而在式（3 - 18）中引入金融开放参数Γ。ϖ_t为投资效率冲击，服从一阶自回归过程：

$$\varpi_t = \rho_\varpi \varpi_{t-1} + \mu_{\varpi_t} \qquad (3 - 19)$$

其中，ρ_ϖ为自回归系数，μ_ϖ为干扰项，服从均值为0，标准差为σ_ϖ的正态分布。根据式（3 - 18）可知，如果整个经济储蓄D_t给定，实际投资的资本数量由参数ζ_F和η决定，这两个参数又直接与金融抑制政策有关。ζ_F越大表明政府的金融管制行为引起金融中介的运行成本越高，损失的储蓄就越多，金融抑制程度也就越高。η越大，因政府管制引起留在金融抑制部门的储蓄就越多，也就是能够贷款给企业的储蓄就越少，因而表明金融抑制程度越高。令$\psi = 1 - \eta \zeta_F$，ψ即为金融效率参数，由储蓄投资转化率衡量。

3.3.4 政府政策

3.3.4.1 货币政策

根据泰勒（Taylor，2001）和马勇（Ma，2015）的研究，货币政策设为：

$$r_t = \rho_r r_{t-1} + (1 - \rho_r)(\lambda_y y_t + \lambda_\pi \pi_t + \lambda_s s_t) + \mu_{rt} \qquad (3 - 20)$$

其中，ρ_r为利率平滑参数，λ_y、λ_π、λ_s分别为货币当局对产出缺口、通货膨胀、汇率变动的调整系数。

3.3.4.2 财政政策

假设政府实际支出由实际总税收T和实际铸币税收入构成：

$$G_t = T_t + (M_t - M_{t-1})/P_t \qquad (3-21)$$

财政政策行为符合一个简单的财政政策规则（Taylor，2001），如下：

$$\hat{g}_t = \rho_g \hat{g}_{t-1} + \varepsilon_{gt} \qquad (3-22)$$

其中，$\hat{g}_t$ 为政府支出偏离稳态值的标准差，ρ_g 为政府支出自回归系数，ε_{gt} 代表标准差为 σ_g 的随机干扰项。

3.4　模型参数估计

3.4.1　数据和先验分布

由于贝叶斯方法不仅用到了总体样本信息，而且还使用到了先验信息，通过历史资料和经验总结出的先验信息会使统计推断更为准确，参数校准更为有效，所以本章模型使用贝叶斯方法对各参数进行估计。估计参数的时间序列分别为人均实际产出、人均实际消费、名义利率和通货膨胀率。人均实际产出用人均实际 GDP 衡量，等于人均名义 GDP 季度值除以对应的 CPI 季度指数。CPI 季度指数由月度指数计算得到。具体计算：CPI 月度数据以 2000 年 12 月 CPI＝100 为基准，计算出 2001 年 1 月~2017 年 12 月的 CPI 指数，然后使用几何平均数由月度 CPI 得到季度 CPI。人均实际消费由社会消费品零售总额衡量，等于人均社会消费品零售额季度值除以对应的 CPI 季度指数。人均实际产出和人均实际消费序列都经过季节调整和 H－P 滤波去趋势。名义利率由银行间同业拆借 3 个月加权平均利率衡量，季度值为 3 个月的平均值。通货膨胀率由月度环比数据计算出季度值衡量。名义利率和通货膨胀率都由季度值取对数后偏离稳态值的百分数表示。所有数据均来国泰安经济金融研究数据库，数据样本期为 2001 年第一季度至 2017 年第四季度。

由于在贝叶斯估计中，如果所有结构参数都由贝叶斯方法估计将出现参数识别问题。因此，有些参数根据数据可获得性和已有文献直接校准。根据黄赜琳（2005）的研究将主观贴现率季度值设为 0.9921。资本折旧率季度值设为 0.025。企业重新设定价格概率 φ 设为 0.75，即每季度有 25% 的企业改变价格。其他参数都使用贝叶斯估计得到。参考相关文献先确定各参数的先验分布。参考斯梅茨和武泰（Smets and Wouters，2007）的研究，设各个冲击的自回归系数先验均值为 0.5，均服从标准差为 0.2 的 beta 分布。设资本产出弹性参数、国内通货膨胀对总通货膨胀弹性的先验均值分别为 0.4、0.5，均服从标准差为 0.2 的 beta 分布。参考马林等（Malin et al.，2005），设各个冲击标准差先验均值为 0.1，均服从标准差为 ∞ 的逆 gamma 分布。参考马勇（Ma，2015）的研究，设货币当局对产出缺口、通货膨胀和汇率变动调整系数 λ_y、λ_π 和 λ_s 先验均值分别为 0.5、1.2 和 0.5，服从标准差为 0.2 的 gamma 分布；设金融开放度 Γ、金融效率 Ψ、跨期替代弹性 σ 和劳动供给弹性 υ 的先验均值分别为 0.5、0.5、0.5、0.5，均服从标准差为 0.2 的 beta 分布；设利率平滑参数 ρ_r 的先验均值为 0.5，服从标准差为 0.2 的 beta 分布。

3.4.2　估计结果

贝叶斯估计结果如表 3 – 1 所示。金融开放度参数 Γ 的后验均值为 0.561，与马勇（Ma，2015）估计值 0.526 比较接近，另外，张金清和刘庆富（2007）计算出中国金融开放度为 0.615，由此表明中国金融开放度处于中等程度。金融效率参数 Ψ 后验均值为 0.6091，云鹤等（2012）测算中国金融部门在资金转化为资本时表现的金融效率为 60% 左右，该参数估计值非常接近其测算结果。另外，本章计算了 2002 年第一季度至 2017 年第四季度金融机构本外币各项贷款与各项存款比均值为 0.7128。由于贷款中包含的消费信贷并非用于投资，所用使用储蓄投资转化率衡量的金融效率应该低于贷款与存款比值。消费和实际货币余额跨期替代弹性 σ 后验均值为 0.9549，劳动供给弹性 υ 后验均值为 0.7507。货币当局对产出缺口、通货膨胀和汇率变动调整系数 λ_y、λ_π 和 λ_s 后验均值分别为：0.7827、1.2844 和 0.7461，与已有文献设定的三个参数值接近，说明中国政府更加重视对通货膨胀的调控。资本产出弹性参数 α 后验均值为 0.4899。其他参数、外生变量冲击自回归系数和标准差分别见表 3 –1。

表 3 - 1   贝叶斯估计结果

参数	参数说明	先验均值	先验密度函数	后验均值	90% 置信区间
Γ	金融开放度	0.5000	beta 分布	0.5610	[0.5043，0.6182]
σ	跨期替代弹性	0.5000	beta 分布	0.9549	[0.9197，0.9889]
υ	劳动供给弹性	0.5000	beta 分布	0.7507	[0.5718，0.9497]
α	资本产出弹性参数	0.4000	beta 分布	0.4899	[0.4644，0.8094]
Ψ	金融效率参数	0.5000	beta 分布	0.6091	[0.4073，0.8218]
γ	国内通货膨胀对总通货膨胀弹性	0.5000	beta 分布	0.5291	[0.1945，0.8067]
ρ_r	利率平滑系数	0.5000	beta 分布	0.1655	[0.0328，0.2821]
λ_y	货币当局对产出缺口调整系数	0.5000	gamma 分布	0.7827	[0.3046，1.1987]
λ_π	货币当局对通货膨胀调整系数	1.2000	gamma 分布	1.2844	[0.9054，1.6287]
λ_s	货币当局对汇率变动调整系数	0.5000	gamma 分布	0.7461	[0.3962，1.0720]
ρ_Ω	国外债券风险酬金冲击系数	0.5000	beta 分布	0.2685	[0.0857，0.4370]
ρ_ϖ	投资效率冲击自回归系数	0.5000	beta 分布	0.7059	[0.5709，0.8505]
ρ_{r*}	国外利率冲击自回归系数	0.5000	beta 分布	0.3222	[0.0942，0.5369]
ρ_{nx}	净出口冲击自回归系数	0.5000	beta 分布	0.5045	[0.2048，0.8378]
ρ_a	技术冲击自回归系数	0.5000	beta 分布	0.4526	[0.3304，0.5893]
ρ_g	政府支出冲击自回归系数	0.5000	beta 分布	0.7033	[0.5704，0.8561]
σ_r	利率冲击标准误	0.1000	逆 gamma 分布	0.0218	[0.0153，0.0277]
σ_Ω	国外债券风险酬金冲击标准误	0.1000	逆 gamma 分布	0.0208	[0.0167，0.0252]
σ_ϖ	投资效率冲击标准误	0.1000	逆 gamma 分布	0.1119	[0.0276，0.1327]
σ_{r*}	国外利率冲击标准误	0.1000	逆 gamma 分布	0.0260	[0.0195，0.0321]
σ_{nx}	净出口冲击标准误	0.1000	逆 gamma 分布	0.0770	[0.0726，0.1327]
σ_a	技术冲击标准误	0.1000	逆 gamma 分布	0.0397	[0.0298，0.0482]
σ_g	政府支出冲击标准误	0.1000	逆 gamma 分布	0.1204	[0.0602，0.1765]

注：使用 Dynare 4.4.3 版本估计。

3.5 模拟结果分析和实证假设

由参数估计知，中国金融开放度参数值为 0.5610，表明中国金融开放处于中等程度。金融效率参数值为 0.6091，说明资金转化效率大约为 60%。下面我们首先分别基于这两个参数估计值模拟各宏观经济变量波动性变化情形。然后通过模拟不同开放度、不同金融效率下各宏观经济变量波动性，以便比较不同金融开放度、不同金融效率对经济波动的影响。

3.5.1 金融效率不变，不同金融开放度下宏观经济变量波动性

图 3-5~图 3-10 描述的是金融效率参数为 0.6091 时，金融开放度 Γ 分别为 0.1610、0.2610、0.3610、0.4610、0.5610、0.6610、0.7610、0.8610、0.9610 时各宏观经济变量波动性的变化情况。横轴的数字 1~9 分别对应金融开放度 Γ 为 0.1610~0.9610 九种情形，即 1 对应 $\Gamma = 0.1610$（选择 $\Gamma = 0.1610$ 而不是 $\Gamma = 0.1$ 开始，是根据金融开放度参数模拟值为 0.5610 而定），以此类推。纵轴为宏观经济变量波动性值。

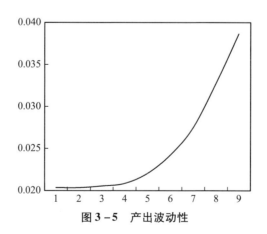

图 3-5 产出波动性

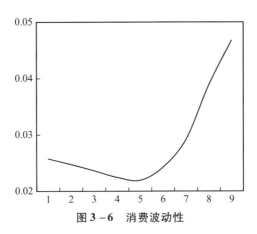

图 3 - 6 消费波动性

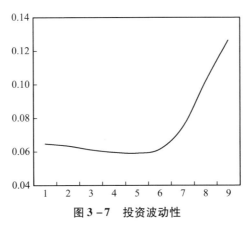

图 3 - 7 投资波动性

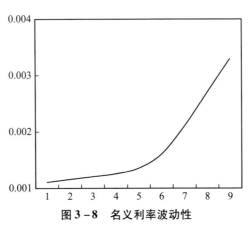

图 3 - 8 名义利率波动性

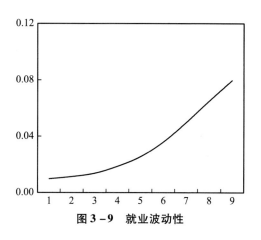

图 3 – 9　就业波动性

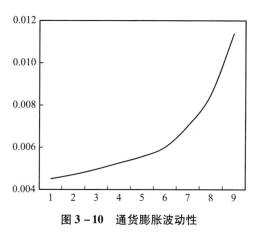

图 3 – 10　通货膨胀波动性

在金融开放度从较低到中等程度逐渐增大时，扩大金融开放对宏观经济波动性的影响不大。如图 3 – 5 ~ 图 3 – 10 所示，在金融开放度由 0.1610 扩大到 0.4610 时，模拟显示产出、利率的波动性几乎不变，就业和通货膨胀波动性也只略微增大，消费和投资波动性略微下降。但继续扩大金融开放度，各宏观变量波动性变化出现差异。消费、投资波动性先下降，然后增加。产出、利率、就业和通货膨胀则随着金融开放度扩大，波动性呈递增式加大，因为各变量波动性变动曲线凸向横轴。由支出法可知 GDP 由消费支出、投资支出和进出口支出构成，模拟结果表明金融开放度扩大引起消费和投资波动性下降并未引起产出波动性下降，说明中国模拟样本期内进出口波动性强于消费和投资波动性。事实上，1998～2014 年消费、投资和进出口总额波动性年均值分别为 4.66%、19.61% 和 22.75%，并且 2008 年以来进出口总额波动性达 40% 以上。后面实证部分分析也证实了样本期内金融开放扩大确实降低了消费和投资的波动性。但当金融开放度扩大到 0.6610 后，六个变量波动性都呈递增式增加。由于模拟时金融效率参数值取估计值 0.6091，云鹤等（2012）指出该值表明我国金融部门在资金融通过程中所展现的金融效率只有 60% 左右，其余四成左右的资金发挥不了显性的经济增长作用。同时，由贝叶斯估计知，中国金融开放度参数值为 0.5610，表明中国处于中等开放程度。此模拟结果表明，如果现阶段中国继续扩大金融开放度，消费、投资波动性在一定程度上会先降后升，产出和利率波动性也先表现较平稳而后上升，就业和通货膨胀波动性则一直上升。因而在扩大金融开放度时不同时改变金融效率，将会引起宏观经济不确定性增加，因为各宏观经济变量的波动性最终都会加大。

需要说明的是模拟结果显示金融开放扩大会加大产出波动性，对消费和投资变量的影响接近 U 形，这验证了假设 1。也就是金融开放程度较低时，随着金融开放程度上升，消费和投资波动性先下降，但当金融开放达到一定程度后继续增加开放度，消费和投资波动性将逐渐加大。该模拟结果非常类似于拉特纳和休（Ratna and Hugh, 2015）的研究结论，他们指出金融发展对经济增长波动性的影响呈现 U 形。当金融发展程度较低时，随着金融发展程度加深，经济增长波动性先是下降，但当金融发展达到一定程度后，继续加深金融发展，经济增长波动性将逐渐上升。根据相关文献（Caprio and Honoban, 1999；Bekaert et al., 2006），金融开放对金融发展有一定积极影响，因而金融开放可以通过促进金融发展，继而影响消费和投资最终影响经济波动，所以本章模拟的结果与该文实证分析结果是一致的。

3.5.2 金融开放度不变，不同金融效率下宏观经济变量波动性

为了考察金融效率提高是否能平滑宏观经济变量波动性，下面模拟金融开放度不变，金融效率变化情形下各宏观经济变量的波动性。图 3-11～图 3-16 描述的是金融开放度为 0.5610 时，金融效率参数 Ψ 分别为 0.1091、0.2091、

0.3091、0.4091、0.5091、0.6091、0.7091、0.8091、0.9091 时各宏观经济变量波动性的变化情况。横轴的数字 1 ~ 9 分别对应金融效率参数 Ψ 为 0.1091 ~ 0.9091 九种情形,即 1 对应 $\Psi = 0.1091$ (选择 $\Psi = 0.1091$ 而不是 $\Psi = 0.1$ 开始,是根据金融效率参数模拟值为 0.6091 而定),以此类推。纵轴为宏观经济变量波动性值。

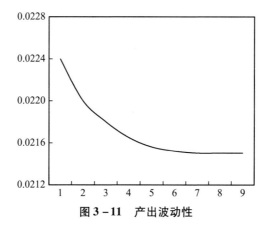

图 3 - 11　产出波动性

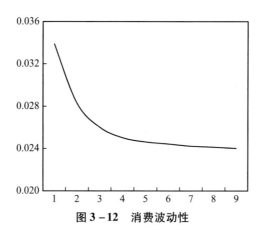

图 3 - 12　消费波动性

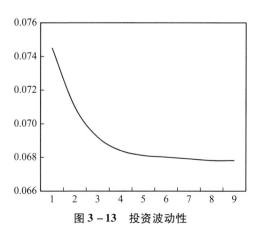

图 3 - 13　投资波动性

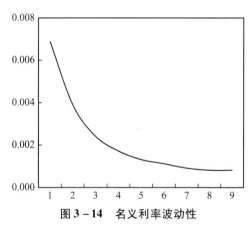

图 3 - 14　名义利率波动性

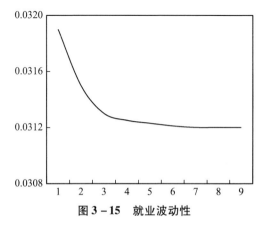

图 3 - 15　就业波动性

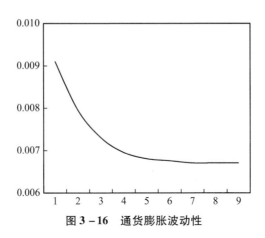

图 3 - 16　通货膨胀波动性

很显然，在金融效率从较低逐渐提高过程中，随着金融效率提高，产出、消费、投资、利率、就业、通货膨胀波动性都随着金融效率提高呈下降趋势，所有变量波动性变化趋势线随着金融效率提高而下降。当金融效率处于较低水平时，例如，低于 0.5091 时，金融效率提高使各个变量下降相对较快。当金融效率继续提高时，消费、投资和利率波动性继续下降，不过下降速度相对减缓。产出、就业和通货膨胀波动性受到金融效率变化的影响相对微小。模拟结果表明，金融开放度不变时，提高金融效率有助于平滑宏观经济波动，这验证了假设 2。

已有文献研究指出金融开放对发达国家宏观经济波动的影响小于对发展中国家宏观经济波动的影响。那么发达国家的金融效率是否普遍高于发展中国家的金融效率呢？笔者分别计算了部分发达国家和发展中国家 2005 ~ 2011 年金融效率年均值，发现前者金融效率相对较高，而后者金融效率相对较低。其中发达国家分别为意大利、美国、加拿大、德国、法国、澳大利亚、西班牙、英国、新西兰、新加坡，金融效率年均值分别为 0.789、0.793、0.804、0.841、0.868、0.907、0.927、0.958、0.960、1.269；发展中国家分别为墨西哥、巴西、土耳其、菲律宾、印度、印度尼西亚、南非、波兰、泰国、马来西亚，金融效率年均值分别为 0.489、0.490、0.601、0.611、0.697、0.698、0.756、0.829、0.850、0.887。模型模拟结果反映了现实经济情形，说明模型具有一定的有效性。同时也部分解释了为什么金融开放度都较高时发达国家经济波动性相对小于发展中国家经济波动性问题。

3.5.3 金融开放度和金融效率都变化时宏观经济变量波动性比较

为了比较不同金融开放度情形下金融效率变化对宏观经济变量波动性影响的差异,本章分别模拟了金融开放度由 0.1610~0.7610 变化时各个开放度值下金融效率由 0.1091 变化到 0.9091 的所有情形。金融开放度分别由 F1~F7 表示,金融效率由横轴表示。纵轴为宏观经济变量波动性值。得到各宏观变量波动性变动情形如图 3-17~图 3-22 所示。由图 3-17、图 3-20 和图 3-21 可知,随着金融开放度扩大,产出、利率和就业波动性逐渐增加。图中代表金融开放度最小的曲线 F1 (开放度值为 0.1610) 在最下面,其他曲线依次排列,代表金融开放度最大的曲线 F7 (开放度值为 0.7610) 在最上面。但消费、投资和通货膨胀波动性并未完全随着金融开放度扩大而增加。由图 3-18、图 3-19 图 3-22 可知,金融开放度由 0.1610 扩大到 0.4610 过程中,随着金融开放度扩大,三个宏观变量波动性都增加了。但继续扩大金融

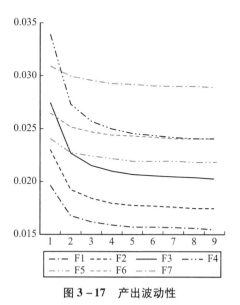

图 3-17 产出波动性

注:F1~F7 分别表示金融开放度为 0.1610、0.2610、0.3610、0.4610、0.5610、0.6610、0.7610。

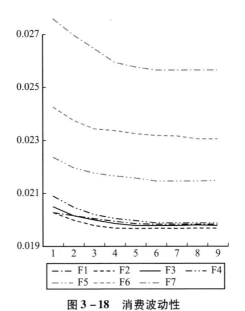

图 3－18 消费波动性

注：F1 ~ F7 分别表示金融开放度为 0. 1610、0. 2610、0. 3610、0. 4610、0. 5610、0. 6610、0. 7610。

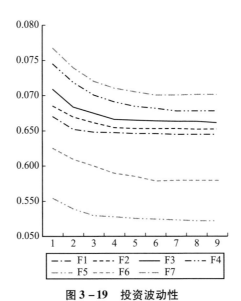

图 3－19 投资波动性

注：F1 ~ F7 分别表示金融开放度为 0. 1610、0. 2610、0. 3610、0. 4610、0. 5610、0. 6610、0. 7610。

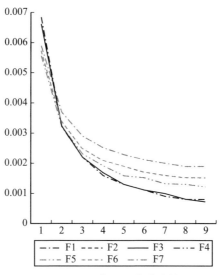

图 3 - 20   名义利率波动性

注：F1 ~ F7 分别表示金融开放度为 0.1610、0.2610、0.3610、0.4610、0.5610、0.6610、0.7610。

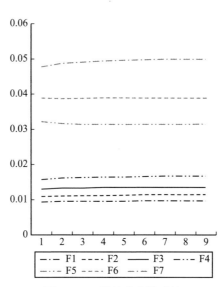

图 3 - 21   城镇就业波动性

注：F1 ~ F7 分别表示金融开放度为 0.1610、0.2610、0.3610、0.4610、0.5610、0.6610、0.7610。

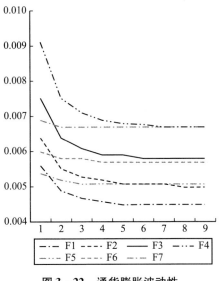

图 3 - 22　通货膨胀波动性

注：F1 ~ F7 分别表示金融开放度为 0.1610、0.2610、0.3610、0.4610、0.5610、0.6610、0.7610。

开放度到 0.5610、0.6610 时，三个宏观变量波动性先都有一个明显的下降，因为代表金融开放度较高的 F5、F6 两条曲线都低于代表金融开放度较低的 F4 曲线。尤其是投资波动性下降更多，F5、F6 两条曲线都低于 F1 曲线。但再进一步扩大金融开放度到 0.7610 以上时，消费、投资波动性又进一步提高，并且随着金融开放度扩大继续增加。表现为 F7 曲线都高于 F4 曲线。

但是，金融效率的提高可以减缓金融开放度提高给宏观经济波动带来的负面影响。正如图 3 - 17 ~ 图 3 - 22 所示，在金融开放度较低时随着金融效率提高宏观经济变量波动性基本表现为呈下降趋势，尤其是产出、消费、投资、利率和通货膨胀波动性下降趋势明显，就业波动性也略呈下降趋势。当金融开放度较高时随着金融效率提高，产出、消费、投资、利率、通货膨胀波动性继续呈下降趋势，但就业的波动性有不同程度的增加，略呈上升趋势。具体而言，图 3 - 21 显示金融开放度达到 0.7610 后，就业波动性随着金融效率的提高才略微加大，在这之前就业波动性都随着金融效率的提高而减少。不少文献研究表明提高金融开放度可以平滑消费，从模拟效果看，扩大金融开放时如果能够提高金融效率同样可以平滑宏观经济各个变量的波动性。因而可以预测中国继续扩大金融开放的同时，如果能够同时提高金融效率，将有利于平滑产出、消费、投资波动性，并且有利于降低失业率和通货膨胀，稳定利率水平。

通过使用中国有关数据校准模型参数，然后对中国经济进行模拟发现，在金融效率不变时金融开放扩大加大了产出的波动性，对消费和投资的波动性影响呈现出 U 形特征，即在金融开放程度较低时，扩大金融开放有助于降低消费和投资波动性，但金融开放扩大到一定程度后对二者的波动性具有促进作用。在金融开放度不变时，金融效率的提高有助于降低各宏观经济变量波动性。

3.6 实 证 研 究

为了从经验上考察金融开放和金融效率对宏观经济变量波动性的影响，本章选择 1987～2016 年中国 30 个省（区、市）数据，通过面板模型实证分析金融开放和金融效率与产出、消费和投资波动性的关系。

3.6.1 实证模型

$$Y_{it} = \beta_0 + \beta_1 FO_{it} + \beta_2 CONTROL_{it} + \mu_i + \varepsilon_{it} \qquad (3-23)$$

其中，Y_{it} 为宏观经济变量波动性序列，本章分别代表产出、消费和投资波动性序列。FO_{it} 为金融开放，$CONTROL_{it}$ 为控制变量，μ_i 为各省份个体差异，ε_{it} 为误差项。本章主要关注金融开放度系数 β_1。当被解释变量为消费波动性时，如果存在真正的国际风险共担利益，则 β_1 符号为负，说明金融开放度提高将降低消费增长波动性。为了检验金融效率变化对宏观经济变量波动性的影响，本章建立下列模型：

$$Y_{it} = \alpha_0 + \alpha_1 SI_{it} + \alpha_2 CONTROL_{it} + \mu_i + \varepsilon_{it} \qquad (3-24)$$

$$Y_{it} = \beta_0 + \beta_1 FO_{it} + \beta_2 SI_{it} + \beta_3 FO_{it} \times SI_{it} + \beta_4 CONTROL_{it} + \mu_i + \varepsilon_{it}$$

$$(3-25)$$

其中，SI_{it} 为储蓄投资转化率，作为金融效率的代理变量。本章主要关注式（3-24）中金融开放效率 SI_{it} 的系数 α_1 和式（3-25）中金融开放度与金融效

率交乘项系数 β_3。如果 α_1 符号为负，表明金融效率提高有助于抑制宏观经济波动性。如果 β_3 符号为负，则表明金融开放度不变时，随着金融效率提高，宏观经济变量波动性将会下降。

3.6.2 数据与变量说明

（1）产出波动性（VY）：使用年度人均实际 GDP 波动性衡量。各省份人均 GDP、CPI 数据来自中经网统计数据库。CPI 数据以 1980 年 CPI＝100 为基准，计算出 1982～2016 年的 CPI 指数。人均实际 GDP 由名义 GDP 除以对应的 CPI 指数得到。各省份产出波动性具体计算方法为：使用固定样本长度的滚动方差来度量产出增长率的条件波动性。假设产出增长率时间序列为 $\{y_t\}$，$t=1,2,\cdots,T$。在样本区间 $[1,T]$ 取滚动时窗长度为 k，则 t 时期的滚动方差 σ_t 为：$\sigma_t = \dfrac{1}{k_t}\sum\limits_{i=t-k+1}^{t}(y_i-\bar{y}_t)^2$，$\bar{y}_t=\dfrac{1}{k_t}\sum\limits_{i=t-k+1}^{t}y_i$，$\{\sigma_t\}$ 即为产出波动性序列。计算时 k 取 5，从而得到 1987～2016 年产出波动性序列。

（2）消费波动性（VC）：使用年度人均实际最终消费波动性衡量，最终消费包括居民消费和政府消费。一个国家的代表性代理人效用不仅取决于私人消费，还取决于政府消费。事实上政府消费的周期特性也会影响到私人消费对宏观冲击的反应。因此，将政府消费考虑进来比单独考虑私人消费更合适，这对于发展水平较低的国家以及具有较高的政府支出占 GDP 比值（G/Y 值）的开放程度较高的国家尤为重要。各省份最终消费数据来自中经网统计数据库。最终消费除以年末人口数后再除以 CPI 指数得到人均实际消费。其波动性计算与产出波动性计算相同。

（3）投资波动性（VI）：使用各省份全社会固定资产投资波动性衡量。名义值除以 CPI 指数得到实际值，波动性计算方法与产出波动性计算方法相同。

（4）金融开放（FO）：使用两种方法衡量。一是使用各省份外商直接投资总额存量与 GDP 比例衡量，主要考虑该指标涵盖样本数据时间跨度较长，从 1987～2016 年，因而选择其作为金融开放度的代理变量，使研究在更大样本中进行。二是使用能更确切反映金融开放程度的事实指标，即使用反映资本跨境流入流出和外资在总资产中的比例的指标。具体计算参考陶雄华和谢寿琼（2017）使用各省份 FDI、OFDI 和外币存贷款数据测度，具体计算如下：

$$FO_{it} = FDI_{it}/Y_{it} + OFDI_{it}/Y_{it} + FM_{it}/TM_{it} \qquad (3-26)$$

其中，FDI、$OFDI$ 分别为各省份外商直接投资和对外直接投资存量，Y 为各省份 GDP，FM 和 TM 分别为金融机构外币存贷款总额和本外币存贷款总额，二者比值代表外资金融资产在总金融资产中的比重，用于衡量货币市场开放程度。由于 OFDI 存量数据从 2003 年开始，所以计算后的 FO 为 2003 ～ 2016 年，数据来源于各省份统计年鉴和统计公报。

（5）金融效率（SI）：参考邹（Chou，2007），使用储蓄投资转化率衡量。用各省份年度资本形成总额与金融机构存款余额比值表示。同时使用国际货币基金组织网站提供的金融机构效率和金融市场效率指标做国家层面考察。

（6）控制变量：①贸易开放度（TO），使用标准的贸易开放度衡量指标即进出口贸易总额与 GDP 的比例衡量。对外经济贸易对中国经济波动的影响主要通过外国投资和对外贸易实现。一方面利用外资和外贸为中国经济增长作贡献从而直接影响经济波动；另一方面外资和外贸把世界经济波动传导到中国境内（贾怀勤，2009）。由于本章主要关注扩大金融开放对中国经济波动的影响，所以使用金融开放度作为解释变量，而把贸易开放度作为控制变量。②通货膨胀波动性（$VIFL$），使用各省份 CPI 指数计算得到。③$M2/GDP$，使用各省份金融机构存贷款之和/各省份名义 GDP。④财政收支平衡波动性（VF），使用财政支出与财政收入比值波动性衡量。支出法 GDP 包括消费支出、投资支出和进出口支出，中国的 GDP 支出中投资倾向大于消费倾向，因此研究经济波动或经济周期时，一般首先分析固定资产投资对经济波动的影响，然后分析消费对经济周期的影响。政府财政支出既用于投资也用于消费，因此，将政府支出列为影响经济波动的重要影响因素（贾怀勤，2009）。另外，黄赜琳（2005）研究发现，在包含政府部门的 RBC 模型中，技术冲击和政府支出冲击可以解释 70% 以上的中国经济波动特征；魏杰和董进（2006）认为政府部门的影响是历次宏观经济波动中的一个很重要因素。因此将财政收支平衡波动性作为控制变量。⑤人口规模（PL），使用各省份年末总人口数的增长率衡量。有研究指出国家规模大小是开放经济体宏观经济波动的重要因素。黑德（Head，1995）和克鲁茨尼（Crucini，1997）证实大型工业化国家的生产力波动对小规模发展中国家的经济周期的动态变化有显著影响。高丝等（Kose et al.，2002）研究发现贸易条件冲击和外国援助资本流入对小规模国家的宏观经济波动性产生极其重要的影响。因而本章假设人口规模对各省宏观经济波动产生影响。⑥资本形成率（K），使用各省份资本形成总额除以支出法 GDP。

3.6.3　实证结果分析

为了检验模型是否可以做面板回归分析，首先检验各序列的平稳性。除资本形成率 K 的原序列不平稳外其余序列都是平稳的。K 的一阶差分序列是平稳的，所以在进行回归分析时对 K 进行一阶差分处理得到差分序列 DK。如果模型遗漏重要变量或者被解释变量和解释变量之间存在双向因果关系，将导致内生性问题。另外，考虑到个体间可能存在截面异方差，估计模型时使用 Pooled IV/Two-stage EGLS（cross-section weights）方法，即使用工具变量/两阶段广义最小二乘法修正内生性和横截面异方差问题。实证结果见表 3 – 2。

由回归结果可知，金融开放度扩大会增加产出的波动性，但会降低消费和投资的波动性。产出模型（1）中金融开放度系数为正，而消费和投资模型（1）金融开放度系数都为负，且都通过显著性水平检验。同时，模型（1）中金融开放二次项 FO^2 系数显著为正，体现了金融开放对消费和投资的影响呈现 U 形特点。由前面 DSGE 模型估计结果知，中国金融开放正处于中等程度，金融开放度值约为 0.56。模拟结果显示随着金融开放度提高，产出波动性一直呈上升趋势，而消费和投资波动性在金融开放度提高到中等程度时有下降情形。因而实证结果进一步验证了模拟结果的有效性，同时也验证了假设 1。模型（2）表明使用储蓄投资转化率衡量的金融效率的提高确实对经济波动具有抑制作用。并且模型（3）显示金融开放度和金融效率乘积交乘项系数都为负数，进一步表明在扩大金融开放同时如果提高金融效率将有利于平滑产出、消费和投资的波动性。很显然，产出、消费和投资波动性随着金融效率提高而下降与前面模拟的结果完全吻合，即金融效率的提高有利于平滑宏观经济各变量的波动性，验证了假设 2。

控制变量贸易开放度 TO 系数都为负，说明样本期间中国加大贸易开放度降低了宏观经济变量波动性。通货膨胀的波动性 $VIFL$ 对产出和投资波动性有一定的影响，但对消费波动性影响不明显。$M2/GDP$ 代表了金融部门发展

表 3－2　金融开放、金融效率对经济波动影响回归结果 1（中国省际面板数据）

解释变量	产出波动性（VY）			消费波动性（VC）			投资波动性（VI）		
	模型（1）	模型（2）	模型（3）	模型（1）	模型（2）	模型（3）	模型（1）	模型（2）	模型（3）
FO	2.073* (1.827)		1.712* (1.723)	-4.269*** (-21.977)		1.902 (1.335)	-31.18*** (-5.936)		31.532*** (3.225)
FO^2				0.217*** (4.987)			2.289*** (6.837)		
SI		-0.204* (-1.823)	0.081 (0.829)		-0.204*** (-2.440)	0.381*** (2.952)		-2.096** (-2.329)	5.396*** (5.311)
$FO \times SI$			-0.042** (-2.300)			-0.068*** (-2.595)			-0.777*** (-3.980)
DK	13.096 (1.156)	12.236 (1.196)	10.121 (1.458)		13.535** (2.439)				
PL	0.201 (0.655)		-0.032 (-0.129)	4.323*** (6.804)	0.394* (2.072)	0.594* (1.713)	17.229*** (4.467)	0.169 (0.068)	-1.397 (-0.651)
$VIFL$	0.211 (1.289)	0.120 (1.407)	-0.145* (-1.811)	0.120 (1.216)	0.182*** (3.396)	-0.101 (-0.879)	0.575 (0.802)	-0.336 (-0.313)	-1.453* (-1.610)
$M2/GDP$	0.124** (2.215)	0.099*** (2.710)		-0.130*** (-13.137)	-0.028 (-1.458)		-0.899*** (-13.33)	-0.931*** (-5.417)	

续表

解释变量	产出波动性（VY）			消费波动性（VC）			投资波动性（VI）		
	模型（1）	模型（2）	模型（3）	模型（1）	模型（2）	模型（3）	模型（1）	模型（2）	模型（3）
VF	-0.582*** (-4.978)	-0.265* (-1.716)	-0.364*** (-4.332)	0.126 (1.123)	-0.122** (-2.034)	-0.010 (-0.070)	0.703 (1.158)	-0.742 (-0.792)	-0.532 (-0.594)
TO	-0.300** (-2.334)	-0.121 (-1.229)	-0.113 (-1.541)	-0.130*** (-3.171)	-0.118** (-2.397)	-0.288*** (-2.957)	-0.568* (-1.946)	-0.547 (-0.935)	-1.815*** (-2.681)
AR(1)	0.778*** (20.602)	0.806*** (9.502)	0.775*** (30.683)		0.670*** (20.241)	0.731*** (25.458)		0.642*** (23.221)	0.725*** (26.281)
常数项	-12.478 (-0.808)	-16.379* (-1.738)	17.899*** (3.946)	60.339*** (21.977)	38.087*** (4.986)	29.074*** (7.446)	360.28*** (19.075)	262.097*** (3.425)	-54.427 (-1.034)
R²	0.643	0.703	0.651	0.397	0.725	0.684	0.338	0.626	0.631
D-W	1.860	1.887	1.665	0.858	2.144	1.871	0.918	1.915	1.868
样本数	780	780	780	810	810	810	810	810	810
固定效应	是	是	是	是	是	是	是	是	是

注：***、**、* 分别表示通过1%、5%、10% 显著性水平检验；小括号内为 T 统计量；固定效应控制了个体效应。所有解释变量滞后一期作为工具变量；FO^2 为 FO 的平方项。

程度。由回归结果可知 M2 与 GDP 比例越大，越将降低消费和投资的波动性，增加产出的波动性。财政政策 *VF* 的波动性对消费和投资的波动性影响不明显，回归系数有正有负，都未通过显著性水平检验。但财政政策显著地影响了产出波动性，随着财政政策的实施，产出波动性有所减缓。前述模拟显示金融开放度扩大到接近中等程度继续扩大时，消费和投资波动性先减少后增加，表明政府消费和投资可能对经济波动有缓冲作用，同时也说明中国政府实施财政政策前可能提前释放了信号，从而出现了有利于平滑产出波动的政策效果。郭长林（2016）通过对消息冲击下的财政政策分析发现，提前释放有关财政政策的信号能够通过引导公众预期对稳定经济波动发挥明显的积极作用。与已有文献研究结论类似，人口规模 *PL* 显著地增加了消费的波动性，不过并未对中国产出和投资波动性产生明显的影响。资本形成率 *K* 对产出波动性可能存在正向影响，不过这种正向影响不十分显著，因为 *DK* 系数未通过显著性水平检验。

为了验证本章研究结论的稳健性和精确性，本章接下来使用国际货币基金组织（IMF）网站提供的金融效率指标进行国家层面的面板数据回归分析。IMF 提供了两个金融效率指标，一个是金融机构效率指标，另一个是金融市场效率指标，这为研究国家层面的面板模型提供了很好的数据序列。根据世界银行对国家的划分，中国属于中高收入国家，因而本章选择包含中国在内的 30 个中高收入国家作为样本分析对象。

分析时本章进行了三个模型的回归，见表 3 – 3。其中模型（1）包含金融开放（*FO*）单独项，模型（2）包含金融效率（*FE*）单独项，模型（3）包含金融开放（*FO*）单独项、金融效率（*FE*）和金融开放与金融效率交乘项（*FO* × *FE*）。三个模型的控制变量都相同。同时本章还计算了样本国家的储蓄投资转化率 *SI*，作为金融效率的代理变量。通过回归得出了与本章模拟和实证分析十分接近的结论：金融效率确实平滑了中高收入国家的经济波动。回归结果如表 3 – 3 所示。

表 3 – 3 中被解释变量为各国 GDP 增长率的波动性。解释变量 *FO* 为各国金融开放度，*FE* 为金融效率（包含三种衡量金融效率指标：*FIE*、*FME* 和 *SI*，其中 *FIE* 为金融机构效率指标，*FME* 为金融市场效率指标，*SI* 为储蓄投资转化率）。*DK* 为资本形成总额与 GDP 比值的一阶差分序列，*N* 为人口年度

表3-3　金融开放、金融效率对经济波动影响回归结果2（国家层面面板数据）

解释变量	金融机构效率（FE = FIE）			金融市场效率（FE = FME）			储蓄投资转化率（FE = SI）		
	模型(1)	模型(2)	模型(3)	模型(1)	模型(2)	模型(3)	模型(1)	模型(2)	模型(3)
FO	0.036*** (0.036)		4.563*** (0.095)	0.030*** (0.006)		0.116*** (0.012)	0.018** (0.005)		0.198 (0.230)
FE		-1.427*** (0.260)	18.162*** (0.307)		-10.842*** (0.289)	-8.369*** (0.258)		-0.038* (0.065)	0.330 (0.240)
$FO \times FE$			-6.873*** (0.134)			-0.975*** (0.034)			-0.120* (0.126)
DK	-0.541*** (0.006)	0.061*** (0.007)	-0.640*** (0.006)	-0.581*** (0.006)	-0.554*** (0.016)	-0.609*** (0.012)	-0.495*** (0.007)	-0.308*** (0.051)	-0.506*** (0.089)
N	10.952*** (0.084)	-0.088** (0.038)	10.752*** (0.078)	10.040*** (0.124)	10.339*** (0.197)	11.503*** (0.193)	11.134*** (0.117)	2.687*** (0.419)	0.144 (0.588)
$VCPI$	0.007*** (0.000)	-0.004*** (0.000)	0.009*** (0.000)	0.009*** (0.000)	0.009*** (0.000)	0.006*** (0.000)	0.005*** (0.000)	0.006*** (0.001)	0.003*** (0.001)
$DM2GDP$	-0.099*** (0.003)	-0.131*** (0.004)	-0.071*** (0.003)	0.072*** (0.004)	0.142*** (0.008)	0.071*** (0.003)	-0.100*** (0.003)	-0.008 (0.024)	-0.016 (0.014)
TO	0.058*** (0.002)	0.005** (0.002)	0.059*** (0.002)	0.050*** (0.003)	0.086*** (0.005)	0.077*** (0.004)	0.049*** (0.002)	0.019 (0.015)	-0.027 (0.031)

续表

解释变量	金融机构效率（FE = FIE）			金融市场效率（FE = FME）			储蓄投资转化率（FE = SI）		
	模型（1）	模型（2）	模型（3）	模型（1）	模型（2）	模型（3）	模型（1）	模型（2）	模型（3）
常数项	4.639*** (0.216)	3.276*** (0.293)	-3.782*** (0.303)	6.995*** (0.366)	8.004*** (0.596)	4.094*** (0.529)	3.984*** (0.250)	12.765*** (1.796)	22.308*** (0.031)
R^2	0.974	0.860	0.979	0.946	0.902	0.908	0.956	0.966	0.759
D-W	2.025	2.049	2.029	1.966	1.936	1.909	1.955	2.004	1.756
样本数	960	960	960	924	924	924	990	990	990
固定效应	是	是	是	是	是	是	是	是	是

注：***、**、*分别表示通过1%、5%、10%显著性水平检验；小括号内为标准误；固定效应控制了个体效应。
资料来源：国际货币基金组织（IMF）网站和世界银行网站。

增长率，*VCPI* 为通货膨胀率，*DM2GDP* 为 M2 与 GDP 比值的一阶差分序列，*TO* 为贸易开放度。样本为 30 个中高收入（含高收入）国家 1981～2014 年的年度数据。模型估计时使用 Pooled IV/Two-stage EGLS（cross-section SUR）方法，即使用工具变量/两阶段广义最小二乘法修正内生性和横截面异方差问题。

由回归结果知，*FO* 系数都为正且都通过显著性水平检验，说明中高收入国家金融开放增加了经济波动性。模型（2）回归结果表明当 *FE* 为金融机构效率 *FIE* 和金融市场效率 *FME* 时回归系数为负，说明这些国家提高金融效率降低了经济波动性。模型（3）中 *FO*×*FE* 项都为负，说明中高收入国家在扩大金融开放的同时提高金融效率可以平滑经济波动。当 *FE* 为储蓄投资转化率 *SI* 时其系数再次为负，并且 *FO*×*SI* 系数也为负。这说明储蓄投资转化率作为代理变量能够准确地反映出金融效率对经济波动的负向影响，同时交乘项系数为负再次反映出金融效率提高对金融开放的经济波动效应的抑制作用，即扩大金融开放的同时提高金融效率有助于平滑经济波动。

3.6.4　稳健性检验

通过使用省际面板数据和国家层面数据分析得出以下几个基本结论：一是中高收入国家金融开放扩大可能加大产出波动性，但对投资和消费的波动性有一定的抑制作用；二是金融效率的提高有利于抑制经济波动，无论是金融机构效率和金融市场效率还是作为金融效率代理变量储蓄投资转化率提高对产出波动性的抑制作用都非常显著；三是金融效率提高有利于抑制金融开放扩大的经济波动效应。为了使研究结果更具可信性本章从两个方面对回归结论进行稳健性检验。

3.6.4.1　稳健性检验 I（不同的金融开放度衡量指标）

前文指出金融开放度的第二种衡量方法考虑了资本跨境流入、跨境流出和资本市场开放程度，因而该指标能够更确切地反映出各省份金融开放的事实，因而这里使用该指标重新对式（3-23）、式（3-24）和式（3-25）进行回归，回归结果见表 3-4。

表 3－4　稳健性检验 I 结果（不同金融开放度衡量指标）

解释变量	产出波动性 (VY)			消费波动性 (VC)			投资波动性 (VI)		
	模型 (1)	模型 (2)	模型 (3)	模型 (1)	模型 (2)	模型 (3)	模型 (1)	模型 (2)	模型 (3)
FO	9.989* (1.920)		37.350* (1.677)	-8.827*** (-5.180)		21.979** (2.255)	-0.818* (-1.812)		83.089** (2.334)
SI		-0.115*** (-4.555)	0.342*** (7.100)		-0.381** (-2.226)	0.020 (0.645)		-0.158* (-1.887)	0.772 (1.477)
FO×SI			-1.110** (-2.228)			-0.421** (-2.017)			-1.842* (-1.924)
DK			16.183** (2.383)					11.006** (1.987)	
PL	0.563** (2.045)	-0.016 (0.094)	-0.177 (-0.537)	-0.066 (-0.531)	-1.183 (-1.151)	0.354 (1.543)	1.899 (1.104)	0.065 (0.304)	1.975 (1.128)
VIFL	0.153* (1.808)	0.010 (0.129)	0.019 (0.137)	0.019 (0.219)	0.709 (1.461)	-0.987*** (-3.111)	-0.643 (-0.394)	0.061 (0.779)	-0.685 (-0.393)
M2/GDP	0.095*** (8.398)			-0.023*** (-3.647)			-0.155 (-1.005)		
VF	-0.173* (-1.655)	-0.043 (-1.308)	0.155** (2.095)	0.023* (1.737)	1.267*** (3.146)	-0.009 (-0.215)	1.638 (4.509)	0.036 (0.421)	1.524*** (4.287)

续表

解释变量	产出波动性 (VY)			消费波动性 (VC)			投资波动性 (VI)		
	模型 (1)	模型 (2)	模型 (3)	模型 (1)	模型 (2)	模型 (3)	模型 (1)	模型 (2)	模型 (3)
TO	0.021 (0.926)	0.052** (1.980)	-0.023 (-0.435)	-0.003 (-0.089)	-0.058 (-0.448)	-0.046*** (-3.587)	0.400** (2.523)	-0.086*** (-2.482)	0.426*** (2.599)
常数项	-16.157*** (-5.210)	8.014*** (5.510)	-6.112** (-2.210)	12.365*** (5.218)	54.791*** (4.104)	5.730*** (3.736)	66.318* (1.685)	25.470*** (5.868)	-8.673 (-0.385)
R^2	0.551	0.329	0.625	0.399	0.634	0.232	0.420	0.736	0.422
D-W	1.081	1.034	1.852	1.095	1.813	1.612	1.689	1.799	1.688
样本数	330	330	330	330	330	330	330	330	330
固定效应	是	是	是	是	是	是	是	是	是

注：***、**、*分别表示通过1%、5%、10%显著性水平检验；小括号内为T统计量。

很显然，当核心解释变量金融开放度使用不同衡量指标回归结果同样支持前文结论。表3-4中模型（2）的 *SI* 系数符号都为负且都显著，表明样本期内提高金融效率有利于产出、投资和消费波动性下降。模型（3）中金融开放度与金融效率交乘项 *FO* × *SI* 系数同样都为负且都显著，再次证明当金融开放度不变时，提高金融效率对宏观经济变量的波动性将起到平滑作用。表3-4结果表明前文的研究结论具有稳健可靠性。

3.6.4.2 稳健性检验 II （动态面板 GMM 估计）

前面分析使用了工具变量/两阶段广义最小二乘法对变量内生性和横截面异方差等问题进行了处理，但属于静态固定效应模型分析，为了对上述结论做进一步稳健性检验，接下来使用动态面板模型和系统 GMM 方法重新进行估计。估计结果如表3-5所示。Sargan 检验接受工具变量有效的原假设，AR（2）检验接受一阶差分方程的随机误差项中不存在二阶序列相关的原假设。模型（1）中结果再次表明金融开放扩大将加大产出波动，但对投资和消费的波动具有抑制作用，表3-5中第二列、第四列和第六列中 *FO* 系数分别为0.430、-3.478和-1.752，且都通过显著性水平检验。模型（2）中结果则表明金融效率提高对金融开放扩大的经济波动效应有明显的抑制作用，表3-5中第三列、第五列和第七列中交乘项 *FO* × *SI* 系数分别为-0.020、-0.364和-0.927，且都通过显著性水平检验。与前述研究结论基本一致。进一步表明本章实证结论具有一定的稳健性。

表3-5　　　　稳健性检验 II 结果 （动态面板 GMM 估计）

解释变量	产出波动性 （*VY*）		消费波动性 （*VC*）		投资波动性 （*VI*）	
	模型 （1）	模型 （2）	模型 （1）	模型 （2）	模型 （1）	模型 （2）
L. *V*	0.877 *** (15.69)	0.871 *** (16.72)	0.731 *** (7.64)	0.693 *** (6.69)	0.765 *** (34.51)	0.756 *** (32.72)
FO	0.430 *** (4.22)	0.564 (1.61)	-3.478 * (-1.86)	13.337 (0.36)	-1.752 *** (-2.23)	-3.788 (-1.04)
SI		0.055 (0.05)		3.786 (0.86)		-1.319 (-1.01)

续表

解释变量	产出波动性（VY）		消费波动性（VC）		投资波动性（VI）	
	模型（1）	模型（2）	模型（1）	模型（2）	模型（1）	模型（2）
$FO \times SI$		−0.020 ** （−1.97）		−0.364 *** （−6.47）		−0.927 * （−1.72）
DK	65.953 *** （3.15）	62.359 *** （3.24）	449.266 ** （2.41）	141.760 （0.56）	−43.646 （−0.67）	16.443 （0.76）
PL	0.063 （0.34）	0.061 （0.29）	−2.134 （−0.55）	0.496 （−1.20）	2.960 （1.27）	3.185 （1.23）
$VIFL$	0.461 *** （2.38）	0.434 *** （2.18）	4.027 *** （4.41）	3.903 *** （2.64）	3.913 *** （2.74）	1.375 *** （2.87）
$M2/GDP$	0.003 （0.20）	0.001 （0.04）	−0.326 *** （−2.87）	0.062 （0.15）	0.226 （1.03）	
TO	0.051 （0.69）	0.069 （0.85）	−0.416 （−0.85）	−0.343 （−0.36）	0.056 （0.27）	0.023 （0.15）
常数项	−0.857 （−0.24）	−3.348 （−0.36）	108.051 *** （3.31）	−152.087 （−0.54）	−55.079 （−1.00）	55.803 （1.04）
样本数	750	750	750	750	750	750
AR（1）	0.013	0.015	0.032	0.020	0.022	0.028
AR（2）	0.517	0.491	0.491	0.179	0.206	0.567
Sargan	0.586	0.696	0.497	0.495	0.192	0.195

注：***、**、*分别表示通过1%、5%、10%显著性水平检验；小括号内为 T 统计量。

3.7　本章小结

本章建立一新型开放经济宏观（NOEM）模型研究了金融开放、金融效率对产出、消费、投资、利率、通货膨胀和就业波动性的影响。模拟结果表明，如果中国继续扩大金融开放而不同时提高金融效率，将会引起宏观经济不确定性增加，因为各宏观经济变量的波动性将加大。另外，从模拟效果看，在扩大金融开放的同时提高金融效率可以平滑各宏观经济变量波动性。因而可以预测中国继续扩大金融开放的同时，如果能够同时提高金融效率，将有利于平滑产出、消费、投资波动性，并且有利于降低失业率和通货膨胀率。实证结果也表明了随着金融开放度扩大，中国产出的波动性将增加，但消费和投资的波动性将有所下降。因为中国金融开放度处于相对较低水平。所以实证结果与模拟中开放度较低时的特征有一定的吻合性。基于以上分析，我们得到如下启示：第一，中国扩大金融开放度有可能引起宏观经济波动性加大，因而在扩大金融开放的同时，要注意使用政策工具尤其是财政政策熨平经济周期。由实证分析可知，中国财政政策的波动性有利于平滑经济波动。同时需要促进金融发展，提高金融发展水平。有文献研究认为金融开放与经济波动关系受到金融发展程度的影响，金融发展程度越高的国家金融开放越有利于减少经济波动性（Calderón and Liu，2003）。本章实证分析也表明了中国金融发展程度越高，越有利于减少消费和投资的波动性。第二，在扩大金融开放同时，注意提高金融效率。模拟和实证都表明，在金融开放度不变时，提高金融效率可以降低各宏观经济变量波动性。模型估计中国金融效率参数值为 0.6091，说明中国金融部门在资金转化成资本时有四成左右的资金发挥不了显性的经济增长作用（云鹤等，2012）。这也表明中国金融市场效率还有很大提高空间，需进一步进行金融制度环境改革，提升金融效率，维护经济稳定。第三，本章从模拟和实证两个方面验证了金融开放、金融效率和经济波动的关系，模拟和实证结果主要在于揭示经济中各变量间关系之事实，经济学研究需要对变量间关系背后的经济学逻辑和机理进行深入探讨，因而对于金融开放扩大为什么引起产出波动性加大、对消费和投资的波动性的影响呈现 U 形特征以及金融效率的提高为什么有助于降低经济波动性的经济学逻辑和机理的考察是未来研究的重点方向。

本章研究的目的是考察中国金融开放是否对宏观经济变量波动性产生了显著性影响。研究结果显示确实如此，金融开放对中国经济增长具有一定的影响，这种影响对中国经济增长起积极推动作用还是抑制作用？对实体经济增长影响大还是对虚拟经济增长影响大？如果对实体经济增长的影响小于对虚拟经济增长的影响，说明金融开放与中国经济"脱实向虚"存在着一定的关系。本书后续章节将对这些问题进行深入考察。

第 4 章

金融开放与两类经济产出比和增长率

本章针对中国金融开放逐步扩大背景下实体经济和虚拟经济出现显著非平衡增长的事实，研究金融开放对实体经济和虚拟经济整体增长的影响，以便考察金融开放与实体经济和虚拟经济产出非平衡增长的关系。本章首先实证分析了金融开放对实体经济和虚拟经济总产出比的影响，随后又分别考察了金融开放对实体经济和虚拟经济整体增长率影响的差异性。

4.1 引　　言

近 20 年来随着中国金融开放度逐步扩大，中国实体经济和虚拟经济出现显著非平衡发展[1]，经济"脱实向虚"趋势十分明显。主要表现为：第一，宏观层面上两类经济产出出现明显非平衡增长。实体经济行业增加值占 GDP 比重下降明显，尤其是农林牧渔业所占比重下降最大，由 1996 年的 19.52% 下降到 2020 年的 7.98%，其次是实体经济的核心部分工业增加值占 GDP 比重，由 41.12% 下降到 30.81%。而同期虚拟经济行业增加值占 GDP 比重相应地由 8.79% 上升到 15.61%。第二，经济货币化和金融化程度进一步加深。1996～2016 年，衡量经济货币化程度的麦氏指标 M2 与 GDP 比值增加

---

① 美联储认为虚拟经济包含房地产业和金融业，其他行业为实体经济。本章遵循这种划分原则。国内有学者也出现类似划分，如黄群慧（2017），同时还将实体经济进一步划分为 R_0、R_1 和 R_2 三个不同层次。

了 1.15 倍。[①] 衡量经济金融化程度的戈氏指标金融资产总额[②]与名义 GDP 比值增加了约 2.56 倍。第三，资金"脱实向虚"不断累积。一是国内贷款过多资金进入虚拟经济行业；二是非金融企业将更多资金投资于金融资产而非固定资产；三是资金在金融领域空转。事实上，经济非平衡发展或结构失衡问题，尤其是实体经济与虚拟经济非平衡增长引起的结构失衡问题，已经成为中国步入工业经济后期急需解决的重大现实问题。习近平总书记指出："当前，我国经济运行面临的突出矛盾和问题……，但根源是重大结构性失衡……，主要表现为'三大失衡'。一是实体经济结构性供需失衡……二是金融和实体经济失衡……三是房地产和实体经济失衡……这'三大失衡'有着内在因果关系，导致经济循环不畅。"（中共中央文献研究室，2017）。很显然，现阶段中国经济结构失衡更多表现为实体经济与虚拟经济失衡，因为后两个失衡其实就是虚拟经济的两个行业与实体经济的失衡。近年来，由于金融业和房地产业的高额利润，同时，工业生产者价格指数（PPI）持续负增长引致实体经济企业资产利润率降低和波动（王国刚，2018），促使更多社会资本流入虚拟经济行业，引起虚拟经济在国民经济中的比重大幅度提升，直接表现为实体经济和虚拟经济出现显著非平衡发展。为了考察两类经济非平衡发展或者经济"脱实向虚"问题，不少文献从经济金融化视角进行了分析，同时也对经济出现金融化的各种原因进行了深入探究。但至今为止很少有文献对金融开放可能加剧实体经济和虚拟经济非平衡增长程度的问题给予关注。实质上，金融开放引入的外资可能更多进入金融领域而未进入实体经济。同时，本国投资实体经济的资金可能因金融开放流向国外而不利于实体经济发展。另外，一般认为金融抑制会阻止产业结构由工业向服务业转型。根据此观点，金融开放也可能会促使实体经济和虚拟经济非平衡发展。因为金融开放扩大会降低金融抑制程度促进服务业尤其是金融业发展而使制造业等实体经济发展相对减缓。基于此，本章将深入研究中国金融开放是否影响了实体经济和虚拟经济非平衡增长，以便从金融开放视角考察中国经济"脱实向虚"问题，使金融更好地服务实体经济。

---

① 国家统计局网站。
② 金融资产总额等于金融机构人民币信贷资金、股票市价总值、国债发行额、企业债券发行额和证券投资基金规模之和。

　　无论是国外还是国内，大部分文献都是围绕虚拟经济发展或经济金融化对实体经济的影响展开研究，只有较少文献研究了经济"脱实向虚"的原因，但基本没有文献从金融开放的角度研究实体经济和虚拟经济非平衡增长问题。另外，在研究金融开放对经济影响的文献中，大量文献都是研究金融开放对整体经济的影响，这些研究有助于了解金融开放与整体经济发展的关系，但如果要厘清金融开放与经济"脱实向虚"的关系，即厘清金融开放与实体经济和虚拟经济非平衡增长的关系，则必须分别研究金融开放对两类经济的不同影响。另外，许多文献强调经济"脱实向虚"的一个重要特征是资金"脱实向虚"。即大量资金滞留于金融层面运作未能落到实体经济，由此引致金融面的"资产荒"和实体面的"资金荒"的矛盾现象（王国刚，2018），或者资金在金融体系内部"空转"和资金流入实体经济过程中存在配置错位（李佩珈和梁婧，2017），或者随着市场流动性在一定时期内激增，出现了资金脱离实体经济而在虚拟经济领域"空转"的现象（张成思和张步昙，2015）。其实资金"脱实向虚"还表现在中国金融开放逐步扩大过程中的资本跨境流动当中。根据有关数据分析，跨境流入的资本在近十年来更多资本进入了虚拟经济行业，同时，跨境流入实体经济的资本也并未全部用于固定资产投资，相当一部分资本被直接用于购买金融资产。而跨境流出资本与固定资产投资呈现明显的负相关关系。因而，金融开放引起的资本跨境流动是否助推了中国实体经济和虚拟经济非平衡增长值得进一步深入研究。基于此，本章使用省际面板数据研究金融开放对虚拟经济和实体经济产出比的影响，以便考察金融开放是否引起了两类经济产出非平衡增长。本章的创新主要体现在：第一，从金融开放角度考察中国实体经济和虚拟经济非平衡增长问题，为寻求中国经济"脱实向虚"深层原因提出了新的研究思路，同时也对相关研究作出了补充。第二，将金融开放对整体经济的影响研究拓展到金融开放对虚拟经济和实体经济不同影响的研究领域，有助于重新认识金融开放对经济的影响问题。如果金融开放对一个经济体整体经济产出增长具有促进作用，但这种促进作用只是因为影响了虚拟经济产出增长过快而不是实体经济增长，则这种促进作用并不利于经济体经济结构平衡增长，即这种促进作用其实是不利的。

4.2 金融开放与两类经济增长特征分析

中国金融开放逐渐扩大进程中，资本跨境流入和跨境流出得到快速增长。根据 IMF 提供的数据，资本跨境流出存量 2004～2020 年年均增长率为 20.70%。资本跨境流入存量 2004～2020 年年均增长率为 11.60%。① 资本的大量跨境流动在对一国整体经济增长和波动产生较大影响的同时，还可能引起一国经济结构失衡，其中一个较大影响是可能造成实体经济和虚拟经济出现显著非平衡增长。通过相关数据分析发现资本跨境流入可能从多方面助推了中国实体经济和虚拟经济非平衡发展，与此同时，资本跨境流出也同样可能加剧了中国两类经济非平衡发展。

4.2.1 资本跨境流入与两类经济增长宏观事实特征

4.2.1.1 总体事实特征

2006～2019 年，资本跨境流入进入实体经济和虚拟经济的增长率与两类经济本身增长率具有一定的相关性。通过简单相关系数计算，虚拟经济行业实际利用外商直接投资金额增长率与虚拟经济产出增加值增长率相关系数为 0.67，且在 1% 的统计概率上显著。实体经济增长率与实际利用外资总额相关系数为 0.80，且在 1% 的统计概率上显著。但实体经济增长率与实体经济行业利用外商直接投资的相关系数只有 0.49，且未通过 5% 的显著性水平检验。初步说明外商直接投资总额对实体经济增长有一定的促进作用，但这种促进作用并非由实体经济行业直接利用外资所产生，即直接进入实体经济的外商投资不一定促进实体经济产出的增长。这也进一步说明进入实体经济的外商投资资金很可能更多用于金融资产投资。

事实上，根据国家统计局数据，中国所有行业实际利用外商直接投资金额由 2005 年的 603.25 亿美元增加到 2020 年的 1443.70 亿美元，年均增长率

---

① 国际货币基金组织网站的国际投资头寸统计（IIPS）数据库。

为8.71%。在外商直接投资资本跨境流入增长过程中，更多的资本流向了代表虚拟经济的行业金融业和房地产业。图4-1中虚拟经济实际利用外商直接投资金额占实际利用外资总金额比值明显逐年上升，而实体经济该比值则明显逐年下降，只是2016年两类经济该比值才出现反转变化，但2017年后实体经济占比又呈现下降趋势。

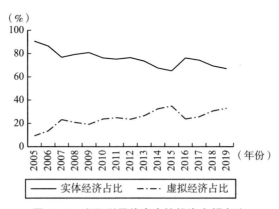

图4-1　实际利用外商直接投资金额占比

资料来源：国家统计局网站。

　　图4-2中两类经济实际利用外商直接投资金额增长率也同样表明了2006~2020年，更多的外资流入了代表虚拟经济的金融业和房地产业。此期间实体经济和虚拟经济实际利用外商直接投资额年均增长率分别为3.76%和14.92%，后者年均增长率几乎为前者的4倍。尤其是进入实体经济的第一层次制造业的外资显著下降，这期间制造业实际利用外商直接投资额年均增长率为-1.30%，除2007年、2008年、2010年、2011年和2018年外，其余年份增长率都为负。

　　与之相对应，图4-3显示实体经济和虚拟经济2003~2020年产出增加值的增长率。很显然，从2005年开始，两类经济出现显著非平衡增长。除2008年和2017年外，其余年份虚拟经济产出增加值增长率都高于实体经济产出增加值增长率，2005~2016年实体经济产出增加值年均增长率为11.00%，而虚拟经济的值为15.30%，后者比前者年均增长率高出4.30%。

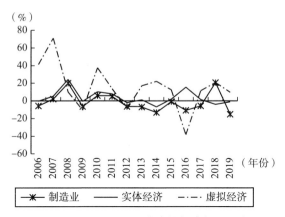

图 4 - 2 实际利用外商直接投资额增长率

资料来源：国家统计局网站。

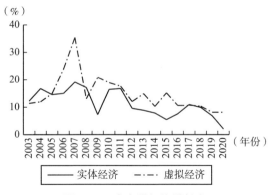

图 4 - 3 产出增加值增长率

资料来源：国家统计局网站。

两类经济城镇单位就业人员平均工资也出现明显差异。从图 4 - 4 中可以看出，2003 年以来，虽然城镇就业人员平均工资呈递增趋势，但虚拟经济就业人员平均工资一直高于实体经济就业人员平均工资，而且二者差额逐渐扩大。其中，实体经济核心行业制造业就业人员平均工资与金融业就业人员平均工资相比差距更大。

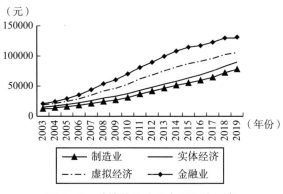

图 4 - 4　城镇单位就业人员平均工资

资料来源：国家统计局网站。

4.2.1.2　行业事实特征

金融自由化下外资进入某个行业和退出行业表现得非常明显。图 4 - 5 为房屋平均销售价格与房地产业实际利用外资对数值，两条线具有明显的共同走势。另外，图 4 - 6 显示了 1997～2016 年全国商品房均价年增长率和房地产业实际利用外资与全国实际利用外资总额比例。很显然，在房价迅速上涨时期，吸引了更多外资快速进入房地产行业，促使房地产实际利用外资占比迅速上升。而在房价增速放缓时，房地产实际利用外资占比也明显减少。由图 4 - 6 可知，房价增长率从 1999 年的 - 1.67% 提高到 2007 年的 13.77%，房地产业实际利用外资占比从 2000 年的 3.43% 也快速提高到 11.01%。而当房价增长率从 2009 年的 20.85% 下降到 2014 年的 1.37% 时，房地产业实际利用外资占比也呈明显下降趋势，占比数值从 10.73% 下降到 2015 年的 3.77%。外资流入房地产业和退出房地产业基本上要比房价变化滞后一期。

4.2.2　资本跨境流入与两类经济增长微观事实特征

金融开放虽然吸引了大量外资进入实体经济企业，但进入实体经济的外资也并非全部用于固定资产等实物资本投资，有相当一部分流入资本直接用于投资短期金融资产，而且这种趋势逐渐严重。通过对非金融企业实际利用外资与企业固定资产和金融资产投资分析发现，随着金融开放度扩大企业实

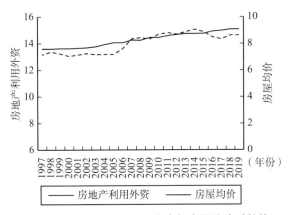

图 4 – 5　全国房地产利用外资与房屋均价对数值

资料来源：国家统计局网站。

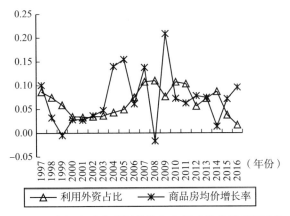

图 4 – 6　全国房地产利用外资与商品房均价增长率占比

资料来源：国家统计局网站。

际利用外资逐年递增，但是企业固定资产投资实际利用外资额却呈逐年下降趋势，金融资产投资却呈明显上升趋势。

由图 4 – 7 可以看出，2007 年全部实体经济企业固定资产投资实际利用外资为 3876.53 亿元，虽然 2011 年回升到 4251.93 亿元，但总体趋势在减少，2016 年下降到 2098.94 亿元，年均下降约 10.26%。在企业固定投资利用外资下降同时，企业实际利用外资和固定资产投资利用外资差额却呈明显

上升趋势（见图 4 - 7）。二者差额由 2007 年的 337.20 亿元上升到 2016 年的
3943.41 亿元。二者差额的扩大进一步表明金融开放引起的国外资本流入虽
然越来越多，但进入实体经济企业进行固定资产投资的外资却呈下降趋势，
从而可以断定金融开放扩大进程中流入的外资可能更多进入了金融领域而成
为企业的金融资产，可能这是引起企业金融资产快速增加的原因之一。
图 4 - 7 金融资产对数值坐标轴为右边纵轴。事实上，通过对 2475 个非金融
企业金融资产加总计算发现，2007 ~ 2016 年金融资产年均增长率为
21.30%，而固定资产净额此段时期年均增长率只有 10.19%，前者几乎为
后者的两倍。正因为如此，企业固定资产投资与金融资产的比例逐年下降，
2004 年二者比例均值为 0.32，到 2016 年该比例均值下降到 0.14，其中
2007 年最低时只有 0.04。这在很大程度上引起了实体经济产出和虚拟经济
产出的非平衡增长。由于实体经济企业将更多资金用于金融资产投资而非
实物资本投资，造成 1996 ~ 2016 年非金融企业固定资产净额年均增长率远
低于金融资产年均增长率，前者只有 10.86%，而后者为 16.33%。这说明
金融开放扩大虽然使得流入各行业的外资增加，但增加的外资并未完全进
入固定资产投资项目，而是更多的资金直接用于购买收益更高、更具流动
性且可以逆转的金融资产。

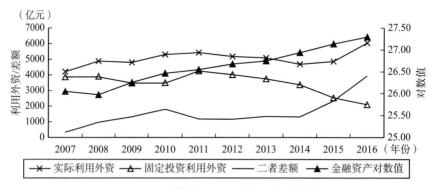

图 4 - 7 实体企业利用外资及金融资产

资料来源：国泰安金融数据库、国家统计局网站和笔者计算。

4.2.3 资本跨境流出与两类经济增长

扩大金融开放使得企业有更多机会走出去,同时也会有更多国内资本流向国外。图4-8显示了实体经济企业对外直接投资金额对数值,以及制造业和全部实体经济企业固定资产投资与其对外直接投资净额比例。很显然,金融开放逐步扩大背景下国内资本流出方面,各行业对外直接投资额也一直呈上升趋势。全部实体经济企业对外直接投资额2008~2016年年均增长31.35%。表明金融开放扩大一方面吸引了越来越多的国外资本进入中国企业,另一方面中国企业在国外的投资额也越来越大。但国内资本流出似乎对国内实体经济增长并未起到明显的促进作用。

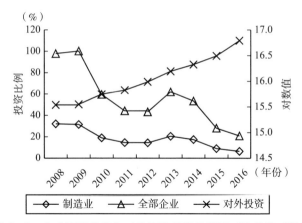

图4-8 企业固定投资与对外直接投资比例及对外投资对数值
资料来源:国家统计局网站。

由图4-8可以看出,近几年整个实体经济企业固定资产投资与对外直接投资比例呈明显下降趋势,尤其是实体经济核心部分制造业企业2008年以来该比例就几乎一直下降。前者由2008年的98%下降到2016年的21%,后者由2008年的32%下降到2016年的6%。这表明实体经济各企业固定资产投资受到对外直接投资数量的影响较明显,近几年总的趋势是随着对外直接投资增加,各行业企业固定资产投资相对下降。这也再次表明金融开放引起的资本流出可能对企业固定资产投资产生了负面影响。图4-8中对外投资净额对数值坐标轴为右边纵轴。

4.2.4 外资银行资产负债与两类经济增长

通过相关数据分析，外资银行的资本跨境流动与两类经济产出变动以及金融资产收益率变动具有一定的相关性。图4-9显示，通过外资银行跨境流入的资本（国外负债）变动与金融资产收益率的变动非常相似。2007～2013年金融资产收益率先下降而后围绕6%上下波动并呈上升趋势，跨境流入资本也表现出先下降而后逐渐上升，2013年后金融资产收益率呈下降趋势，跨境流入资本也相应下降，后者与前者比变动趋势基本滞后一期。同时还可以看出，通过外资银行跨境流出的资本（国外资产）的变动则与金融资产收益率的变动表现出相反的趋势，也就是金融资产收益率下降跨境流出资本增加，金融资产收益率上升跨境资本流出则下降。这种与金融资产收益率变动关系紧密的资本跨境流动，很可能是引起虚拟经济和实体经济产出非平衡增长的原因之一，因为这期间，虚拟经济产出增加值增长率年均为16.82%，而实体经济产出增加值增长率年均只有11.59%。事实上，通过简单相关性分析，外资银行资本跨境流出、资本跨境流入与实体经济产出和GDP比值都呈负相关关系，而与虚拟经济产出和GDP比值都呈正相关关系。表明跨境流出资本很可能对国内实体经济增长产生了不利影响，而跨境流入资本则可能更多地促进了国内虚拟经济增长。

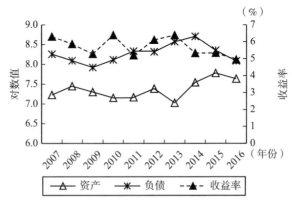

图4-9 外资银行资产负债对数值与企业金融资产收益率

资料来源：国家统计局网站，金融资产收益率由笔者计算。

4.3 理论考察与数据处理

4.3.1 金融开放影响两类经济增长机制分析

金融开放政策制定时会影响投资者预期，执行时反映了制度变化，这都会影响投资者行为，投资者会在固定资产投资和金融资产投资之间作出调整，从而影响实体经济和虚拟经济的发展。具体来说，金融开放可能通过以下机制影响两类经济非平衡增长。首先，是价格机制。金融开放引起的资本跨境流动会通过价格渠道对实体经济和虚拟经济产生影响，资本跨境流动会改变贸易品部门商品的相对价格使得企业储蓄减少、就业人员下降而对企业固定投资产生负面影响（Frenkel and Ros, 2006），最终导致更多资金流向虚拟经济用于金融资产投资，使得两类经济出现非平衡增长。其次，是汇率渠道。金融开放引起资金流入可能引起金融资产价格上升，促使国内物价上涨实际汇率上升，从而进口增加出口减少，企业固定资产投资减少造成更多资金流向金融资产，促使虚拟经济发展加快而实体经济发展减缓。相反，当国内金融资产价格下降时，引起国内物价下降实际汇率下降，从而出口增加进口减少。一方面企业投资增加吸引更多资金用于固定资产投资；另一方面在金融自由化下国内企业可能增加对外直接投资而导致更多资本跨境流出，从而影响国内固定资产投资。另外，资本流动引起汇率的过度波动会增加通货膨胀的不确定性，从而刺激实体部门将资金投向金融资产（Felix, 1998；UNCTAD, 2006）。这都将造成两类经济非平衡增长。最后，是直接影响。随着金融开放扩大，金融市场自由化程度提高，资本流动更加自由，这给企业逐利资本提供了更多投资选择。一方面，国内金融市场逐渐增长的收益率，可能会鼓励更多企业选择短期金融资产投资而不是长期固定资产投资项目。换句话说，金融市场越来越容易获得更加便利的可选择投资机会，从而促使实体部门将储蓄转换成投资短期金融资产而不是长期固定资本形成额，最终造成这些企业固定资产投资下降、金融资产投资增加。另一方面，金融开放扩大后为国内企业资本直接进入国际金融市场提供更多机会，一旦国际市场出现金融创新产品或者金融资产收益率较高时，国内企业资本同样因逐利行为而大量跨境流出，这将直接影响国内企业的固定资产投资。两个方面都可能导致虚拟经济增长快于实体经济。

4.3.2　局部均衡理论分析：两部门模型

本章以鲍莫尔（Baumol，1967）两部门模型为基础对其进行相应拓展分析金融开放对实体经济和虚拟经济产出增长的影响。鲍莫尔的两部门模型属于非平衡增长宏观经济模型，该模型主要用于研究经济中生产率增长存在差异的两个部门的相关问题。本章假设经济分为实体经济和虚拟经济两个部门，劳动 L 为唯一投入要素。两部门生产函数分别为：

$$Q_s = A_s g(\tau) L_s e^{r_s t} \tag{4-1}$$

$$Q_x = A_x f(\tau) L_x e^{r_x t} \tag{4-2}$$

其中，Q_s、Q_x、A_s、A_x、$e^{r_s t}$、$e^{r_x t}$ 分别为实体经济和虚拟经济部门产出、技术参数和技术进步率；τ 为金融开放度，$g(\tau)$、$f(\tau)$ 为 τ 的函数。式（4-1）和式（4-2）说明两部门的产出 Q_s、Q_x 取决于劳动投入 L_s 和 L_x、劳动生产率增长率 r_s 和 r_x、金融开放度函数值 $g(\tau)$ 和 $f(\tau)$ 以及技术参数 A_s 和 A_x。假定经济处于充分就业，总就业为 L，如果令 $L=1$，则 L_s 和 L_x 为两部门就业份额，有 $L_s + L_x = 1$。假设实体经济部门产品价格 $P_s = 1$，完全竞争市场下企业利润最大化时两部门工资相等，并且有边际产品价值等于工资。两部门的边际产品分别为 $MP_s = \partial Q_s / \partial L_s = A_s g(\tau) e^{r_s t}$，$MP_x = \partial Q_x / \partial L_x = A_x f(\tau) e^{r_x t}$，于是名义工资 W 有：

$$W = A_s g(\tau) e^{r_s t} = P_x A_x f(\tau) e^{r_x t} \tag{4-3}$$

两部门的相对价格即虚拟经济部门的相对价格为：

$$P = P_x / P_s = [A_s g(\tau) / A_x f(\tau)] e^{(r_s - r_x) t} \tag{4-4}$$

假定消费者对两类产品的需求可以使用静态 C-D 效用函数表示：

$$U(Q_s, Q_x) = \rho \ln Q_x + (1 - \rho) \ln Q_s \tag{4-5}$$

同时，假设工资是消费者的唯一收入，消费者面临的预算约束为：

$$WL = PQ_x + Q_s \tag{4-6}$$

消费者最优化问题为在预算约束式（4-6）下使式（4-5）效用达到最大化。根据库恩-塔克（Kuhn-Tucker）条件，得到消费者效用最大化的一阶条件为：

$$P = \left[\rho/(1-\rho)\right](Q_s/Q_x) \tag{4-7}$$

将式（4-1）、式（4-2）和 $L_s + L_x = 1$ 代入式（4-7），得到：

$$P = \left[\rho/(1-\rho)\right]\left[(1-L_x)/L_x\right]\left[A_s g(\tau)/A_x f(\tau)\right]e^{(r_s-r_x)t} \tag{4-8}$$

再结合式（4-4），可以得到 $L_x = \rho$。从实体经济和虚拟经济产品需求特点看，可以将恩格尔定理用于虚拟经济产品，即随着收入水平提高，消费者对金融业服务产品和房地产业产品的需求将会增加，从而可以得到参数 ρ 的表达式为：

$$\rho = 1 - 1/(1+\theta WL) \tag{4-9}$$

式（4-9）表明 ρ 是 W 的增函数，随着 W 无限增长，ρ 逐渐趋近于 1，从而有 $0 < \rho < 1$，θ 为虚拟经济产品偏好对收入的敏感度。由式（4-3）、式（4-4）、式（4-7）、式（4-9）和 $L_s + L_x = L$ 可以得到：

$$Q_x/Q_s = \theta A_x f(\tau) e^{r_x t} L \tag{4-10}$$

式（4-10）表明虚拟经济与实体经济产出比（Q_x/Q_s）与金融开放度 τ、虚拟经济产品偏好对收入的敏感度 θ、虚拟经济技术投入 A_x、虚拟经济技术进步率 r_x、社会就业总量 L 有关。

根据虚拟经济与实体经济产出比分析结果，随着金融开放度的变化，虚拟经济和实体经济产出增加值之比会随着发生变化。因而在其他条件不变时，金融开放很可能加大了两类经济非平衡增长。为了验证此判断，本章实证考察了金融开放对虚拟经济与实体经济产出增加值之比的影响。同时，为了检验前述研究结论的可靠性，还分别考察了金融开放对两类经济产出增加值增长率的影响，并进行了详细深入分析。另外，还使用不同核心解释变量和改变相应控制变量对研究结论进行了稳健性检验。

4.3.3 变量和数据处理

4.3.3.1 实体经济和虚拟经济产出增加值 Q_s 和 Q_x

虚拟经济产出值 Q_x 等于各省份金融业和房地产业生产总值之和，实体经济产出增加值 Q_s 等于各省份地区生产总值减去虚拟经济产出增加值。

4.3.3.2　金融开放度 *FO*、*FOTA* 和 *FOTD*

文献中使用多种指标衡量金融开放度，这些指标各有优劣。为了考察金融开放引起资本流动对经济产生的影响，本章使用资本流入流出作为衡量金融开放的事实指标。数据来源于国际货币基金组织的国际投资头寸统计（international investment position statistics，IIPS），共包含三个指标：资本流入与资本流出之和除以名义 GDP 得到金融开放度指标 *FO*，资本流出除以名义 GDP 得到资本流出开放指标 *FOTA*，资本流入除以名义 GDP 得到资本流入开放指标 *FOTD*，名义 GDP 数据来自国泰安经济金融研究数据库。1996～2011 年 *FO* 指标直接使用菲利普和米勒斯－弗莱提（Philip and Milesi-Ferretti，2007）及其后来扩展的数据，笔者根据其计算规则将 *FO* 数据分解为资本流出金融开放指标 *FOTA* 和资本流入金融开放指标 *FOTD*。2012～2016 年数据序列由笔者计算得到。

4.3.3.3　实体经济和虚拟经济技术投入 *SA* 和 *XA*

分别使用教育经费支出与名义 GDP 的比值乘以两类经济从业人员比例作为代理变量。各省份 2012 年和 2016 年教育经费数据缺失，由近两年算术平均值计算得到。假设各行业从业人员受教育程度均等化。

4.3.3.4　实体经济和虚拟经济技术进步率 r_s 和 r_x

根据完全竞争企业使用生产要素原则，劳动者获得的实际工资等于其边际产品价值，所以实际工资增长率代表了边际产品增长率（因为产品价值既定），即同样一个单位劳动所带来的产品增加量，这可以认为是由于生产技术进步引起的，所以可以认为实际工资增长率体现了经济技术进步率。具体计算时两类经济分别使用各自的平均实际工资增长率作为代理变量。

4.3.3.5　控制变量

经典经济增长理论认为长期中决定产出增长的因素包括资本、劳动人口、自然资源和技术进步率。因而在进行回归分析时，还包括劳动人口 *N*、资本存量 *K*、人力资本 *HC*。另外，不少文献研究发现对外贸易能促进经济增长，因而控制变量还包括贸易开放度 *TO*。

（1）劳动人数 N、STN、XNN。使用各行业职工人数作为代理变量，其中总劳动人数 N 为所有行业职工人数加总，虚拟经济劳动人数 XNN 等于金融业和房地产业职工人数之和，实体经济劳动人数 STN 等于 N 减去 XNN。

（2）资本存量 K。由于中国统计资料没有资本存量数据，因而本章根据大多数文献做法，使用永续盘存法计算出各省份的资本存量序列。基本公式为 $K_{it} = K_{it-1}(1 - \delta_{it}) + I_{it}$，其中 $i = 1，2，3，\cdots$，表示省份，$t = 1996，1997，\cdots，2016$，表示时期。为测算各省份每年的资本存量，需要基年资本存量 K、资本折旧率 δ、投资品价格指数和各省份每年投资额四个变量数据。其中投资品价格指数用于计算各省每年实际投资额。对于基年资本存量 K 的确定，本章选择张军等（2004）以 2000 年价格计算出的 2000 年资本存量作为基年资本存量。因研究样本区间为 1996～2016 年，所以 2001～2016 年资本存量测算根据 $K_{it} = K_{it-1}(1 - \delta_{it}) + I_{it}$ 计算得到，1996～1999 年资本存量测算则使用变换后的式子 $K_{it-1} = (K_{it} - I_{it})/(1 - \delta_{it})$ 计算得到。另外，中国各省份公布了 1996～2016 年的折旧数据，所以直接使用这些数据作为折旧资本存量 $\delta_{it}K_{it-1}$。为了保证数据的一致性，本章以 2000 年固定资本投资价格指数为 100 计算出每个省份各年份固定资本投资价格指数，然后将各省份固定资产投资除以价格指数得到实际固定资产投资。所有数据均来自《CNKI 中国年鉴全文数据库》，其中广东省 1996～2000 年固定资本投资价格指数缺失，本章参考张军等（2004）的做法，采用福建省的固定资本投资价格指数代替，因为两省的地理和经济水平较接近。这样，最终可以计算得到各省份 1996～2016 年资本存量。

（3）贸易开放度 TO。等于进出口贸易总额除以 GDP。

（4）人力资本 HC。使用普通高等学校毕业生数作为代理变量。

4.4 金融开放对两类经济产出比的影响

为了检验金融开放是否与实体经济和虚拟经济非平衡增长有一定的关系，这部分和接下来的部分分别考察金融开放对虚拟经济和实体经济产出比的影响，以及对虚拟经济和实体经济增长率的影响，并对考察结果进行相应的稳健性检验。

为了考察金融开放对虚拟经济和实体经济产出影响的差异性，本章首先考察金融开放指标 FO、$FOTA$ 和 $FOTD$ 与两类经济产出比的关系。具体分析如下：对式（4-10）两边取对数得到

$$\ln(Q_x/Q_s) = \ln\theta + \ln A_x + \ln f(\tau) + r_{xt} + \ln L \qquad (4-11)$$

假定虚拟经济产品偏好对收入的敏感度 θ 不随时间变动，于是基于式（4-11），使用如下模型进行回归分析：

$$\ln XS\_Q_{it} = \beta_0 + \beta_1 \ln FOPEN_{it} + \beta_2 \ln XA_{it} + \beta_3 XWG_{it} + \beta_4 CTRL_{it} + \mu_i + \sigma_{it}$$

$$(4-12)$$

其中，$\ln XS\_Q_{it}$、$\ln FOPEN_{it}$、$\ln XA_{it}$、XWG_{it} 分别为虚拟经济和实体经济产出比对数、金融开放指标对数、虚拟经济技术投入对数和虚拟经济技术进步率，$CTRL_{it}$ 为控制变量。根据经典经济增长理论对生产函数的设定，控制变量包括全社会就业人数对数 $\ln N_{it}$、资本存量对数 $\ln K_{it}$、对外贸易开放度 TO_{it} 和人力资本对数 $\ln HC_{it}$。本章主要关注回归系数 β_1，该值表示金融开放度变化 1%，两类经济产出比变化 β_1%。如果 β_1 符号为正，说明金融开放扩大引起虚拟经济产出增长相对快于实体经济产出增长，反之则反。根据中国经济发展事实，预测该系数符号为正。最终回归结果见表4-1。

表4-1　　　　　　　　虚拟经济与实体经济产出比回归结果

变量	(1)	(2)	(3)	(4)	(5)	(6)
$\ln FO$	0.488 *** (0.084)	0.697 *** (0.119)				
$\ln FOTA$			0.484 *** (0.130)	0.619 *** (0.126)		
$\ln FOTD$					0.330 *** (0.045)	0.376 *** (0.051)
$\ln XA$	0.424 *** (0.066)	0.486 *** (0.081)	0.429 *** (0.067)	0.460 *** (0.109)	0.390 *** (0.066)	0.497 *** (0.107)
XWG	0.041 (0.115)		0.045 (0.114)		0.055 (0.116)	

变量	（1）	（2）	（3）	（4）	（5）	（6）
ln$N$	− 0. 165 （0. 159）		− 0. 133 （0. 168）		− 0. 213 （0. 150）	
ln$K$	0. 298 *** （0. 052）	0. 265 *** （0. 039）	0. 308 *** （0. 050）	0. 288 *** （0. 053）	0. 285 *** （0. 051）	0. 206 *** （0. 049）
TO	− 0. 229 *** （0. 078）	− 0. 216 * （0. 115）	− 0. 242 *** （0. 079）	− 0. 257 *** （0. 063）	− 0. 219 ** （0. 086）	− 0. 175 ** （0. 081）
lnHC	− 0. 227 *** （0. 069）	− 0. 288 *** （0. 054）	− 0. 253 *** （0. 082）	− 0. 309 *** （0. 077）	− 0. 162 *** （0. 058）	− 0. 156 *** （0. 060）
AR（1）	0. 752 *** （0. 026）	0. 744 *** （0. 029）	0. 755 *** （0. 024）	0. 748 *** （0. 024）	0. 746 *** （0. 028）	0. 739 *** （0. 030）
常数项	1. 086 （1. 167）	1. 563 * （0. 833）	1. 390 （1. 196）	1. 730 （1. 219）	0. 803 （1. 145）	1. 011 （1. 130）
调整 R^2	0. 866	0. 865	0. 863	0. 863	0. 869	0. 867
D-W	2. 279	2. 290	2. 296	2. 299	2. 248	2. 249
样本数	551	551	551	551	551	551
固定效应	是	是	是	是	是	是

注： *** 、 ** 、 * 分别表示通过 1%、5%、10% 显著性水平检验；小括号内为标准误。被解释变量为虚拟经济与实体经济产出比自然对数；解释变量除贸易开放度 TO 和虚拟经济技术进步率 XWG 变量外，其余变量都取自然对数值；由于被解释变量存在一阶自相关，因而模型中加入 AR（1）项；固定效应控制了个体效应。

由表 4 - 1 看出，金融开放明显加大了虚拟经济与实体经济产出比值，金融开放三个指标变量系数符号都为正，并且都通过 1% 的显著性水平检验。说明金融开放引起的跨境资本无论是从总体流动、跨境流出还是跨境流入，都引起国内虚拟经济产出增长相对快于实体经济产出增长。该结果也验证了前文对金融开放与两类经济非平衡增长特征事实的分析。根据回归方程（2）可知，变量 lnFO 的系数为 0.697，表明金融开放度提高 1%，即资本跨境流动总额提高 1%，促使中国虚拟经济产出和实体经济产出之比大约上升 0.70%。回归方程（3）和方程（4）中，变量 ln$FOTA$ 的系数分别为 0.484 和 0.619，表明金融开放扩大引起的国内资本跨境流出加大了两类经济的非平衡增长程度。根据回归方程（4）可知，资本跨境流出提高1%，导致中国虚拟经济产出和实体经济产出之比大约上升0.62%。回归方程（5）和方程（6）中，变量 $\ln FOTD$ 的系数分别为0.330和0.376，表明前文分析的跨境流入的资本更多进入金融业和房地产业等虚拟经济行业，以及进入实体经济企业的国外资本一部分直接用于购买金融资产的资本流向确实已经引起了中国虚拟经济产出相对实体经济产出增长更快，金融开放扩大背景下引起资本流入实际上助推了中国两类经济的非平衡增长。同时根据回归方程（6）可知，资本跨境流入提高1%，促使中国虚拟经济产出和实体经济产出之比大约上升0.38%。

另外，增加虚拟经济技术投入将促进虚拟经济产出增长相对快于实体经济产出增长。回归方程（1）~方程（6）中，$\ln XA$ 系数都为正，且都通过1%的显著性检验。说明增加教育经费支出与 GDP 的比例，促进虚拟经济产出相对增长更快。虚拟经济技术进步对虚拟经济产出和实体经济产出比值的影响大小不十分明确，虽然 XWG 的回归系数都为正，但都不太显著。一方面可能说明两类行业产出的增长与各自工资率增长之间的关系不太相关；另一方面也可能说明虚拟经济技术进步率的提高，对两类经济产出影响的程度大小接近。同样，劳动人数增加对两类经济产出比值影响的大小也不明确，$\ln N$ 回归系数都未通过显著性水平检验。根据经典经济增长理论和生产函数可知，劳动人数的增加可以提高产出，因而这有可能说明劳动人数的增加虽然可能都促进了两类经济产出的增长，但由于增长的大小程度较为接近，从而对二者的比值影响不明显。资本存量的增加则使得虚拟经济产出增长相对更快，$\ln K$ 回归系数为正且都很显著。由经济增长理论和生产函数同样可以推断增加资本存量使得两类产出都有提高，但虚拟经济产出提高得更多。而贸易开放度扩大和人力资本存量提高，都更有利于实体经济的增长。TO 和 $\ln HC$ 回归系数符号都为负，而且都较显著。

4.5　金融开放与两类经济产出增长率

前述分析发现，金融开放扩大会提高虚拟经济和实体经济产出比，此结论可以认为金融开放扩大背景下，虚拟经济产出增长相对快于实体经济产出增长。为了更进一步深入分析金融开放与两类经济非平衡增长的关系，这部分将详细考察金融开放对两类经济产出增长率的影响。由式（4-1）和式（4-2）可以分别得到虚拟经济和实体经济产出增长率的表达式：

$$gq_{xt} = ga_x + f(\tau) + gr_{xt} + gl_{xt} \tag{4-13}$$

$$gq_{st} = ga_s + g(\tau) + gr_{st} + gl_{st} \tag{4-14}$$

基于式（4-13）和式（4-14）建立如下回归模型：

$$GQ_{it} = \alpha_0 + \alpha_1 FO_{it} + \alpha_2 GA_{it} + \alpha_3 GWG_{it} + \alpha_4 CTRL_{it} + \theta_i + \varepsilon_{it} \tag{4-15}$$

其中，GQ_{it}、GA_{it}、GWG_{it}分别为虚拟经济或者实体经济产出增长率、虚拟经济技术投入增长率和虚拟经济技术进步变化率，FO_{it}为衡量金融开放度指标FO、$FOTA$、$FOTD$原序列，$CTRL_{it}$为控制变量，除对外贸易开放度外，其余控制变量都使用增长率。回归结果分别见表4-2和表4-3。由表4-2可知，金融开放明显促进了虚拟经济产出的增长，衡量金融开放度的三个指标回归系数都为正且都十分显著。相对于资本跨境流出，资本跨境流入对虚拟经济增长率的影响更大。

表4-2　　　　　　　　　　虚拟经济产出增加值增长率回归结果

变量	(7)	(8)	(9)	(10)	(11)	(12)
FO	0.320 *** (0.059)	0.262 *** (0.066)				
$FOTA$			0.380 *** (0.075)	0.365 *** (0.077)		
$FOTD$					1.034 *** (0.156)	0.914 *** (0.182)
GA	-0.009 (0.074)		-0.024 (0.074)		0.020 (0.073)	
GWG	-0.001 (0.001)		-0.001 (0.001)		-0.001 (0.001)	
$\ln N$	0.047 (0.076)		0.069 (0.079)		0.073 (0.079)	

续表

变量	（7）	（8）	（9）	（10）	（11）	（12）
ln$K$	0.320 ** （0.157）	0.493 ** （0.222）	0.380 ** （0.160）	0.458 *** （0.166）	0.521 *** （0.117）	0.637 *** （0.165）
TO	0.153 *** （0.047）	0.159 *** （0.060）	0.149 *** （0.048）	0.144 *** （0.050）	0.206 *** （0.042）	0.191 *** （0.041）
lnHC	0.165 *** （0.061）	0.214 *** （0.058）	0.150 *** （0.058）	0.214 *** （0.063）	0.192 *** （0.060）	0.251 *** （0.071）
常数项	− 0.282 *** （0.044）	− 0.259 * （0.042）	− 0.195 （0.032）	− 0.203 *** （0.032）	− 0.440 *** （0.061）	− 0.408 *** （0.063）
调整 R^2	0.198	0.199	0.185	0.190	0.194	0.197
D-W	2.341	2.372	2.367	2.396	2.282	2.323
样本数	522	522	522	522	522	522
固定效应	是	是	是	是	是	是

注：***、**、*分别表示通过1%、5%、10%显著性水平检验；小括号内为标准误。被解释变量为虚拟经济产出增加值增长率；解释变量除金融开放度各指标和贸易开放度 TO 变量外，其余变量都为增长率；固定效应控制了个体效应。

表4−3　　　　　　　　实体经济产出增加值增长率回归结果

变量	（13）	（14）	（15）	（16）	（17）	（18）
FO	− 0.060 *** （0.023）	− 0.041 * （0.024）				
$FOTA$			− 0.015 （0.040）	− 0.047 （0.031）		
$FOTD$					− 0.284 *** （0.089）	− 0.237 *** （0.081）
GA	− 0.255 *** （0.043）	− 0.211 *** （0.069）	− 0.243 *** （0.067）	− 0.206 *** （0.071）	− 0.306 *** （0.069）	− 0.264 *** （0.068）
GWG	0.024 *** （0.007）		− 0.0003 （0.000）		− 0.001 *** （0.000）	

续表

变量	(13)	(14)	(15)	(16)	(17)	(18)
$\ln N$	−0.047 (0.049)		−0.094 (0.058)		−0.065 (0.046)	
$\ln K$	0.427*** (0.070)	0.411*** (0.078)	0.346*** (0.082)	0.407*** (0.080)	0.443*** (0.063)	0.416*** (0.066)
TO	0.076*** (0.018)	0.052*** (0.017)	0.053*** (0.014)	0.051*** (0.017)	0.057*** (0.011)	0.047*** (0.014)
$\ln HC$	0.133*** (0.020)	0.216*** (0.027)	0.187*** (0.035)	0.223*** (0.026)	0.146*** (0.035)	0.188*** (0.029)
常数项	0.068*** (0.021)	0.050*** (0.015)	0.034** (0.016)	0.037*** (0.011)	0.126*** (0.031)	0.109*** (0.027)
调整 R^2	0.358	0.312	0.304	0.303	0.318	0.332
D-W	1.231	1.573	1.533	1.574	1.548	1.591
样本数	464	551	551	551	551	551
固定效应	是	是	是	是	是	是

注：***、**、*分别表示通过1%、5%、10%显著性水平检验；小括号内为标准误。被解释变量为实体经济产出增加值增长率；解释变量除金融开放度各指标和贸易开放度 TO 变量外，其余变量都为增长率；固定效应控制了个体效应。

金融开放扩大似乎没有促进实体经济产出增长，相反还可能对实体经济产出增长率产生了负面影响，因为衡量金融开放度的三个指标的回归系数都为负数。其中方回归方程（14）的回归结果显示在去掉不显著的实体经济技术进步率和人口增长率变量后，金融开放引起的资本跨境流动明显不利于实体经济产出的增长，FO 系数为负且通过了10%的显著性水平检验。而金融开放引起的资本跨境流入不但没有促进实体经济的增长，反而对实体经济产出增长产生了显著的负面作用，因为 FOTD 系数为负且通过了1%的显著性水平检验。金融开放引起的资本跨境流出对实体经济增长率影响虽然不十分明确，但至少可以认为没有促进实体经济增长甚至可能不利于实体经济增长，因为 FOTA 的回归系数为负，不过没有通过显著性水平检验。该回归结果对前文分析的金融开放引起跨境流入的资本可能因较多流向虚拟经济行业而引起两类经济非平衡增长进行了验证。

4.6 稳健性检验

前述分析得出如下结论：金融开放扩大提高了虚拟经济与实体经济产出之比，表明金融开放可能更有利于虚拟经济快速增长。通过考察金融开放对虚拟经济和实体经济增长率的影响，证实金融开放对前者增长率确实具有显著的正向影响，但对后者增长率的影响不十分明显，甚至出现负面影响。为了考察研究结论的可靠性，本章对上述结论做进一步稳健性检验。

4.6.1 稳健性检验Ⅰ：金融开放度的其他度量

衡量金融开放度指标一般分为事实指标和法定指标，前文使用的金融开放度指标属于事实指标，这部分使用法定综合开放度指标对回归结果进行稳健性检验。法定综合开放度指标具体计算方法为：基于 1996～2016 年汇率安排和外汇管制年度报告（AREAER）中的数据进行分类整理，然后根据各类别开放程度进行相应赋值（取值区间为 [0, 2]，分别取 0、0.5、1、1.5 或2），得到汇率制度、进口经常账户交易、资本账户交易、出口收入强制结汇和金融业开放数据序列，最后通过对 5 类数据进行主成分分析得到法定金融开放主成分指数，即法定综合开放度指标 *FDFO*。回归结果见表 4 - 4。很显然，法定开放度扩大同样对虚拟经济和实体经济产出之比具有显著的正向影响，方程（19）和方程（20）中的 *FDFO* 系数都为正，且都通过了显著性水平检验。说明法定开放度提高使得虚拟经济产出增长相对快于实体经济产出增长。通过再次考察法定金融开放度与虚拟经济和实体经济产出增长率的关系，也证实了金融开放度扩大对虚拟经济产出增长率具有明显的促进作用，而对实体经济产出增长率最大可能具有抑制作用。因为方程（23）和方程（24）中 *FDFO* 系数符号为正，而方程（21）和方程（22）中 *FDFO* 系数符号为负，除方程（23）中 *FDFO* 系数未通过显著性检验外，其余三个方程中 *FDFO* 系数都非常显著。这也表明前文研究结论在使用不同解释变量后依然是稳健的。

表 4 – 4 　　　　　　　　　稳健性检验结果

变量	产出比		实体经济增长率		虚拟经济增长率	
	（19）	（20）	（21）	（22）	（23）	（24）
FDFO	0.229 ** (0.106)	0.350 *** (0.059)	− 0.050 *** (0.005)	− 0.049 *** (0.005)	0.017 (0.033)	0.031 ** (0.014)
SA			− 0.315 *** (0.059)	− 0.309 *** (0.058)		
SWG			0.0002 (0.000)			
XA	0.187 (0.159)	0.058 (0.055)			− 0.056 (0.076)	
XWG	0.067 (0.223)				− 0.001 * (0.001)	− 0.001 (0.001)
N	0.255 ** (0.101)	0.27 *** (0.048)	0.125 ** (0.055)	0.088 (0.056)	0.145 (0.116)	
K	0.093 (0.104)	0.038 (0.044)	0.575 *** (0.050)	0.606 *** (0.055)	0.909 *** (0.178)	0.906 *** (0.173)
TO	0.311 *** (0.097)	0.351 *** (0.065)	0.035 *** (0.013)	0.047 *** (0.011)	0.244 *** (0.061)	0.224 * (0.060)
HC	− 0.218 *** (0.061)	− 0.214 *** (0.029)	0.060 *** (0.021)	0.067 *** (0.026)	0.127 ** (0.050)	0.220 *** (0.064)
常数项	− 1.494 (1.102)	− 2.112 *** (0.432)	0.053 *** (0.010)	0.043 *** (0.010)	− 0.111 *** (0.033)	− 0.122 *** (0.029)
R^2	0.361	0.333	0.534	0.539	0.200	0.200
D-W	0.569	0.712	1.746	1.730	2.307	2.337
样本数	551	580	551	551	522	522
固定效应	否	否	是	是	是	是

注：*** 、** 、* 分别表示通过 1%、5%、10% 显著性水平检验；小括号内为标准误。FDFO 为法定开放度指标，其他各变量的处理同表 4 – 1、表 4 – 2 和表 4 – 3；固定效应控制了个体效应。

4.6.2　稳健性检验Ⅱ：纳入不同控制变量

考虑到被解释变量可能受到多个不同因素的影响，所以做实证研究时除了关注核心解释变量外，会根据理论考察和经济事实加入相应的控制变量，一方面可以提高模型的解释能力，另一方面可以进一步考察核心解释变量的显著性和敏感性，所以控制变量的纳入成为实证研究中稳健性检验的重要手段。本书除重点考察核心解释变量金融开放度变量外，在表4-1~表4-3中都使用了包含不同控制变量的回归模型，前述研究结果表明，加入控制变量并没有影响核心解释变量的符号和显著性，表明本章的结论在控制各种可能的影响因素之后基本可以认为是稳健的。同样，在表4-4中当使用法定金融开放度指标作为核心解释变量时，控制变量的变化也基本没有改变 $FDFO$ 的符号性质和显著性。这再次表明本章的研究结论在控制多种重要影响因素之后仍然具有稳健性。

4.7　本章小结

本章针对中国金融开放逐步扩大背景下实体经济和虚拟经济出现显著非平衡增长的事实，首先考察了金融开放与虚拟经济和实体经济产出比的关系，研究发现金融开放扩大显著提高了虚拟经济与实体经济产出之比，样本期间金融开放度提高1%，即资本跨境流动总额提高1%，促使中国虚拟经济与实体经济产出之比大约上升0.70%。随后分别考察金融开放对虚拟经济产出增长率和实体经济产出增长率的影响，得出结论：金融开放扩大明显提高了虚拟经济产出增长率，而对实体经济产出增长率的影响不十分明显甚至产生负面影响。当将金融开放分解为资本流入和资本流出两个指标进行回归分析时得出的结论基本一致。本章对研究结论进行了稳健性检验，当使用法定开放度指标替代事实开放度指标作为核心解释变量重新进行回归分析时，得出了同样的结论。同样，当使用不同控制变量对模型进行回归时，发现核心解释变量金融开放度的系数符号和显著性都未发生改变。检验结果表明研究结论具有可靠性和稳健性。

针对本章研究结论和中国金融开放逐步扩大的经济背景，提出如下政策建议：加大对资金流动去向的监管力度。由于金融开放扩大背景下，金融市场更加自由化，资金跨境流动和资金在国内实体经济和虚拟经济部门之间的流动更加频繁和自由，如果跨境流入资金更多流向虚拟经济部门，同时实体经济部门更多资金流向国外或者流向国内虚拟经济部门，都会对实体经济部门的发展产生不利影响。因而加大资金跨境流动和国内实体部门资金运用去向的监管力度，正确引导资金用于实物资本生产是缓解现阶段经济"脱实向虚"问题的一种途径。

第 5 章

金融开放与两类经济增长地区差异性及非线性特征

5.1 引　言

　　第 4 章研究发现金融开放与虚拟经济和实体经济产出比呈显著正向关系，表明金融开放扩大进程中很可能加大了中国经济"脱实向虚"的程度，或者说金融开放可能是引起经济"脱实向虚"的部分原因。为了更深入地了解金融开放对中国两类经济的不同影响，本章从分地区角度进一步考察金融开放对不同地区实体经济和虚拟经济产出比和增长率的影响。由于中国东部、中部和西部地区经济发展水平和金融开放度存在较大差异，同时，不同地区地理位置、基础设施、教育程度、地方政策、生态环境等也存在差异性，所以金融开放对不同地区产出增长的影响可能不同。基于此，本章将中国分为东部、中部和西部三个地区①，分别考察三个地区金融开放对本地区实体经济和虚拟经济产出增长的影响。其中，东部地区是指最早实行沿海改革开放政策以及经济发展水平较高的省份，包括北京、上海、海南、天津、广东、浙江、江苏、山东、福建、辽宁、河北 11 个省份，中部地区是指经济次发达地区，包括黑龙江、山西、湖南、湖北、河南、江西、吉林、安徽 8 个省份，

---

　　① 分类不含港澳台地区。

西部地区则是指经济欠发达的地区，包括西藏、重庆、贵州、甘肃、宁夏、云南、新疆、内蒙古、四川、广西、青海、陕西 12 个省份。

另外，由第 3 章研究结论得知金融开放加大了产出波动性，并对投资和消费波动性的影响呈现非线性特征。由于产出增长与投资和消费增长具有很强相关性，所以为了更深层次考察金融开放对产出增长的影响，本章还将进一步分析金融开放对实体经济和虚拟经济增长的影响是否具有非对称特征，同时考察金融开放对两类经济增长影响的非线性特征的差异性。

5.2 分地区经济特征分析

5.2.1 分地区实体经济和虚拟经济增长特征

前文研究了金融开放对各省份实体经济与虚拟经济产出比的影响，回归结果表明金融开放显著降低了两类经济产出比，表明扩大金融开放使得虚拟经济产出增长快于实体经济产出增长。分别研究金融开放对两类经济产出增长的影响得出同样的结论。为了进一步深入分析金融开放对两类经济影响的差异，这部分从分地区角度再次考察该问题。由于地理位置、资源禀赋以及政府政策差异，中国东部、中部和西部地区金融开放度和经济增长一直存在差异。

图 5-1 分别为分地区 2003～2017 年金融开放度和地区生产总值（单位：亿元）对数值年均值。由图 5-1（a）可知，在这段时期东部地区金融开放度年均值相对最高，且远高于中西部地区。而中西部地区金融开放度年均值较为接近，2014 年之前中部地区金融开放度稍高于西部地区，2015 年之后则是后者金融开放度稍高于前者。从经济总体规模看，2003～2017 年东部地区各省份生产总值对数值年均值最高，其次是中部地区，西部地区最低。如图 5-1（b）所示。从地区经济增长率年均值看，此期间西部地区经济增长最快，其次是中部地区，东部地区增长最慢。笔者根据数据计算得到 2003～2017 年东部、中部和西部地区经济增长率年均值分别为 10.4%、11.1% 和 12.5%。

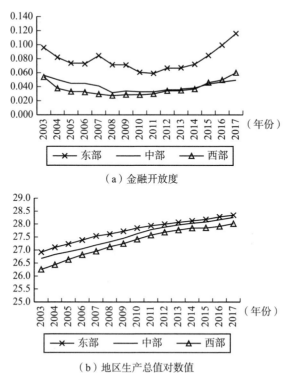

图 5 - 1 2003~2017 年分地区金融开放度和地区生产总值（单位：亿元）对数值年均值

资料来源：国家统计局网站。

图 5 - 2 分别为分地区 2003~2017 年实体经济和虚拟经济产出占地区总产出比例年均值。很显然，这段时期随着时间推移东部、中部和西部地区实体经济占比都明显下降，而虚拟经济占比则相应地都明显上升。其中东部地区实体经济产出占比一直低于中西部地区，西部地区实体经济产出占比最高。中部、西部地区两类经济变化趋势略微接近。根据相关数据计算，此期间三个地区实体经济和虚拟经济产出增长率也出现明显差异，东部、中部、西部地区实体经济增长率年均值分别为 -0.52%、-0.32% 和 -0.38%，虚拟经济增长率年均值分别为 5.59%、5.33% 和 5.90%。后文实证考察发现，金融开放对西部地区实体经济产出增长具有正向推动作用，对中部地区的影响不明显，对东部地区则呈现负向影响。

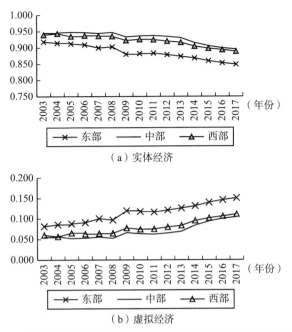

图 5 - 2　2003 ~ 2017 年分地区实体经济和虚拟经济产出占地区总产出比例年均值
资料来源：国家统计局网站。

5.2.2　分地区固定资产投资和利用外资情况

如果金融开放扩大进程中有更多外资进入固定资产投资项目，在一定程度上会加快实体经济的增长。相反，如果跨境流入的资本进入固定资产投资项目减少，则可能会加大经济"脱实向虚"的程度。图 5 - 3 和图 5 - 4 分别为 2000 ~ 2017 年各地区固定资产投资总额走势和各地区外商直接投资总额走势。很显然，随着时间推移三个地区固定资产投资总额呈快速上升趋势。同时，各地区外商直接投资总额也呈快速上升趋势，表明在金融开放逐步扩大过程中各地区利用外资总额在快速增加。2000 ~ 2017 年东部、中部和西部三个地区固定资产投资总额增长率年均值分别为 16.8%、21.3% 和 22.2%，外商直接投资总额增长率年均值分别为 12.3%、13.2% 和 14.0%。

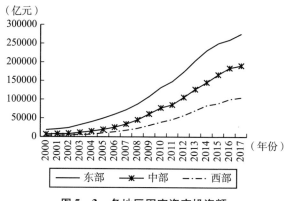

图 5 - 3　各地区固定资产投资额

资料来源：国家统计局网站。

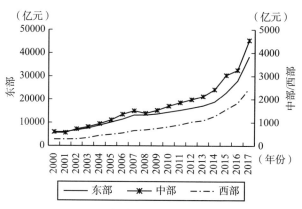

图 5 - 4　各地区外商直接投资总额

资料来源：国家统计局网站。

　　但各地区并没有将增加的外资更多地用于固定资产投资项目。由表 5 - 1 可知，东部地区 2003～2008 年固定资产投资项目实际利用外资总额逐年增加，但从 2008 年以后实际利用外资总额则逐年下降。中部地区从 2011 年以后固定资产投资项目实际利用外资总额也基本呈下降趋势。西部地区固定资产投资项目实际利用外资总额从 2003 年开始虽然总体呈波动式上升趋势，但增长速度较慢。东部、中部和西部三个地区 2003～2017 年固定资产投资项目实际利用外资增长率年均值分别为 -1.6%、9.4% 和 13.2%，增速都慢于三个地区固定资产投资额增长率，且三个地区都有多个年份增长率为负数。

表 5 - 1   各地区固定资产投资实际利用外资总额和增长率

年份	固定投资实际利用外资总额（亿元）			固定投资实际利用外资增长率		
	东部	中部	西部	东部	中部	西部
2003	2109	230	91	—	—	—
2004	2689	381	144	0. 275	0. 652	0. 578
2005	3178	509	174	0. 182	0. 338	0. 213
2006	3532	515	164	0. 111	0. 011	- 0. 057
2007	4113	601	281	0. 165	0. 166	0. 714
2008	4221	640	267	0. 026	0. 065	- 0. 050
2009	3644	606	234	- 0. 137	- 0. 052	- 0. 124
2010	3811	714	294	0. 046	0. 178	0. 256
2011	3732	874	270	- 0. 021	0. 223	- 0. 082
2012	3482	707	185	- 0. 067	- 0. 191	- 0. 316
2013	3436	528	211	- 0. 013	- 0. 252	0. 141
2014	2929	483	497	- 0. 147	- 0. 086	1. 359
2015	2039	267	447	- 0. 304	- 0. 447	- 0. 102
2016	1627	304	292	- 0. 202	0. 137	- 0. 346
2017	1398	480	194	- 0. 141	0. 580	- 0. 335

资料来源：EPS 数据平台。

另外，从两个比例数据可以更清晰地看出，金融开放扩大进程中逐年增加的外资并没有更多地进入固定资产投资项目中。一个是各地区固定资产投资实际利用外资占固定资产投资总额比例，由图 5 - 5 可知，东部、中部和西部三地区该比例都呈现明显下降趋势，其中东部地区下降幅度最大，中部和西部地区下降趋势比较接近。另一个是各地区固定资产投资实际利用外资占外商投资总额比例，如图 5 - 6 所示。东部地区 2003～2008 年该比例变化较小，由 2003 年的 0. 278 上升到 2008 年的 0. 320，2008 年之后该比例逐年下降明显，到 2017 年东部地区固定资产投资实际利用外资占外商投资总额比例只有 0. 036。中部地区 2003～2005 年该比例有一个较大幅度提高，2003 年只有 0. 283，2005 年接近一半的外资用于固定资产投资；2006～2011 年该比例变化不大，基本在 0. 400 上下波动；2011 年之后该比例逐年下降明显，由 2011 年的 0. 471 下降到 2017 年的 0. 106。西部地区该比例值相对稳定一些，

2003～2017 年大多数年份在 0.300 上下波动，2016 年和 2017 年该比例下降明显，尤其是 2017 年该值只有 0.079。

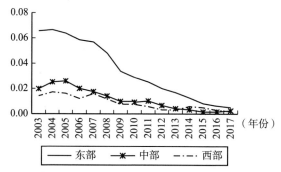

图 5－5　各地区固定资产投资利用外资占固定资产投资总额比例

资料来源：国家统计局网站。

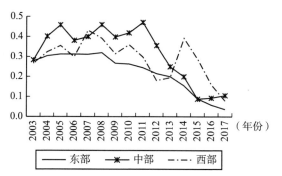

图 5－6　各地区固定资产投资利用外资占外商投资总额比例

资料来源：国家统计局网站。

5.3　研究设计与数据处理

5.3.1　研究设计

本章研究设计与第 4 章基本相同，实证考察金融开放对分地区虚拟经济和实体经济产出比的影响时使用与第 4 章式（4 - 12）相同的模型进行回归分析，考察金融开放对两类经济产出增长率的影响时使用与第 4 章式（4 - 15）相同的模型进行回归分析。不同的是每个模型在回归分析时都分为东部、中部和西部三个地区。

5.3.2 变量和数据处理

5.3.2.1 变量定义

本章变量定义与计算方法和第 4 章一致，各变量具体定义和计算见表 5 - 2。

表 5 - 2 各变量定义及计算

	变量名	定义	计算
被解释变量	Q_x/Q_s	虚拟经济产出增加值/实体经济产出增加值	虚拟经济产出增加值等于地区金融业和房地产业产出增加值之和，实体经济产出增加值等于地区生产总值减去虚拟经济产出增加值
核心解释变量	FO	金融开放度	资本流入与资本流出之和除以名义地区生产总值
	XA	虚拟经济技术投入	地区教育经费支出与名义地区生产总值之比乘以虚拟经济从业人员比例
	XWG	虚拟经济技术进步率	地区虚拟经济行业平均实际工资增长率作为代理变量
控制变量	N	劳动人数	虚拟经济劳动人数等于金融业和房地产业职工人数之和，实体经济劳动人数等于总劳动人数减去虚拟经济劳动人数
	K	资本存量	以 2000 年为基年，使用永续盘存法计算出各省份的资本存量序列
	TO	贸易开放度	等于进出口贸易总额除以地区生产总值
	HC	人力资本	使用普通高等学校毕业生数作为代理变量

5.3.2.2 数据处理和统计性描述

1996~2011年 *FO* 数据使用菲利普和米勒斯－弗莱提（Philip and Milesi-Ferretti, 2007）及其后来扩展的数据，2012~2016年 *FO* 数据序列由笔者按照其计算规则计算得到。各省份资本存量 *K* 使用永续盘存法计算得到，其他变量数据均来自 EPS 数据平台。由表 5–3 中数据可知，东部、中部和西部地区虚拟经济与实体经济产出比和增长率具有较明显差异。东部地区产出比 Q_x/Q_s 均值为 0.124，相对另外两个地区而言均值要大一些，中部和西部地区两类经济产出比均值较接近，分别为 0.071 和 0.078。同时，东部地区两类经济产出比最大值为 0.324，同样大于另外两个地区产出比最大值，中部和西部地区该值分别为 0.171 和 0.148。从分地区虚拟经济和实体经济产出增长率看，三地区虚拟经济增长都快于实体经济增长。东部、中部和西部地区虚拟经济增长率均值分别为 0.164、0.141 和 0.157，实体经济增长率均值分别为 0.114、0.104 和 0.110。

表 5–3　　　　　　　东部、中部和西部地区变量统计性描述

地区	变量	样本数	均值	标准差	最小值	最大值
金融开放度	*FO*	176	0.978	0.139	0.713	1.157
东部	Q_x/Q_s	176	0.124	0.063	0.035	0.324
	XN_G	176	0.164	0.172	−0.181	1.294
	ST_G	176	0.114	0.061	−0.236	0.452
	XA	176	0.002	0.001	0.001	0.010
	XWG	176	0.126	0.081	−0.218	0.592
	N	176	7.624	0.879	5.824	8.802
	K	176	10.120	1.034	7.243	12.150
	TO	176	0.681	0.454	0.086	1.721
	HC	176	11.800	0.955	8.258	13.130

地区	变量	样本数	均值	标准差	最小值	最大值
中部	Q_x/Q_s	128	0.071	0.023	0.029	0.171
	XN_G	128	0.141	0.208	−0.387	1.173
	ST_G	128	0.104	0.054	−0.095	0.237
	XA	128	0.002	0.000	0.001	0.004
	XWG	128	0.132	0.061	0.005	0.438
	N	128	7.901	0.495	7.063	8.814
	K	128	9.833	0.928	8.161	11.90
	TO	128	0.109	0.038	0.042	0.198
	HC	128	11.950	0.714	9.996	13.100
西部	Q_x/Q_s	160	0.078	0.023	0.020	0.148
	XN_G	160	0.157	0.234	−0.408	1.775
	ST_G	160	0.110	0.060	−0.227	0.253
	XA	160	0.003	0.001	0.001	0.006
	XWG	160	0.129	0.071	−0.011	0.392
	N	160	7.211	0.865	5.620	8.489
	K	160	9.217	1.096	6.780	11.550
	TO	160	0.103	0.052	0.036	0.369
	HC	160	10.920	1.104	7.848	12.800

注：XN_G 和 ST_G 分别为虚拟经济和实体经济增长率。

5.4 实证分析

5.4.1 对分地区两类经济产出比的影响

表 5-4 为金融开放对分地区虚拟经济与实体经济产出比影响回归结果。很显然，从分地区考察得到了与前文一样的结论，金融开放显著提高了各地

区虚拟经济与实体经济产出比。说明随着金融开放度提高，东部、中部和西部地区实体经济产出占比显著下降，而虚拟经济产出占比显著上升。再一次表明金融开放可能是中国经济几年来出现"脱实向虚"的原因之一。另外，东部、中部和西部地区金融开放对两类经济产出比的影响存在明显差异。金融开放对中部地区虚拟经济与实体经济产出比影响最大，其次是西部地区，对东部地区的影响相对最小。说明研究样本期间，相对其他两个地区而言中部地区虚拟经济增长比实体经济产出增长要更快，西部地区次之。

表5－4　　　　　　　　分地区虚拟经济与实体经济产出比回归结果

变量	东部地区		中部地区		西部地区	
	（1）	（2）	（3）	（4）	（5）	（6）
FO	0. 436 ***	0. 397 ***	0. 605 ***	0. 536 ***	0. 526 ***	0. 377 *
	（0. 062）	（0. 126）	（0. 092）	（0. 158）	（0. 140）	（0. 150）
XA	0. 244 ***	0. 205 ***	0. 446 ***	0. 506 ***	0. 224 ***	0. 049
	（0. 063）	（0. 080）	（0. 179）	（0. 138）	（0. 089）	（0. 123）
XWG	− 0. 114 ***		− 0. 128		− 0. 123	
	（0. 042）		（0. 211）		（0. 129）	
N	0. 154 **		− 0. 072		− 0. 179	
	（0. 071）		（0. 183）		（0. 184）	
K	0. 152 ***	0. 183 ***	0. 320 ***	0. 290 ***	0. 335 ***	0. 361 ***
	（0. 049）	（0. 041）	（0. 060）	（0. 056）	（0. 049）	（0. 059）
TO	− 0. 130 **	− 0. 136 *	− 1. 400 **	− 1. 605 **	− 0. 319	− 0. 426
	（0. 056）	（0. 074）	（0. 699）	（0. 662）	（0. 410）	（0. 395）
HC	0. 010	0. 083 **	− 0. 360 ***	− 0. 290 ***	− 0. 273 ***	− 0. 277 ***
	（0. 018）	（0. 042）	（0. 126）	（0. 109）	（0. 045）	（0. 085）
AR （1）	0. 622 ***	0. 654 ***	0. 727 ***	0. 734 ***	0. 603 ***	0. 589 ***
	（0. 061）	（0. 057）	（0. 007）	（0. 063）	（0. 063）	（0. 059）
常数项	− 3. 154	− 3. 668 ***	2. 084	1. 526	0. 803	− 2. 595 ***
	（0. 421）	（0. 837）	（2. 069）	（1. 579）	（1. 145）	（1. 273）

续表

变量	东部地区		中部地区		西部地区	
	（1）	（2）	（3）	（4）	（5）	（6）
调整 R^2	0.958	0.958	0.869	0.866	0.864	0.860
D-W	2.175	2.204	2.175	2.209	2.238	2.254
样本数	176	176	128	128	160	160
固定效应	个体	个体	个体	个体	个体	个体

注：*** 、** 、* 分别表示通过 1%、5%、10% 显著性水平检验；小括号内为标准误；除 *XWG* 和 *TO* 外，其余变量都为对数值。

5.4.2 对地区两类经济增长率的影响

为了更进一步了解金融开放对各地区实体经济和虚拟经济产出增长的具体影响，这部分分别考察了东部、中部和西部地区两类经济产出增长率与金融开放度的关系，回归结果见表 5 – 5，很显然，金融开放对三个地区虚拟经济产出增长都具有显著的正向作用，而且对中部地区虚拟经济产出增长的正向促进作用最大，其次是西部地区，最后是东部地区。金融开放对三个地区实体经济产出增长率的影响则出现明显的差异。金融开放并未推动东部地区实体经济产出增长，从回归系数的显著性看，金融开放对东部地区实体经济产出增长起到了负向作用。中部地区实体经济似乎也没有得到金融开放带来的好处，产出增长并未通过显著性水平检验。只有西部地区实体经济受惠于金融开放政策，不过与虚拟经济相比，实体经济获得的好处相对要少。

表 5 – 5　　　　　　　　　分地区经济产出增长率回归结果

变量	东部地区		中部地区		西部地区	
	实体经济	虚拟经济	实体经济	虚拟经济	实体经济	虚拟经济
FO	− 0.132 *** （0.028）	0.266 *** （0.059）	0.081 （0.090）	0.623 *** （0.173）	0.085 * （0.047）	0.286 ** （0.128）
GA	− 0.360 *** （0.123）	− 0.105 （0.105）	− 0.158 （0.165）	0.124 （0.138）	− 0.198 *** （0.052）	0.039 （0.139）

变量	东部地区		中部地区		西部地区	
	实体经济	虚拟经济	实体经济	虚拟经济	实体经济	虚拟经济
GWG	0.001 (0.001)	-0.001 (0.002)	-0.001 *** (0.000)	-0.004 *** (0.000)	-0.0002 (0.001)	0.0004 (0.001)
ln$N$	0.021 (0.052)	-0.007 (0.068)	-0.053 (0.126)	0.287 (0.274)	-0.109 (0.151)	-0.024 (0.180)
ln$K$	0.529 *** (0.088)	0.399 ** (0.171)	0.244 (0.249)	-0.519 * (0.314)	-0.018 (0.191)	0.307 (0.490)
TO	0.077 *** (0.020)	0.151 *** (0.045)	-0.196 (0.231)	0.134 (0.495)	0.099 (0.131)	0.155 (0.371)
lnHC	0.099 *** (0.036)	0.125 ** (0.052)	0.214 *** (0.041)	0.075 (0.143)	0.209 *** (0.052)	0.305 (0.149)
常数项	0.104 *** (0.023)	-0.276 *** (0.044)	-0.012 (0.032)	-0.414 *** (0.107)	0.011 (0.037)	-0.229 ** (0.103)
调整 R^2	0.374	0.203	0.285	0.300	0.312	0.181
D-W	1.596	2.342	1.431	2.292	1.377	2.282
样本数	209	198	152	144	190	180
固定效应	个体	个体	个体	个体	个体	个体

注：***、**、*分别表示通过1%、5%、10%显著性水平检验；小括号内为标准误；除 FO 和 TO 外，其余变量都为增长率。

5.5 金融开放影响两类经济增长的非线性分析

5.5.1 非线性回归结果

由前文可知，不管是从总体经济还是从分地区经济考察，金融开放对实体经济和虚拟经济增长的影响都存在显著的差异性。不过，前述分析假设金融开放对两类经济的影响具有线性特征，为了更深入研究金融开放与两类经济增长，这部分在第 4 章模型（4 - 15）的基础上增加金融开放的二次项，考察金融开放对两类经济影响是否具有非线性特征。具体模型如下：

$$GQ_{it} = \alpha_0 + \alpha_1 FO_{it} + \gamma_1 FO_{it}^2 + \alpha_2 GA_{it} + \alpha_3 GWG_{it} + \alpha_4 CTRL_{it} + \theta_i + \varepsilon_{it} \quad （5 - 1）$$

主要关注回归分析后 FO_{it}^2 的系数值 γ_1，如果 γ_1 显著，则说明金融开放对两类经济的影响是非线性的，同时，还可以分析目前金融开放处在非线性影响的哪个阶段。

非线性回归结果见表 5 - 6。由表中数据可知，金融开放对实体经济和虚拟经济产出增长表现出显著的非线性特征，而且不同地区的这种非线性特征表现为显著的差异性。首先，就总体经济而言，金融开放对实体经济产出增长表现出 U 形特点，而对虚拟经济产出增长则表现出倒 U 形特点。其次，从分地区看，金融开放对东部地区实体经济和虚拟经济产出增长的影响都表现出 U 形特点，对西部地区两类经济的影响则都表现为倒 U 形特点，而对中部地区实体经济产出增长的影响呈 U 形特点，对中部虚拟经济产出增长的影响呈倒 U 形特点。

表 5 - 6　　　　　　　　　　　　　　非线性回归结果

变量	总体经济		东部		中部		西部	
	实体经济	虚拟经济	实体经济	虚拟经济	实体经济	虚拟经济	实体经济	虚拟经济
FO	- 1.732 *** (0.432)	1.892 * (1.017)	- 2.763 *** (0.580)	- 5.536 *** (1.750)	- 0.925 (0.731)	6.344 ** (2.741)	- 1.532 ** (0.758)	- 4.872 ** (2.190)
$FO \times FO$	0.935 *** (0.232)	- 0.911 * (0.556)	1.445 *** (0.308)	2.934 *** (0.927)	0.570 * (0.331)	- 2.995 ** (1.422)	- 0.880 ** (0.415)	- 2.487 ** (1.168)
GA	- 0.310 *** (0.072)	- 0.0004 (0.136)	- 0.465 *** (0.091)	- 0.114 (0.179)	- 0.180 (0.140)	0.271 (0.293)	- 0.193 ** (0.087)	0.326 (0.336)
GWG	- 0.0003 (0.000)	- 0.002 (0.002)	- 0.001 ** (0.000)	- 0.001 (0.005)	0.033 ** (0.016)	- 0.006 (0.004)	0.001 (0.001)	- 0.0001 (0.002)
$\ln N$	- 0.065 (0.049)	0.314 (0.197)	0.030 (0.077)	- 0.064 (0.218)	- 0.022 (0.165)	0.151 (0.499)	- 0.055 (0.117)	- 0.087 (0.427)
$\ln K$	0.398 *** (0.074)	0.226 (0.286)	0.514 *** (0.079)	0.673 * (0.392)	- 0.028 (0.386)	- 1.980 * (1.061)	0.042 (0.193)	0.384 (0.691)

变量	总体经济		东部		中部		西部	
	实体经济	虚拟经济	实体经济	虚拟经济	实体经济	虚拟经济	实体经济	虚拟经济
TO	0.059 *** (0.014)	0.125 (0.085)	0.063 ** (0.029)	−0.021 (0.082)	0.008 (0.246)	0.707 (0.739)	0.242 ** (0.114)	−0.435 (0.586)
$\ln HC$	0.168 *** (0.027)	0.072 (0.077)	0.087 ** (0.039)	0.055 (0.111)	0.160 *** (0.054)	−0.046 (0.173)	0.171 *** (0.055)	0.373 ** (0.175)
常数项	0.798 *** (0.192)	−0.912 ** (0.450)	1.276 *** (0.274)	2.599 *** (0.818)	0.443 (0.340)	−2.880 ** (1.180)	0.725 ** (0.336)	−2.258 ** (0.980)
调整 R^2	0.390	0.140	0.480	0.156	0.310	0.063	0.360	0.188
D-W	1.771	2.343	1.748	2.349	1.369	2.341	1.602	2.333
样本数	522	522	198	198	144	144	180	180
固定效应	个体	个体	个体	个体	个体	个体	个体	个体

注：***、**、*分别表示通过1%、5%、10%显著性水平检验；小括号内为标准误；除 FO 和 TO 外，其余变量都为增长率。

5.5.2 非线性特征分析

根据前述回归结果，在其他条件不变时，从总体经济角度而言金融开放对实体经济和虚拟经济产出增长率的影响分别可以用式（5-2）和式（5-3）表示：

$$GSQ_{it} = 0.935 FO_{it}^2 - 1.732 FO_{it} \qquad (5-2)$$

$$GXQ_{it} = -0.911 FO_{it}^2 + 1.892 FO_{it} \qquad (5-3)$$

由式（5-2）和式（5-3）可以得到图5-7。

根据回归结果，得知金融开放对实体经济产出增长的影响呈现 U 形特征，如图5-7（a）所示。样本期间金融开放度最小值为0.543，最大值为1.157，分别对应图5-7中的 A 点和 B 点。很显然，当金融开放度处在 AB 阶段时，金融开放对实体经济产出增长的影响为负值，当金融开放度为0.926时，对实体经济的负向影响达到最大值。而金融开放对虚拟经济产出增长的影响呈现倒 U 形特征。同样，由于样本时期金融开放度处在 AB 阶段，所以，金融开放对虚拟经济产出增长的影响为正值，如图 5－7（b）所示。
当金融开放度为 1.039 时，对虚拟经济的正向影响达到最大值。

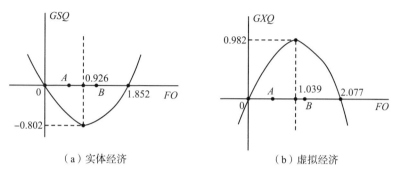

（a）实体经济　　　　　　　　　　　（b）虚拟经济

图 5－7　金融开放影响实体经济和虚拟经济产出增长非线性特征

非线性特征分析结果进一步验证了前文实证研究结论的准确性。如果要
使金融开放更好地服务于实体经济，在其他条件不变的情况下，需要进一步
扩大金融开放程度。根据回归结果，只有当金融开放度大于 1.852 时，金融
开放对实体经济产出增长的影响将转为正值。当然，这一结论是在保持与研
究样本期间完全一样的政策和经济环境等条件下成立。如果在扩大金融开放
的同时，政府当局的政策变了、外界经济环境变化了，金融开放度大小与实
体经济和虚拟经济产出增长的关系将发生变化。至于政策和外在经济环境如
何变才能使金融开放更好地促进实体经济发展？这需要做进一步深入研究。
本书第 7～9 章将对金融开放引起实体经济和虚拟经济产出差异性增长机制作
深入考察。

5.6　本 章 小 结

本章在第 4 章基础上，从金融开放影响实体经济和虚拟经济非平衡增长
的地区差异性视角进一步考察金融开放与经济"脱实向虚"的关系。通过研
究发现，金融开放对两类经济增长的影响具有显著的地区差异性。金融开放
对三个地区虚拟经济和实体经济产出比都有明显的正向影响，其中对中部地
区两类经济产出比的影响最大，西部地区次之，对东部地区影响最小。这表

明金融开放对中部地区虚拟经济增长的正向影响相对实体经济增长的影响更大。通过考察金融开放对各地区实体经济和虚拟经济产出增长率的影响证实了该结论，金融开放对三个地区虚拟经济产出增长率都有显著推动作用，其中，对中部地区虚拟经济产出增长率的推动作用最大，其次是西部地区，对东部地区产出增长率的推动作用最小。而对三地区实体经济产出增长率的影响具有明显差异。金融开放对东部地区实体经济产出增长具有负向影响，对中部地区实体经济产出增长影响不显著，对西部地区实体经济产出增长虽然有正向影响，但影响程度小于对虚拟经济产出增长的影响。另外，通过考察金融开放影响经济增长的非线性特征，发现金融开放对实体经济增长的影响具有 U 形特点，而对虚拟经济增长的影响具有倒 U 形特点。

针对本章研究结论，提出如下政策建议：第一，由于中国地区经济出现非平衡发展，金融开放政策可以根据地区特点适当进行调整，以促进地区经济平衡发展。第二，需进一步加大金融开放力度，根据金融开放对经济增长的非线性特征，现阶段中国金融开放还处在对实体经济增长具有负向作用，而对虚拟经济增长具有正向作用的阶段。加大金融开放力度有利于降低中国经济"脱实向虚"的程度。

第6章

金融开放影响两类经济增长行业差异性研究

6.1 引　言

第4章考察了金融开放对实体经济和虚拟经济产出增长的影响，研究发现金融开放对两类经济增长的影响差异明显。为了深入了解金融开放对不同行业产出增长的影响，本章进一步使用分省份分行业数据实证研究金融开放对分行业经济增长的影响。

行业分类采用《国民经济行业分类（GB/T 4754—2017）》标准，将行业分成以下几类：农林牧渔业，工业，建筑业，批发和零售业，交通运输、仓储和邮政业，住宿和餐饮业，金融业，房地产业，其他行业。其中金融业和房地产业代表虚拟经济行业，其余行业都属于实体经济行业。本章主要考察金融开放三个衡量指标对这些行业产出增加值的影响：第一，使用陶雄华和谢寿琼（2017）方法计算的各省份金融开放度指标；第二，使用各省份 FDI 与地区 GDP 比值衡量的金融开放度子指标；第三，使用各省份 OFDI 与地区 GDP 比值衡量的金融开放度子指标。

6.2 金融开放与分行业经济增长特征分析

6.2.1 分行业经济增长特征[①]

图 6 - 1 描绘了 2005～2020 年分行业产出增加值及其占当年 GDP 比重。很显然，分行业产出增加值随着时间推移都呈明显的上升趋势。但分行业产出增加值占当年 GDP 比重有着显著的差异。农林牧渔业，工业，交通运输、仓储和邮政业以及住宿和餐饮业产出增加值占比随着时间推移呈现出明显下降趋势。其中农林牧渔业占比从 2005 年的 11.97% 下降到 2020 年的 7.98%，下降了 33.29%，是所有行业中占比下降幅度最大的行业。然后是住宿和餐饮业，占比下降了 29.82%。工业和交通运输、仓储和邮政业分别下降了 25.96% 和 28.18%。建筑业、批发和零售业、金融业、房地产业和其他服务业占比则呈现上升趋势。其中金融业产出增加值占比上升幅度最大，比重值由 2005 年的 4.00% 上升到 2020 年的 8.27%，占比上升了 107.06%。其次是房地产业，占比上升了 62.04%。建筑业、批发和零售业和其他服务业占比分别上升了 29.40%、26.30% 和 37.65%。很显然，从分行业看，在金融开放逐步扩大的进程中，虚拟经济行业产出增加值增长速度远超实体经济行业产出增长速度。同时，实体经济各行业产出增长速度也表现出明显的差异性，一部分行业产出增长速度相对于另一部分行业产出增长速度呈明显下降。

---

① 本章图表行业名称说明。NLMY（第一产业）：指农业，包括种植业、林业、牧业和渔业；GY（工业）：包括采掘业，制造业，电力、煤气及水的生产和供应业；JZY：建筑业；JTYS：交通运输、仓储和邮政业；PFLS：批发和零售业；ZSCY：住宿和餐饮业；JRY：金融业；FDC：房地产业；QT（其他服务业）：包括信息传输、计算机服务和软件业，租赁和商务服务业，科学研究、技术服务和地质勘查业，水利、环境和公共设施管理业，居民服务和其他服务业，教育，卫生、社会保障和社会福利业，文化、体育和娱乐业，公共管理和社会组织。

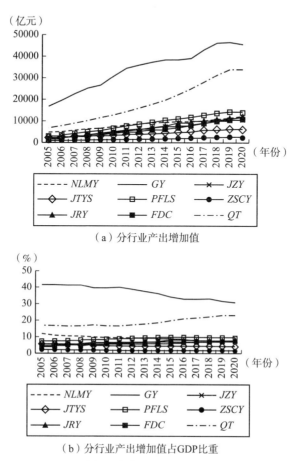

（a）分行业产出增加值

（b）分行业产出增加值占GDP比重

图 6－1　分行业产出增加值及其占 GDP 比重

资料来源：国家统计局网站。

6.2.2　分行业利用外资

图 6－2 描绘了 2005～2020 年分行业实际利用外商直接投资金额及其占外商直接投资总金额比重。从图 6－2（a）可见，分行业实际利用外资呈现出三个特点：第一，实际利用外资增长迅速。很显然，其间其他服务业实际利用外资额一直呈增长趋势，而且增长迅速，由 2005 年的 58.62 亿美元快速上升到 2020 年的 627.20 亿美元。另外，交通运输、仓储和邮政业以及批发和零售业期间实际利用外资额增长也相对较快。第二，实际利用外资先增加

后减少。实体经济核心产业工业实际利用外资由 2005 年的 442.02 亿美元逐渐上升到 2011 年的 548.32 亿美元后逐渐下降，2020 年下降到 347.75 亿美元。2014 年之前房地产业实际利用外资增加迅速，由 2005 年的 54.18 亿美元快速增长到 2014 年的 346.26 亿美元，随后开始减少，但在所有行业中还是保持较高的实际利用外资额。金融业也由 2005 年的 2.20 亿美元快速增长到 2015 年的 149.69 亿美元后有所下降。农林牧渔业先表现出有一定数量的增长，随后又逐年减少，但无论是增长还是减少，实际利用外资额度变化都不大。第三，实际利用外资金额变化不大。如建筑业、住宿和餐饮业。

另外，由图 6-2（b）中各曲线走势看可以将分行业占比变化趋势归为三种情形。第一种情形是随着时间推移实际利用外商直接投资金额占总金额比重逐渐减少且下降程度相对较大的行业，如农林牧渔业和工业。其间农林牧渔业占比从 2005 年的 1.19% 下降到 2020 年的 0.40%，工业占比从 2005 年的 73.27% 下降到 2020 年的 24.09%。第二种情形是实际利用外商直接投资金额占总金额比重变化不大的行业，如建筑业，交通运输、仓储和邮政业，住宿和餐饮业。第三种情形是实际利用外商直接投资金额占总金额比重逐渐增大的行业，如批发和零售业、金融业、房地产业和其他服务业。总体上，虚拟经济行业金融业和房地产业不但实际利用外资金额增长较快，而且在实际利用外资总金额的比重增长也较快。同时，实体经济各行业实际利用外资以及占总金额中的比重表现出较为明显的差异性。从分行业实际利用外商直接投资金额增长率看，也基本符合上述三种情形。农林牧渔业和工业实际利用外商直接投资金额增长率年均值为负数，分别为 -1.48% 和 -1.60%。建筑业，交通运输、仓储和邮政业，住宿和餐饮业实际利用外商直接投资金额增长率年均值为正数，但相对较小，分别为 8.74%、6.76% 和 2.57%。金融业实际利用外商直接投资金额增长率年均值最大，达到了 22.56%，批发和零售业、其他服务业实际利用外商直接投资金额增长率年均值较为接近，分别为 16.23% 和 15.80%，房地产业实际利用外商直接投资金额增长率年均值为 8.82%。

从上述分析知，虽然扩大金融开放后，国内实际利用外商直接投资金额逐年递增，但流入各行业的外资金额存在明显差异。流入实体经济核心产业工业的外资金额下降显著，而流入虚拟经济行业金融业和房地产业的外资则上升迅速。外资流入行业可以促进行业投资和产出增加，从外资流入行业差异性可以初步判断金融开放扩大后，外资并非主要进入中国的实体经济行业，相反更多的外资流入了金融业和房地产业，促进了中国虚拟经济的快速增长，这可能是引起中国经济"脱实向虚"的原因之一。

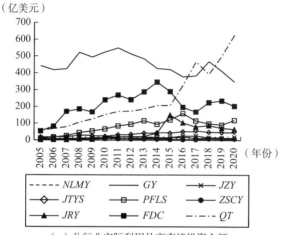

（a）分行业实际利用外商直接投资金额

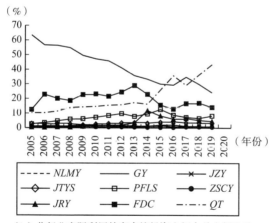

（b）分行业实际利用外商直接投资金额占总金额比重

图 6 - 2　分行业实际利用外商直接投资金额及其占总金额比重

资料来源：国家统计局网站。

6.2.3 分行业对外直接投资

扩大金融开放不只是国外资本跨境流入国内，同时，国内资本也会因逐利进入国际市场。图6-3描绘了分行业对外直接投资存量及其占总存量比重。从图中可以看出，各行业对外直接投资总体上呈现快速增长趋势。具体而言分四种情形：第一，对外直接投资占比高，并且随着金融开放扩大其比重呈现快速上升趋势，比如其他服务业；第二，对外直接投资占比较高，但随着金融开放扩大其比重变化不大或者呈下降趋势，包括工业、批发零售业和金融业；第三，对外直接投资占比较低，且随着金融开放扩大其比重变化较小或者略微呈上升趋势，包括农林牧渔业、建筑业、住宿和餐饮业、房地产业；第四，对外直接投资占比较低，且随着金融开放扩大其比重呈明显下降趋势，如交通运输业。金融开放逐步扩大进程中，不同行业对外直接投资出现明显不同变化趋势，意味着金融开放环境的变化可能对不同行业在国内投资和国外投资抉择上产生了不同的影响，继而对不同行业产出具有差别影响。

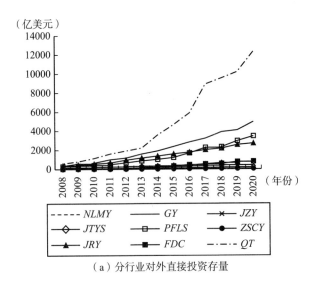

（a）分行业对外直接投资存量

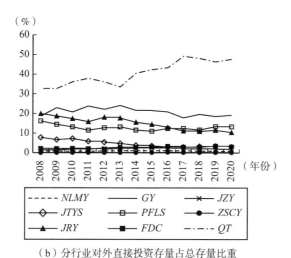

（b）分行业对外直接投资存量占总存量比重

图 6 - 3　分行业对外直接投资存量及其占总存量比重

资料来源：国家统计局网站。

6.3　研究假设与模型设计

6.3.1　研究假设

前述分析发现，中国金融开放逐步扩大期间，分行业产出增加值都呈明显上升趋势，其中以房地产和金融业为代表的虚拟经济行业产出增加值增长速度显著快于实体经济行业产出增长速度。同时，分行业产出增加值占当年 GDP 比重出现明显的差异性。金融业和房地产业产出增加值占 GDP 比重上升最快，而大部分实体经济行业产出增加值占 GDP 比重都呈下降趋势。据此提出以下假设：

假设 1：金融开放对实体经济行业和虚拟经济行业产出增长的影响具有显著行业差异性。

假设 2：金融开放可能促进了虚拟经济行业产出增长，而对实体经济行业产出的影响则存在差异性。金融开放可能促进了一些实体经济行业正向增长，而抑制了一些实体经济行业的增长。

6.3.2 模型设计

为了考察金融开放及子指标对各行业产出增加值的影响，本章建立行业动态面板模型如式（6-1）。其中，$\ln Y_{it}$、$\ln Y_{it-1}$分别为各省各行业产出增加值实际值对数及滞后项，FO_{it}为各省份金融开放度及子指标，$CTRL_{it}$为控制变量，μ_i 和 θ_t 分别为无法观测的行业特征和年度效应，σ_{it} 为干扰项，$i = 1$，2，…，9，分别代表 9 个不同行业，$t = 2003$，2004，…，2017 为研究样本区间。

$$\ln Y_{it} = \beta_0 + \beta_1 \ln Y_{it-1} + \beta_2 FO_{it} + \beta_3 CTRL_{it} + \mu_i + \theta_t + \sigma_{it} \qquad (6-1)$$

回归结果主要关注 β_2 符号及其显著性。如果 β_2 显著为正，表明扩大金融开放促进了该行业产出增长，同时，说明跨境流入的资本可能更多地进入了该行业而推动该行业增长。如果 β_2 显著为负，表明金融开放扩大对该行业产出不但没有产生正向推动作用，相反还可能出现负向影响。如果 β_2 不显著，则表明金融开放对该行业产出增长的影响不明显。

6.3.3 数据和变量设定

6.3.3.1 数据来源

本章研究样本期为 2003~2017 年。各省份分行业产出增加值、分行业职工人数、财政支出、货物进出口总额、CPI 数据来自国泰安经济金融研究数据库。各省份私营企业和个体就业人员数、对外直接投资存量 OFDI、外商直接投资额 FDI、普通高中毕业生数、铁路营运里程、公路里程和内河航道里程数据来自 EPS 全球统计数据/分析平台，缺失数据由各省份统计年鉴补齐。

6.3.3.2 变量设定

（1）被解释变量：各省份分行业产出增加值 Y。先使用 CPI 指数计算出分行业产出实际值然后取对数，其中 CPI 指数以 2000 年为基年。

（2）核心解释变量：各省金融开放度 FO。参考陶雄华和谢寿琼（2017）使用各省份 FDI、OFDI 和外币存贷款数据计算测度，见式（6-2）。

$$FO_{it} = FDI_{it}/GDP_{it} + OFDI_{it}/GDP_{it} + FM_{it}/TM_{it} \qquad (6-2)$$

其中，FDI、$OFDI$ 分别为各省份外商直接投资和对外直接投资存量；GDP 为名义值；FM 和 TM 分别为金融机构外币存贷款总额和本外币存贷款总额，二者比值代表外资金融资产在总金融资产中的比重，用于衡量货币市场开放程度。数据源于各省份统计年鉴和统计公报。为了检验研究结果的稳健性，实证研究时还分别使用 FDI/GDP 和 $OFDI/GDP$ 作为衡量金融开放度的子指标，考察二者与各行业产出增长的关系。

（3）控制变量。①就业人数 N：各省份分行业职工人数对数值。②资本存量 K：各省份资本存量，具体计算方法参见第 4 章。③人力资本 HC：使用普通高等学校毕业生数对数值作为代理变量。④贸易开放度 TO：等于进出口贸易总额除以 GDP。⑤财政支出 FIS：各省份财政支出除以 CPI 指数得到实际值并取对数。⑥非国有化程度 PRI：使用各省份私营和个体就业人数与所有就业人数之比衡量。⑦基础设施 INF：使用各省份铁路营运里程、公路里程和内河航道里程之和取对数衡量。

6.4 实证分析

6.4.1 回归结果

由表 6-1 检验统计量可知，所有模型的 Arellano-Bond 检验 AR（1）都拒绝了一阶差分自相关原假设，AR（2）都接受了二阶差分自相关原假设，Hansen's J-test 的 p 值也都显示接受工具变量过度约束有效原假设。同时，所有模型工具变量个数都小于或等于个体数。表明所有模型回归结果具有一定的可靠性。

很显然，金融开放对各省份分行业经济增长的影响差异明显，验证了本章假设 1。根据影响程度不同可以分成三种情形。第一，对行业产出增长具有积极推动作用。金融开放对金融业和房地产业具有显著的正向影响，两个

表6-1　　金融开放对分行业经济增长的影响

变量	(1) NLMY	(2) GY	(3) JZY	(4) JTYS	(5) PFLS	(6) ZSCY	(7) JRY	(8) FDC	(9) QT
L.Y	0.368** (2.24)	0.675*** (5.05)	0.342*** (3.06)	0.122 (1.49)	-0.084 (-0.98)	0.397*** (2.79)	0.736*** (13.64)	0.499*** (6.02)	0.479*** (5.25)
FO	-0.606** (-1.97)	-0.375* (-1.78)	-1.398** (-2.43)	-1.458 (-1.49)	-1.710** (-2.12)	0.249 (0.74)	0.302* (1.65)	0.922*** (4.37)	0.111 (0.74)
N	-0.003 (-0.03)	0.090 (1.04)	-0.210** (-2.38)	0.915*** (6.37)	-0.143 (-1.19)	0.162* (1.70)	0.005 (0.12)	0.080** (1.96)	0.196*** (5.27)
K	0.089 (1.08)	-0.057 (-1.07)	0.362*** (3.35)	0.366** (2.09)	0.238* (1.68)	0.078 (1.07)	0.136*** (3.49)	0.213*** (3.20)	0.213*** (4.21)
HC	0.101 (1.64)	0.294*** (3.16)	-0.369*** (-2.58)	-0.241 (-1.53)	-0.686*** (-2.92)	0.266*** (3.33)	0.026 (0.60)	0.337*** (5.19)	-0.002 (-0.05)
TO	0.099 (0.66)	0.091* (1.89)	-0.356* (-1.66)	-0.431 (-1.12)	-1.056*** (-2.91)	0.025 (0.25)	0.215*** (3.57)	0.292*** (3.21)	0.147** (2.50)
FIS	0.241** (2.03)	0.198 (1.38)	0.248* (1.82)	-0.250 (-1.14)	0.594*** (3.10)	0.294*** (2.94)	0.151*** (2.74)	0.048 (0.55)	0.244*** (3.79)
PRI	-0.387*** (-2.78)	0.150 (0.62)	-0.280 (-0.77)	-0.485 (-0.91)	0.006 (0.02)	0.054 (0.25)	0.095 (0.70)	0.354* (1.90)	0.259 (1.13)

续表

变量	(1) NLMY	(2) GY	(3) JZY	(4) JTYS	(5) PFLS	(6) ZSCY	(7) JRY	(8) FDC	(9) QT
INF	-0.114*** (-2.82)	-0.123* (-1.86)	0.021 (0.24)	0.453*** (3.13)	-0.024 (-0.31)	-0.044 (-0.48)	-0.012 (-0.25)	-0.100** (-2.10)	-0.039 (-1.02)
常数项	7.316*** (2.87)	1.730** (2.26)	6.875*** (4.33)	4.431*** (2.94)	15.616*** (5.17)	-0.090 (-0.10)	-1.572*** (-2.84)	0.773 (1.13)	-1.275* (-1.87)
观测值	425	425	425	425	425	365	425	425	425
AR (1)	0.040	0.002	0.054	0.019	0.055	0.032	0.000	0.000	0.000
AR (2)	0.050	0.110	0.925	0.272	0.153	0.522	0.630	0.756	0.403
工具变量数	30	30	30	26	25	30	29	30	31
H's J-test	0.104	0.140	0.212	0.167	0.351	0.124	0.103	0.136	0.107

注：*、**、***分别表示 10%、5% 和 1% 的显著性水平；小括号内为 T 统计量；AR (1) 和 AR (2) 为 Arellano-Bond 检验 p 值，分别检验误差项一阶和二阶差分自相关；H's J-test 为 Hansen's J-test 的 p 值。

行业回归结果中 *FO* 的系数都显著为正，其中对金融业产出增长的影响更大一些。该结果与第 4 章、第 5 章研究结论一致，表明金融开放对虚拟经济行业产出增长具有显著的正向推动作用。第二，对行业产出增长产生负向影响。金融开放扩大并未推动农林牧渔业、工业、建筑业、批发和零售业产出正向增长，相反还可能造成这些行业实际固定资本投资减少而使产出下降，四个行业回归结果中 *FO* 的系数都显著为负，其中金融开放对批发和零售业产出增长负向影响最大。可能原因是在金融开放逐步扩大过程中，这些行业的资本更多地投向盈利更快的金融资产，同时，跨境流入这些行业的资本相对减少。第三，对行业产出增长影响不显著。金融开放对交通运输、仓储和邮政业、住宿和餐饮业以及其他服务业产出增长没有产生明显的影响，这三个行业回归结果中 *FO* 系数都不显著。研究结果表明，金融开放显著促进了虚拟经济行业产出正向增长，对实体经济行业产出增长产生负面影响或者影响不显著，验证了本章假设 2。

6.4.2 金融开放子指标对分行业经济增长的影响

由前文分析知，金融开放扩大进程中跨境进入国内的外商直接投资额不断攀升，但各行业实际利用外资总额以及利用外资占总投资金额比重差异显著。表明金融开放扩大跨境流入的资本对不同行业产出增长的影响可能存在较大差别，同时，以房地产业和金融业为代表的虚拟经济行业实际利用外资和利用外资占总投资金额比重都呈上升趋势，意味着外商直接投资对虚拟经济行业产出增长的影响可能大于对实体经济行业产出增长的影响。这部分针对该问题实证考察金融开放子指标 *FDI/GDP* 对不同行业产出增长的影响，另外，考虑到不同行业对外直接投资的差异性可能使得跨境流出资本对行业产出增长同样会存在差别，这部分还同时考察金融开放子指标 *OFDI/GDP* 对不同行业产出增长的影响。

由表 6-2 知，金融开放子指标 *FDI/GDP* 对不同行业产出增长存在三种不同的影响。第一，对行业产出增长具有显著负向影响。农林牧渔业、建筑业 *FDI* 系数显著为负，表明金融开放扩大引起外资跨境流入增加并没有推动这两个行业产出增长，相反对这两个行业的产出还产生了消极影响。主要原因可能是金融开放扩大后，跨境流入增加的资本不但没有更多地进入这两个行业，还可能因为金融开放为其他行业提供了更好的投资环境造成这类行业实际利用外资减少。金融开放扩大一方面使得跨境流入的资本更多地进入投资环境更好的行业，比如金融业和房地产业，以便获取更高的收益；另一方面还会使得原本可能进入这些行业的外资由于追逐利益而进入收益更高的行业，引起这类行业实际利用外资额在金融开放扩大进程中不升反降。这两个方面使得这类行业不仅无法享受到金融开放扩大可以更多利用外资的好处，而且还因利用外资额减少而引起投资收缩、产出减少。第二，对行业产出增长影响不显著。金融开放对工业，交通运输、仓储和邮政业，批发和零售业以及其他服务业的产出增长的影响不明显。前文分析知，金融开放逐步扩大进程中工业实际利用外资额 2011 年后逐步减少，外资占总投资金额比重则一直呈下降趋势。交通运输、仓储和邮政业实际利用外资额虽然逐渐增加，但占总投资金额比重变化不大。批发和零售业以及其他服务业实际利用外资额和外资占总投资金额比重都逐年增加。金融开放子指标对这三种类型的行业产出增长影响不明显，原因在于一方面进入实体经济行业的外资逐年减少，比如进入工业行业外资额；另一方面进入实体经济行业的外资可能并未完全用于固定资产投资，而是用于购买收益更高、变现更快的金融资产，也就是文献提及的企业金融化、去工业化或者资金"脱实向虚"。第三，对行业产出增长具有显著正向影响。由于金融开放扩大后跨境流入资本更多进入金融业和房地产业，这两类行业产出增长与 FDI 之间具有明显正向关系，再次证实金融开放对虚拟经济行业增长的影响大于对实体经济行业增长的影响。金融开放扩大进程中住宿餐饮业实际利用外资额和外资占总投资额比重虽变化不大，但流入的外资基本用于固定资产投资，因而 FDI 对该行业产出增长具有显著的促进作用。

同样由表 6-3 可知，金融开放子指标 $OFDI/GDP$ 对各行业产出增长的影响也有三种情形。其中对实体经济行业农林牧渔业、工业、建筑业和批发零售业产出具有负向影响，表明这些行业的资本本身可能用于国内固定资产投资项目，但金融开放扩大后企业拓展国外市场，将更多资本投向国外影响了国内产出，同时，国内企业还可能因各种原因暂时未享受到对外直接投资的溢出效应，因而对国内企业投资和产出都没有起到正向推动作用。对实体经济行业交通运输业、餐饮和住宿业产出增长的影响不明显，表明这些行业对外直接投资的资本在国内没有更多的投资项目，因而这些资本跨境流出不会

表6-2

FDI对分行业经济增长的影响

变量	(1) NLMY	(2) GY	(3) JZY	(4) JTYS	(5) PFLS	(6) ZSCY	(7) JRY	(8) FDC	(9) QT
L.Y	0.774*** (6.74)	0.488*** (3.18)	0.332*** (2.96)	0.096 (1.19)	0.586*** (4.63)	0.408*** (2.88)	0.780*** (6.92)	0.485*** (5.97)	0.486*** (5.34)
FDI	-0.743** (-2.05)	-0.440 (-0.69)	-1.419** (-2.28)	-0.850 (-1.50)	0.951 (1.57)	0.627** (2.29)	0.644** (2.43)	1.406*** (4.20)	0.052 (0.28)
N	0.050 (1.53)	-0.130 (-1.23)	-0.193** (-1.99)	0.866*** (5.99)	0.073 (0.96)	0.146 (1.37)	0.045 (0.48)	0.101** (2.40)	0.193*** (5.22)
K	0.122 (1.22)	-0.109 (-1.28)	0.369*** (3.30)	0.306** (2.08)	-0.138** (-2.07)	0.075 (1.14)	0.018 (0.15)	0.196*** (2.91)	0.208*** (4.11)
HC	0.183* (1.95)	0.037 (0.32)	-0.350** (-2.11)	-0.169 (-1.06)	0.281*** (3.76)	0.266*** (3.08)	0.016 (0.21)	0.335*** (5.35)	0.000 (0.00)
TO	-0.157 (-1.51)	0.160 (0.69)	-0.323 (-1.46)	-0.262 (-0.90)	0.113 (1.60)	0.022 (0.22)	0.097 (1.16)	0.282*** (3.14)	0.150** (2.57)
FIS	-0.009 (-0.11)	0.371* (1.77)	0.273* (1.90)	-0.155 (-0.85)	0.465*** (3.18)	0.306*** (2.97)	0.237*** (3.42)	0.080 (0.87)	0.242*** (3.66)
PRI	-0.628** (-2.50)	0.108 (0.48)	-0.688 (-1.58)	-0.634 (-1.28)	0.198 (0.66)	0.059 (0.29)	0.029 (0.20)	0.436** (2.15)	0.273 (1.22)

续表

变量	(1) NLMY	(2) GY	(3) JZY	(4) JTYS	(5) PFLS	(6) ZSCY	(7) JRY	(8) FDC	(9) QT
INF	-0.062 (-1.21)	0.101** (2.03)	0.007 (0.07)	0.409*** (2.99)	-0.127 (-1.56)	-0.051 (-0.55)	-0.028 (-0.53)	-0.104** (-2.09)	-0.042 (-1.11)
常数项	0.619 (0.79)	7.305*** (4.47)	6.045*** (4.83)	4.500*** (3.24)	-0.660 (-0.54)	-0.345 (-0.37)	-1.574** (-2.51)	0.624 (0.84)	-1.237* (-1.80)
观测值	425	425	425	425	425	365	425	425	425
AR (1)		0.006	0.045	0.029	0.001	0.032	0.000	0.000	0.000
AR (2)		0.132	0.965	0.496	0.768	0.386	0.700	0.543	0.519
工具变量值		29	30	26	30	30	30	30	31
H's J-test	0.117	0.117	0.253	0.139	0.120	0.134	0.137	0.135	0.105

注：*、**、*** 分别表示 10%、5% 和 1% 的显著性水平；小括号内为 T 统计量；AR（1）和 AR（2）为 Arellano-Bond 检验 p 值，分别检验误差项一阶和二阶差分自相关；H's J-test 为 Hansen's J-test 的 p 值。

表6-3　OFDI对分行业经济增长的影响

变量	(1) NLMY	(2) GY	(3) JZY	(4) JTYS	(5) PFLS	(6) ZSCY	(7) JRY	(8) FDC	(9) QT
L.Y	0.321** (2.15)	0.736*** (8.00)	0.464*** (4.23)	0.502*** (5.41)	-0.087 (-0.87)	0.378*** (2.92)	-0.242*** (-3.60)	0.334*** (4.16)	0.430*** (4.72)
OFDI	-1.363*** (-3.44)	-1.498* (-1.88)	-1.530* (-1.73)	-1.147 (-0.91)	-3.923* (-1.66)	-0.572 (-0.54)	4.635* (1.72)	0.959 (0.73)	1.144* (1.92)
N	0.018 (0.22)	0.119 (1.59)	-0.235*** (-2.77)	0.250*** (3.27)	-0.103 (-0.76)	0.129 (1.39)	-0.919 (-1.32)	0.000 (0.00)	0.211*** (5.50)
K	0.106 (1.16)	-0.065 (-1.25)	0.311*** (3.14)	0.126* (1.75)	0.106 (0.46)	0.115* (1.68)	1.248*** (5.80)	0.071 (0.71)	0.247*** (4.49)
HC	0.077 (1.28)	0.197** (2.27)	-0.445*** (-3.22)	0.205*** (2.66)	-0.586** (-2.45)	0.291*** (3.58)	-0.498* (-1.77)	0.590*** (4.36)	-0.007 (-0.13)
TO	0.017 (0.11)	0.005 (0.09)	-0.537** (-2.47)	0.032 (0.26)	-0.748** (-2.19)	0.066 (0.59)	-1.299** (-2.30)	0.433** (2.38)	0.195*** (3.18)
FIS	0.270** (2.35)	0.164 (1.63)	0.267** (2.25)	0.087 (0.94)	0.684*** (3.12)	0.296*** (3.21)	0.584 (1.60)	0.401*** (3.67)	0.241*** (3.81)
PRI	-0.386 (-1.29)	0.215 (1.01)	-0.795* (-1.70)	0.094 (0.42)	0.786 (0.52)	0.136 (0.61)	-2.270*** (-2.91)	0.809** (2.15)	0.183 (0.63)

续表

变量	(1) NLMY	(2) GY	(3) JZY	(4) JTYS	(5) PFLS	(6) ZSCY	(7) JRY	(8) FDC	(9) QT
INF	-0.109*** (-2.95)	-0.089** (-2.14)	0.111 (1.39)	-0.140*** (-2.82)	0.032 (0.55)	-0.077 (-0.85)	-0.091 (-0.77)	-0.273*** (-2.99)	-0.027 (-0.65)
常数项	7.260*** (3.09)	1.601*** (2.86)	5.121*** (4.11)	2.460*** (3.05)	14.432*** (3.81)	-0.314 (-0.30)	-1.749 (-0.39)	-0.641 (-0.29)	-1.224 (-1.52)
观测值	425	425	425	425	425	365	425	425	425
AR (1)	0.087	0.001	0.089	0.000	0.047	0.016	0.043	0.000	0.000
AR (2)	0.122	0.126	0.574	0.467	0.282	0.526	0.147	0.346	0.446
工具变量值	30	30	30	30	28	30	30	30	31
H's J-test	0.114	0.156	0.311	0.118	0.121	0.125	0.240	0.108	0.102

注：*、**、*** 分别表示 10%、5% 和 1% 的显著性水平；小括号内为 T 统计量；AR（1）和 AR（2）为 Arellano-Bond 检验 p 值，分别检验误差项一阶和二阶差分自相关；H's J-test 为 Hansen's J-test 的 p 值。

影响国内企业投资和产出的减少，同时也表明这些行业的国内企业没有享受到对外直接投资的溢出效应。与前面两个开放指标一样，*OFDI* 子指标对虚拟经济行业产出的正向影响更明显。对外直接投资显著促进了金融业产出增长，对房地产产出增长的影响虽不明显，但回归系数符号为正。这进一步表明金融开放进程中受益最大的行业是虚拟经济行业。另外，对外直接投资也促进了其他服务业产出增长。

6.5 本章小结

本章使用省际面板模型研究了金融开放事实指标对不同行业产出增长的影响。实证结果表明，金融开放对不同行业的产出具有显著差异性影响。总体而言，金融开放对虚拟经济行业产出增长的影响更具有积极推动作用，对实体经济行业产出则具有消极影响或影响不显著，其中对大部分实体行业产出都有负向影响，包括农林牧渔业、工业、建筑业、批发和零售业，对住宿和餐饮业、其他服务行业产出无明显影响。本章研究结论进一步说明金融开放扩大进程中，中国经济出现"脱实向虚"的部分原因可能是资本跨境流入流出对国内企业固定资产投资产生了消极影响。由于固定资产投资收益低、资金回收周期长，甚至可能会产生较多沉没成本，使得因金融开放跨境流入的资本更多进入金融业和房地产业等虚拟经济行业，从而使得实体经济行业不但没有得到金融开放带来更多的国外资本的好处，企业原有资本还可能因逐利而去购买收益高、资金回收快的金融资产。另外，国内实体经济行业一些企业本身的资本也可能因为金融开放扩大而流向国外，但短期内这些企业并没有从跨境流出的资本获得溢出效应，因而对企业国内投资没有起到积极促进作用。这两方面都会导致国内企业固定资产投资相对金融资产投资比例下降，从而使得经济出现"脱实向虚"情形。

根据本章结论，得到以下启示：第一，在允许跨境流入资本总额逐步扩大情形下，需要加强对流入不同行业的资本总额进行监管和审核。鼓励更多国外资本流入实体经济行业，并吸引这些资本投资到固定资产项目中。第二，对于跨境流出资本，跟踪研究这些企业流出资本对国内固定投资的影响，鼓励有利于促进企业国内产出增长的资本跨境流出。

第7章

金融开放、空间效应与两类经济非平衡增长

7.1 引　　言

　　第4章通过省际面板数据分析发现，金融开放对实体经济和虚拟经济增长的影响具有明显的差异性。金融开放扩大引起了实体经济和虚拟经济产出比上升，进一步分析发现金融开放促进了虚拟经济产出增长，对实体经济产出增长的影响不明显甚至可能有一定的负向影响。从而在一定程度上证实了金融开放可能是引起中国两类经济出现非平衡增长的原因之一。为了更加深层次研究金融开放对两类经济增长的差异性影响，本章建立空间面板模型研究金融开放的空间效应及其对两类经济增长的影响程度。

　　已有文献在研究金融开放与经济增长的关系时都假设一国或地区经济增长只受到本国或本地区金融开放的影响，其他国家或地区金融开放对本国或本地区经济增长无影响。然而，随着全球经济一体化程度加深，世界各国或各地区经济联系更加紧密。一国或地区金融开放逐步扩大进程中，金融开放不但会对本地区经济增长产生影响，而且金融开放带来的这种影响还可能波及其他地区。同时，一国或地区金融开放扩大引起投资增加而对投入要素等资源的需求增加也可能对其他国家或地区产生影响。因而，一国或地区经济增长受金融开放的影响可以从两方面进行分析。一方面，该国或地区金融开放对本国或本地区经济增长的影响；另一方面，其他国家或地区金融开放对本国或本地区经济增长的影响。前一种影响称为金融开放对经济增长影响的

直接效应，后一种影响称为金融开放对经济增长影响的空间效应。迄今为止，多数文献都是研究金融开放对经济增长的直接效应，对空间效应研究的文献相对缺乏。事实上，金融开放对经济增长影响的空间效应不能忽视。主要体现在以下几个方面。

首先，虽然大量实证研究文献表明金融开放对经济增长的直接效应不像理论模型预期的那样明显，金融开放并没有给发展中国家和发达国家经济增长带来绝对显著的正向影响。而且，不少国家还可能因金融开放陷入金融危机之中。但不管是发达国家还是发展中国家近三十年来金融开放度基本都呈上升趋势，尤其是发达国家金融开放度普遍高于发展中国家。为何大部分国家一直扩大金融开放并保持较高的金融开放度？一方面，各国或各地区扩大金融开放是全球经济一体化进程中倒逼机制产生的政策选择，因为只有实行金融开放，一国或地区才能更好地与其他国家或地区开展经济贸易往来。同时，也是经济理论指导实践的具体体现，根据经济理论预期，一国或地区实行金融开放可以促进该国或该地区经济增长，因而从理论上而言实行金融开放可以享受到经济增长的好处。另一方面，除了理论预期和其他原因之外，还有一个重要原因可能是已有文献一直没有涉及的：追求经济增长应该不只是各国或地区实行金融开放的唯一目标，因为实行金融开放的国家或地区之间并不完全表现为理论模型所分析的那样双方能够实现互利共赢，很大可能还存在着某种程度的竞争。因为金融开放在推动一国或地区经济增长的同时，还可能会引起其他地区出现资源转移效应。由于一国或地区金融开放扩大一方面可能引起该国或地区对投入要素的需求增加，因而会吸引其他地区要素流入，从而造成其他地区资源转移，包括劳动力、人力资本、物质资本等生产要素的跨区转移，最终影响到其他地区的经济增长。另一方面金融开放可能引起工资收入增加，从而影响地区间收入不平等和发展不平衡。工资和收入不平等将进一步加大资源转移效应，最终对其他国家或地区经济增长产生负面影响。从这个角度看金融开放对经济增长的影响可能存在地区间相互竞争情形。即一国或地区扩大金融开放带来的影响不仅局限于促进本国或本地区的经济增长，还可能给其他国家或者地区经济增长带来一定的空间效应。而且从这个意义上讲，这种空间效应可能更多地表现为国家或地区间的相互竞争，即一国或地区金融开放可能抑制了其他国家或地区的经济增长，而且不实行金融开放或者金融开放程度较低的国家可能遭受到的竞争效应会更大。

因而，各国为了避免金融开放对经济增长带来的这种竞争效应，也会选择逐步扩大金融开放的政策。

其次，一国或地区在享受金融开放带来的各种益处的同时，这些益处可能会通过不同途径对周边国家或地区以及经济联系紧密的国家或地区产生溢出效应或相关影响。一般认为，金融开放可以促进本地区技术水平提高，包括生产技术、管理技术等。金融开放还可以提高开放国或地区的全要素生产率，尤其是对金融发展水平和制度质量较高的国家或地区全要素生产率有更显著的影响。这些技术或全要素生产率提高可能对其他地区产生溢出效应，并且大多数文献研究都指出这种溢出效应有利于推动其他地区的经济增长。因而从这方面看金融开放对经济增长的影响具有地区间相互促进作用。

由此可见，一国或地区实行金融开放对本国或地区经济增长产生影响的同时，还可能对其他国家或者地区经济增长产生一定的空间效应。同样，我国各地区实行金融开放对本地区经济增长产生影响的同时，也可能对其他地区经济增长产生不可忽略的空间效应。至于这种空间效应究竟是有利于其他地区的经济增长表现出地区间相互促进，还是抑制了其他地区的经济增长而表现出地区间的相互竞争？这需要在实证方面做进一步深入研究。同时，是金融开放度大的地区对其他地区经济增长产生的空间效应大还是金融开放度小的地区对其他地区产生的空间效应大？以及这种空间效应的动态特征如何？研究清楚这些问题对于正确认识我国省际金融开放成效、进一步完善省际金融开放改革措施、缩小地区间发展不平衡差距、推动我国各地区经济平衡发展和全国经济总体平稳增长具有非常重要的现实意义。

上述分析发现，一国或地区金融开放对其他国家或地区经济增长影响的空间效应既可能表现为促进，也可能表现为竞争，最终产生的综合效应究竟是促进还是竞争取决于二者的影响程度，这需要使用相关数据和适当研究方法对这种空间效应进行深入考察。据笔者所掌握资料看，很少有文献直接研究金融开放的这种空间效应。随着世界经济全球化进一步深化，资源在全球或地区间自由流动会越来越容易，一国或地区扩大金融开放对其他国家或地区经济增长影响的空间效应将会更加凸显，因而研究金融开放对经济增长影响的空间效应的重要性也变得重要起来。另外，第 4 章的研究结果表明金融开放的直接效应引起中国各省份实体经济和虚拟经济产出出现非平衡增长。

基于此，本章使用相应的空间计量面板模型比较研究中国省际金融开放空间效应对其他省份实体经济和虚拟经济增长影响的差异性。一方面，通过相应模型验证省际金融开放对两类经济的影响是否存在显著的空间效应，并考察省际金融开放引起的空间效应是促进了其他地区两类经济增长还是抑制了其他地区两类经济增长。另一方面，通过比较金融开放空间效应对两类经济增长影响的差异性，进一步考察金融开放与中国经济"脱实向虚"的关系。同时，还进一步研究这种空间效应大小与金融开放度大小的关系，以及这种空间效应的动态特征。

本章的贡献主要体现在以下几个方面：首先，与以往研究金融开放对本国或本地区经济增长直接效应的文献不同，本章主要研究其他地区金融开放扩大对本地区实体经济和虚拟经济增长的空间效应，拓宽了金融开放与经济增长关系的研究领域。其次，将空间计量模型应用到金融开放与经济增长关系的研究中，使得研究二者关系的研究方法和模型更加接近经济现实。因为一国或地区经济增长不仅会受到本国或本地区金融开放的影响，还会受到其他国家或地区金融开放的影响，空间计量模型可以同时考虑这两种情形。最后，研究发现金融开放的空间效应表现为地区间的相互竞争，且金融开放度大的地区对经济增长影响产生的空间效应小于金融开放度小的地区对经济增长产生的空间效应，同时，长期空间效应小于短期空间效应，这些结论为一国或地区持续扩大金融开放或维持较大的金融开放度提供了实证依据。

7.2　地区两类经济非平衡增长特征分析

本章主要分析中国逐步扩大金融开放进程中各地区实体经济和虚拟经济产出增长特征。表7-1列举了31个省份2003~2017年实体经济行业生产总值与地区生产总值比值，表内数据为相邻三年的平均值。例如，2003~2005年对应的数据为2003年、2004年和2005年二者比值的算数平均值。

表 7 - 1   各省份实体经济行业生产总值与地区生产总值比值（相邻三年均值）

省份	2003~2005 年	2006~2008 年	2009~2011 年	2012~2014 年	2015~2017 年
安徽	0.934	0.939	0.922	0.920	0.895
北京	0.838	0.809	0.792	0.786	0.769
重庆	0.930	0.932	0.900	0.861	0.855
福建	0.927	0.912	0.899	0.894	0.889
甘肃	0.943	0.946	0.946	0.931	0.894
广东	0.919	0.885	0.881	0.873	0.845
广西	0.946	0.935	0.917	0.913	0.894
贵州	0.937	0.927	0.918	0.922	0.920
海南	0.949	0.948	0.878	0.863	0.844
河北	0.952	0.945	0.934	0.924	0.899
黑龙江	0.963	0.953	0.937	0.921	0.902
河南	0.953	0.953	0.937	0.923	0.898
湖北	0.936	0.931	0.928	0.922	0.889
湖南	0.946	0.943	0.943	0.945	0.930
江苏	0.923	0.916	0.891	0.880	0.867
江西	0.931	0.953	0.937	0.929	0.905
吉林	0.955	0.947	0.953	0.950	0.923
辽宁	0.944	0.942	0.925	0.914	0.878
内蒙古	0.969	0.958	0.942	0.940	0.917
宁夏	0.928	0.920	0.905	0.883	0.877
青海	0.941	0.945	0.941	0.927	0.880
陕西	0.940	0.949	0.931	0.924	0.901
山东	0.932	0.934	0.926	0.917	0.909
上海	0.845	0.847	0.818	0.807	0.762
山西	0.952	0.950	0.930	0.907	0.859
四川	0.926	0.929	0.928	0.909	0.871
天津	0.915	0.916	0.897	0.881	0.858
新疆	0.952	0.938	0.929	0.920	0.911
西藏	0.932	0.931	0.918	0.917	0.895
云南	0.927	0.923	0.917	0.918	0.906
浙江	0.920	0.888	0.860	0.868	0.876

资料来源：国泰安经济金融研究数据库。

由表 7-1 中数据可知，各省份相邻三年均值基本呈现下降趋势，说明随着金融开放度增加，各地区实体经济行业产出呈现明显下降趋势，相应地，各地区虚拟经济行业产出则呈现上升趋势。并且金融开放度相对越高的地区，实体经济行业生产总值与地区生产总值之比相对更小，随着时间推移均值下降越快。根据相关资料计算得出 2003~2019 年各省份金融开放度均值大小如图 7-1 所示。其中，上海、海南、北京、广东、天津、江苏、辽宁金融开放度相对较高，这些地区三年均值下降也相对更快，尤其在 2015~2017 年这些地区均值相对更低一些，其中上海和北京 2015~2017 年实体经济产出占比均值分别只有 0.762 和 0.769。这在一定程度上说明金融开放促进了这些地区金融业和房地产业的快速发展，因而虚拟经济行业产出增长较快。

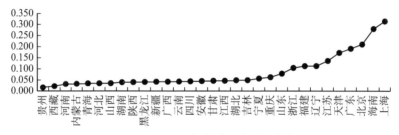

图 7-1　2003~2019 年各地区金融开放度均值

资料来源：笔者计算。

为了更清晰地阐述金融开放度、实体经济和虚拟经济行业生产总值与地区生产总值之比的关系，图 7-2~图 7-5 描绘了北京、上海、广东、海南四个地区相关变量之间的关系。由各图可知，2003~2017 年四个地区实体经济行业生产总值占地区生产总值比值随着时间推移明显下降，虚拟经济行业生产总值占比则明显上升。尤其从 2011 年开始，随着中国金融开放程度扩大，各地区金融开放度快速上升，相应地，各地区实体经济产出占比下降、虚拟经济产出占比上升更显著。

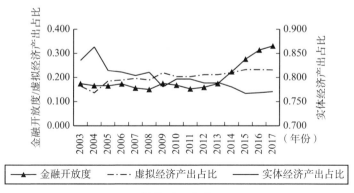

图 7 - 2 北京

资料来源：国家统计局网站和笔者计算。

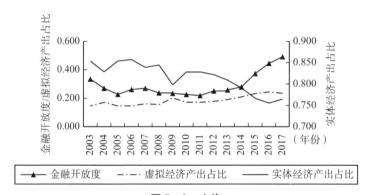

图 7 - 3 上海

资料来源：国家统计局网站和笔者计算。

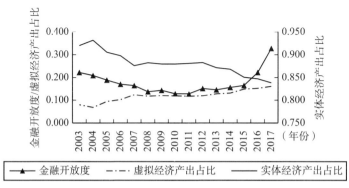

图 7 - 4 广东

资料来源：国家统计局网站和笔者计算。

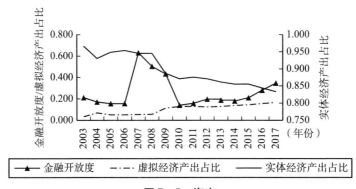

图7-5 海南

资料来源：国家统计局网站和笔者计算。

7.3 理论框架和研究设计

7.3.1 理论框架

为了从理论上分析金融开放对经济增长产生的影响，本章用一个简单的理论框架阐述实行金融开放地区对本地区经济增长产生的直接效应和对其他地区经济增长产生的空间效应。假设经济中有两个地区：地区1和地区2，其中地区1为单一区域，其他与地区1有地理或者经济相关的地区可以视为一个整体即地区2。两个地区都生产一种产品，可以将地区生产的所有产品看成一个整体，即生产一种产品或一篮子产品。产品生产需要三种投入要素：劳动力、人力资本和特定的物质资本，投入要素可以在两地区自由流动。参考相关文献（Greenwood and Jovanvic, 1999；Odedokun, 1996），将金融开放作为投入要素加入一国或者一个地区的生产函数。以往文献只考虑到本地区金融开放对本地区产出的影响，即只考虑金融开放的直接效应。本章除了考虑这种直接影响之外，还将考虑其他地区金融开放可能对本地区产出产生的影响，即金融开放的空间效应。首先，一个地区实行金融开放会促使该地区生产技术或全要素生产率提高，而技术或效率的提高对邻近地区或有经济往来的地区产生技术溢出效应从而可能促进其他地区经济增长，因而从该视角看金融开放的空间效应表现为地区间相互促进。其次，不少文献研究发现扩大金融开放初期会使得一个地区或者一个行业的投资快速增长（Krugman，1994；Kaminsky and Schmukler，2007），而投资的快速增长可能会产生资源转移效应（Corden and Neary，1982），即投入要素可能从一个地区或者一个行业转移到投资增加相对更快的其他地区或者其他行业。当一个地区面临其他地区金融开放扩大带来投资快速增长时，该地区的投入要素可能会因为资源转移效应而流到其他地区，从而会影响到本地区的投资和产出。因而从该视角分析金融开放的空间效应表现为地区间的相互竞争。最终金融开放的空间效应表现出的总效应可以认为是这两种效应的加总，究竟表现为地区间相互促进还是地区间相互竞争，需要从实证角度分析大量样本数据寻找答案。本章关注的重点就是考察这种空间效应最终到底给一个地区经济增长带来怎样的影响，因而将其他地区金融开放变量加入该地区生产函数中。两个地区的生产函数和投入要素设定为：

$$Y_{it} = f(K_{it}, L_{it}, F_{it}, F_{it}^*, H_{it}) \qquad (7-1)$$

$$K_t = K_{1t} + K_{2t} \qquad (7-2)$$

$$L_t = L_{1t} + L_{2t} \qquad (7-3)$$

$$H_t = H_{1t} + H_{2t} \qquad (7-4)$$

其中，Y 为实际总产出；K 为资本存量；L 为劳动力人数；F 为本地区金融开放度；F^* 为其他地区金融开放度；H 为其他促进经济增长的要素，这里指人力资本。$i=1, 2$，分别表示地区 1 和地区 2。式（7-2）、式（7-3）和式（7-4）表示假设两个地区各类投入要素之和等于总的投入要素，同时假设两地区投入要素都处于充分就业状态。

7.3.1.1　金融开放的溢出效应

首先，假设地区 1 和地区 2 初始投入要素（以劳动力为例）和产出分别由图 7-6 中的 A 点表示，在初始均衡 A 点，两个地区的边际劳动产出相等，即实际工资率相等。其中地区 1 的投入要素数量为 $O_1 I$，对应的产出为 Y_1^1。地区 2 的投入要素数量为 $O_2 I$，对应的产出为 Y_2^1。这里 Y_1^1 不必一定与 Y_2^1 相同，因为左、右纵轴比例可以不同。由于地区 1 实行金融开放提高了其生产率，产出曲线由 $O_1 A$ 上移到 $O_1 C$，同时，由于地区 1 因金融开放带来的生产率或全要素生产率提高产生了技术溢出，使得地区 2 的生产率得以提高，因而地区 2 的产出曲线相应地由 O_2A 上移到 O_2B。在新的均衡中，B 点和 C 点的边际劳动产出相等，即实际工资率相等，两地区之间的劳动力不发生移动。很显然，虽然这时两地区间没有出现资源转移效应，即各自使用的投入要素保持不变，但两地区都因受益于金融开放带来的技术提高而使得各自产出得以增加。其中地区 1 的产出由 Y_1^1 提高到 Y_1^2，地区 2 的产出由 Y_2^1 提高到 Y_2^2，即地区 1 实行金融开放在推动本地区经济增长的同时，也对地区 2 产生了正向的空间效应，表现为地区间相互促进。

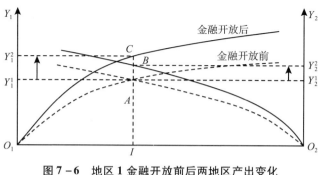

图 7-6　地区 1 金融开放前后两地区产出变化

7.3.1.2　金融开放的资源转移效应

假设两地区初始时还在 A 点生产，如图 7-7 所示。此时两地区的产出同样分别为 Y_1^1 和 Y_2^1，使用的投入要素数量分别为 O_1I 和 O_2I。地区 1 扩大金融开放后，因市场环境改善投资增加使得投入要素增加，增加部分为 II^*，增加的投入要素来自相邻或者其他地区，这种投入要素的流入是由金融开放引起的资源转移效应导致的。例如，金融开放引起 FDI 迅速增加导致开放地区资本存量增加，从而提高该地区劳动边际产量、产出和消费，继而引起该地区工资上升，吸引其他地区劳动力流入该地区（Christian，2013）。投入要素的这种流动基本符合中国实行改革开放后地区间的要素流动尤其是劳动力流动比较自由的经济现实。不少文献研究指出金融开放通过提高一国资本配置效率或全要素生产率而促进该国经济增长（Aghion et al.，2004；Bekaert et al.，2006；等等），根据此观点，地区 1 扩大金融开放在推动投资增长的同时由于投资效率或者全要素生产率提高使得投入要素产出曲线由 O_1A 移动到

O_1F，地区 1 的产出相应地也增加到 Y_1^3，由图中的 F 点表示。由于地区 2 保持不变的金融开放度，或者说没有实行扩大金融开放政策，其投入要素因地区 1 扩大投资产生的资源转移效应而流入地区 1，使得地区 2 的投入要素相应减少 II^*，从而导致地区 2 产出由原来的 Y_2^1 减少到 Y_2^3。在新的均衡中，F 点和 D 点的边际劳动产出相等，即实际工资率相等，两地区之间的劳动力不再移动。很显然，金融开放引起的资源转移效应使得金融开放影响经济增长的空间效应表现为两地区间的资源相互竞争。

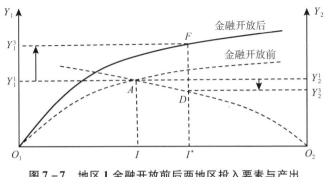

图 7 - 7　地区 1 金融开放前后两地区投入要素与产出

最终，对于周边地区的总空间效应由 $Y_1^1Y_2^2$ 和 $Y_2^1Y_2^3$ 相对大小决定，如果 $Y_1^1Y_2^2$ 大于 $Y_2^1Y_2^3$，则表现为地区间相互促进，否则，则表现为地区间相互竞争。

7.3.2　模型设计

一个地区金融开放对其他地区经济增长产生的空间效应可以使用相应的空间计量模型进行具体分析。已有文献一般使用 SLX、SDM、SDEM、GNS 四种空间模型研究其他地区的解释变量如何影响本地区的被解释变量。其中 SLX 模型如式（7-5）所示。

$$Y_i = \alpha_0 + \alpha_1 X_i + \theta \sum_{j \neq i} w_j X_j + \alpha_2 CTRL_i + \mu_i \qquad (7-5)$$

其中，Y_i 和 X_i 分别为地区 i 的被解释变量和核心解释变量；$CTRL_i$ 为地区 i 的其他解释变量；一般认为是模型的控制变量；μ_i 为残差项。$\sum_{j \neq i} w_j X_j$ 为除地区 i 以外与地区 i 有地理或经济关系的其他地区的核心解释变量 X_j 加权项，

w_j 为地区 j 的权重。该模型主要关注系数 θ 的符号，如果其符号为正，表明其他地区的核心解释变量 X_i 对地区 i 的被解释变量 Y_i 产生正向影响，如果其符号为负，则表明产生负向影响。很显然，该模型没有考虑扰动项空间相关问题，如果所研究的问题本身具有空间相关的重要因素而又无法具体衡量则会进入扰动项，从而造成扰动项出现截面弱相关问题。解决该问题可以采用具有空间自相关的模型进行刻画，例如，佩扎罗和突瑟蒂（Pesaran and Tosetti，2011）使用具有空间自相关（SAR）的随机扰动项来刻画这种截面弱相关问题。现在文献中的 SDEM 模型也使用了这种方法，该模型在 SLX 模型基础上，进一步考虑到被解释变量可能受到其他地区不可观测因素的影响，因而将误差项的空间滞后纳入模型中，具体形式如式（7−6）所示。

$$Y_i = \alpha_0 + \alpha_1 X_i + \theta \sum_{j \neq i} w_j X_j + \alpha_2 CTRL_i + \mu_i \quad \mu_i = \gamma \sum_{j \neq i} w_j \mu_j + \varepsilon_i \qquad (7-6)$$

其中，μ_i 服从空间自相关形式（SAR），γ 是空间自相关系数。很显然，*SLX* 模型和 *SDEM* 模型都没有考虑到其他地区的 Y_j 对地区 i 的 Y_i 产生的影响。如果所研究的主题涉及各地区的被解释变量间存在空间相关性问题，这两个模型显然不是最佳选择。本章研究的被解释变量是各地区经济增长，有不少文献研究指出中国各地区经济增长存在显著的空间相关性（例如：潘文卿，2012），因而为了更好地刻画这种空间相关性，需要在模型中增加其他地区经济增长变量，其中 SDM 模型和 GNS 模型对这种空间相关性进行了很好的刻画。另外，由于截面数据模型解释变量与扰动项可能存在相关性会产生内生性问题（Brueckner，2003），因而本章采用面板数据模型，其中，具有时变的特征可以由时间效应 σ_t 捕捉，不具时变性的特征可以由个体效应 δ_i 捕捉，从而可以在较大程度上减弱解释变量与扰动项的相关性（王美今等，2010）。据此，本章最终采用以下两个空间面板模型对所研究的问题进行深入分析：

$$Y_{it} = \alpha_0 + \rho \sum_{j \neq i} w_{jt} Y_{jt} + \alpha_1 X_{it} + \theta \sum_{j \neq i} w_{jt} X_{jt} + \alpha_2 CTRL_{it} + \delta_i + \sigma_t + \mu_{it}$$

$$(7-7)$$

式（7−7）为 SDM 模型。Y_{it} 和 X_{it} 分别为各省份实际 GDP 对数值和金融开放度 FO，$CTRL_{it}$ 为控制变量。根据新古典经济增长理论，本章将影响各省份经济增长的主要投入要素作为控制变量加入模型中，包括各省份资本存量和就业人数。同时，考虑到各地区基础设施和人力资本对经济增长的影响，因而最终控制变量包括资本存量 K_{it}、劳动力 N_{it}、人力资本 HC_{it} 和基础设施变量 RW_{it}，μ_{it} 为干扰项。

$$Y_{it} = \alpha_0 + \rho \sum_{j \neq i} w_{jt} Y_{jt} + \alpha_1 X_{it} + \theta \sum_{j \neq i} w_{jt} X_{jt} + \alpha_2 CTRL_{it} + \delta_i + \sigma_t + \mu_{it}$$

$$\mu_{it} = \gamma \sum_{j \neq i} w_{jt} \mu_{jt} + \varepsilon_{it} \qquad (7-8)$$

式（7-8）为 GNS 模型，即广义空间自回归模型。该模型将前面三种模型考虑的情形都纳入进来，既考虑到了其他省份金融开放对本省份经济增长的影响，也考虑到了各地区经济增长之间的空间相关性，同时，还考虑到其他省份不可观测因素对本省份经济增长的影响，即模型刻画了干扰项之间的空间相关性，因而相对而言更加符合本章研究主题。

7.3.3 变量选择、数据来源及处理

7.3.3.1 被解释变量

各地区两类经济被解释变量都使用产出增加值衡量，其中虚拟经济使用 XNY_{it} 表示，t 期值等于同期各地区金融业和房地产业增加值之和。实体经济使用 STY_{it} 表示，t 期值等于同期各地区 GDP 增加值减去虚拟经济增加值。回归分析时两类经济增加值都除以 CPI 指数得到实际增加值并取对数，其中 CPI 指数以 2000 年为基年。数据来自 EPS 全球数据平台。

7.3.3.2 解释变量

（1）省际金融开放度 FO。省际金融开放数据与第 6 章计算方法一致。

（2）省际资本存量 K。各省份资本存量 K 计算方法与第 4 章相同。

（3）就业人数 L。与第 4 章相同，本章也使用各行业职工人数作为代理变量，其中总劳动人数 L 为所有行业职工人数加总，虚拟经济劳动人数等于金融业和房地产业职工人数之和，实体经济劳动人数等于 L 减去虚拟经济劳动人数。

（4）人力资本 HC。使用各省份教育经费支出对数值衡量。

（5）基础设施 INF。使用各省份铁路运营里程数对数值表示。

各省份就业人数 L、人力资本 HC 和基础设施 INF 数据均来自 EPS 全球

数据平台，缺失数据由各省份统计年鉴补齐。

7.3.4 省际 GDP 和金融开放度 FO 空间相关性

判断经济变量空间相关性，文献一般使用 Moran 指数 I（Moran's I），本章沿用相关文献做法也使用该指数进行检测。因为本章计量模型为 SDM 和 GNS 模型，两个模型都包含被解释变量空间滞后项 $\sum_{j \neq i} w_{jt} Y_{jt}$ 和解释变量空间滞后项 $\sum_{j \neq i} w_{jt} X_{jt}$，因而空间相关性检测包括省际 GDP 单变量 Moran 指数和省际 GDP 与 FO 双变量 Moran 指数。Moran 指数的一般计算公式为：

$$I = \frac{\sum_{i=1}^{n} \sum_{j=1}^{n} W_{i,j} Z_i M_j / S}{\sum_{i=1}^{n} Z_i^2 / n} = \frac{n}{S} \frac{\sum_{i=1}^{n} (Z_i \times \sum_{j=1}^{n} W_{i,j} M_j)}{\sum_{i=1}^{n} Z_i^2} \tag{7-9}$$

其中，S 为空间权重的聚合，$S = \sum_{i=1}^{n} \sum_{j=1}^{n} W_{i,j}$；$W_{i,j}$ 为地区 i 和地区 j 之间的空间权重，如果矩阵进行标准化，则有 $S = n$；Z_i 和 M_j 分别为地区 i 和地区 j 变量的观测值与所有观察值均值差额。如果计算单变量 Moran 指数，则 Z_i 和 M_j 表示地区 i 和地区 j 相同的变量。本章计算省际 GDP 单变量 Moran 指数时，$Z_i = GDP_i - \overline{GDP}$，$M_j = GDP_j - \overline{GDP}$。如果计算双变量 Moran 指数，则 Z_i 和 M_j 表示地区 i 和地区 j 不同的变量。本章计算省际 GDP 与 FO 双变量 Moran 指数时，$Z_i = GDP_i - \overline{GDP}$，$M_j = FO_j - \overline{FO}$。当空间权重进行标准化后，$I$ 的取值范围为 $-1 \leq I \leq 1$。I 大于零表示地区间经济变量存在空间正相关，值越大空间正相关性越强。I 小于零表示地区间经济变量存在空间负相关，值越大空间负相关性越强。I 等于零，说明地区间经济变量不存在空间相关性。文献中对于以距离作为空间权重矩阵的构建一般有两种方法：一是以地区是否相邻构建空间权重矩阵，二是以地区之间距离构建空间权重矩阵。一般认为以地区之间距离作为空间权重更符合经济现实，因为这种方法不仅考虑距离远近是影响变量空间相关性重要因素外，还考虑到不相邻地区之间也可能具有空间相关性。因而本章选择第二种方法构建空间权重矩阵，使用各省份中心位置之间球面距离的倒数作为空间权重矩阵 W 中元素的取值。图 7-8 和图 7-9 给出了 2003～2017 年计算出来的各省份实际 GDP 单变量全局 Moran 指数和

省际金融开放度 *FO* 与 GDP 双变量全局 Moran 指数。

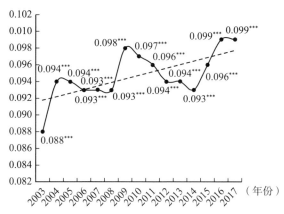

图 7 – 8　省际 GDP 空间相关 Moran 指数

注：＊、＊＊、＊＊＊分别表示在 10%、5% 和 1% 水平上显著。

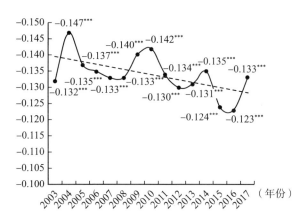

图 7 – 9　省际 *FO* 与 GDP 空间相关 Moran 指数

注：＊、＊＊、＊＊＊分别表示在 10%、5% 和 1% 水平上显著。

与已有文献（例如：潘文卿，2012）检验结论一样，省际 GDP 存在显著的空间正相关性，且 GDP 的空间相关性随着时间的推移相关程度呈现出增强的趋势。说明其他地区 GDP 增长可以显著地促进该地区 GDP 增长，而且这种促进作用随着年代推移越来越大。而省际金融开放度 *FO* 和 GDP 则存在显著的空间负相关性，说明其他地区扩大金融开放对本地区 GDP 增长产生负面影响。根据前文分析这意味着其他地区金融开放引起的资源转移效应可能要大于溢出效应，即金融开放对经济增长影响的空间效应可能更多地表现为地区间的相互竞争。同时，由图7-9还可以看出随着时间推移这种空间负相关程度呈现减弱趋势。说明随着各地区金融开放度增加，省际金融开放对经济增长影响的空间效应逐渐减少。

7.4 实 证 分 析

7.4.1 空间计量模型回归结果

这部分使用前文构造的省际球面距离空间权重矩阵和经济空间权重矩阵 W 和空间模型考察省际金融开放及其空间效应对地区实体经济和虚拟经济增长的影响。回归结果分别见表7-2和表7-3。通过对模型进行 Hausman 检验后发现，固定效应模型优于随机效应模型。同时，通过对模型进行 LR 检验发现，GNS 模型要优于 SDM 模型。为了便于比较和考察研究结果的稳健性，本章同时列出两个模型的固定效应和随机效应回归结果。

表7-2　　　　空间面板模型回归结果（空间权重矩阵：地理距离）

变量	SDM 模型				GNS 模型			
	实体经济		虚拟经济		实体经济		虚拟经济	
	固定效应	随机效应	固定效应	随机效应	固定相应	随机效应	固定相应	随机效应
$W \times FO$	-1.155 *** (-5.69)	-1.245 *** (-6.10)	-0.679 * (-1.76)	-0.985 ** (-2.52)	-1.180 *** (-5.38)	-1.280 *** (-5.50)	-0.445 (-1.40)	-0.895 ** (-2.24)
FO	-0.193 ** (-2.53)	-0.191 ** (-2.50)	-0.240 (-1.42)	-0.091 (-0.53)	-0.201 *** (-2.64)	-0.202 *** (-2.67)	-0.249 (-1.45)	-0.097 (-0.56)
L	0.014 (0.38)	0.061 * (1.67)	0.034 (0.43)	0.163 ** (2.31)	0.025 (0.67)	0.081 ** (2.12)	0.004 (0.04)	0.155 ** (2.13)

续表

变量	SDM 模型				GNS 模型			
	实体经济		虚拟经济		实体经济		虚拟经济	
	固定效应	随机效应	固定效应	随机效应	固定相应	随机效应	固定相应	随机效应
K	0.188 *** (7.90)	0.196 *** (8.19)	0.309 *** (5.83)	0.356 *** (6.50)	0.191 *** (7.81)	0.201 *** (8.09)	0.296 *** (6.01)	0.352 *** (6.48)
HC	0.153 *** (5.36)	0.167 *** (5.81)	0.150 ** (2.46)	0.201 *** (3.24)	0.161 *** (5.21)	0.182 *** (5.70)	0.087 (1.55)	0.175 ** (2.35)
INF	0.077 *** (3.48)	0.086 *** (3.89)	− 0.006 (− 0.11)	− 0.017 (− 0.37)	0.075 *** (3.14)	0.081 *** (3.28)	0.018 (0.48)	− 0.004 (− 0.07)
常数项		4.543 *** (10.40)		− 2.209 *** (− 3.83)		4.739 *** (9.69)		− 2.045 *** (− 3.22)
$W \times STY$	0.474 *** (12.38)	0.433 *** (11.09)			0.458 *** (10.84)	0.404 *** (9.30)		
$W \times STE$					0.155 (0.99)	0.256 * (1.80)		
$W \times XNY$			0.547 *** (10.26)	0.449 *** (8.18)			0.601 *** (10.83)	0.467 *** (7.31)
$W \times XNE$							− 0.537 ** (− 2.00)	− 0.131 (− 0.52)
sigma_e	0.070 *** (29.44)	0.071 *** (29.19)	0.154 *** (29.38)	0.156 *** (28.77)	0.070 *** (29.43)	0.070 *** (29.18)	0.152 *** (28.76)	0.156 *** (28.18)
sigma_u		0.620 *** (7.30)		0.580 *** (6.56)		0.595 *** (7.18)		0.600 *** (6.12)
样本数	465	465	465	465	465	465	465	465
R^2	0.686	0.745	0.712	0.814	0.708	0.774	0.638	0.799
个体效应	Yes	Yes	Yes	Yes	Yes	Yes	Yes	Yes
对数似然值	533.70	461.13	190.29	117.71	534.16	462.57	192.55	117.85

注：* 、** 、*** 分别表示在 10% 、5% 和 1% 的置信水平上显著；小括号内为对应的 T 统计量。

表 7 - 3   空间面板模型回归结果 （空间权重矩阵：经济距离）

变量	SDM 模型				GNS 模型			
	实体经济		虚拟经济		实体经济		虚拟经济	
	固定	随机	固定	随机	固定	随机	固定	随机
$W \times FO$	- 0.970 *** (- 5.11)	- 0.965 *** (- 5.12)	- 0.653 * (- 1.80)	- 0.925 *** (- 2.58)	- 0.836 *** (- 5.23)	- 0.843 *** (- 5.26)	- 0.590 ** (- 2.05)	- 0.829 *** (- 2.87)
FO	- 0.225 *** (- 2.81)	- 0.225 *** (- 2.86)	- 0.190 (- 1.11)	- 0.011 (- 0.07)	- 0.164 ** (- 2.05)	- 0.173 ** (- 2.19)	- 0.156 (- 0.92)	- 0.001 (- 0.01)
L	0.006 (0.15)	0.057 (1.50)	0.047 (0.57)	0.104 (1.61)	- 0.028 (- 0.78)	0.023 (0.63)	- 0.007 (- 0.09)	0.068 (1.07)
K	0.192 *** (8.32)	0.188 *** (8.16)	0.368 *** (7.15)	0.387 *** (7.56)	0.155 *** (7.98)	0.152 *** (7.77)	0.292 *** (6.69)	0.312 *** (6.98)
HC	0.177 *** (5.95)	0.186 *** (6.22)	0.162 *** (2.58)	0.202 *** (3.20)	0.106 *** (4.40)	0.114 *** (4.61)	0.114 ** (2.49)	0.138 *** (2.91)
INF	0.123 *** (5.41)	0.123 *** (5.55)	0.041 (0.87)	- 0.004 (- 0.09)	0.087 *** (4.92)	0.092 *** (5.19)	0.047 (1.40)	0.032 (0.95)
常数项		5.094 *** (12.50)		- 1.550 *** (- 2.78)		4.052 *** (10.23)		- 1.056 ** (- 2.25)
$W \times STY$	0.399 *** (11.42)	0.391 *** (11.30)			0.568 *** (14.11)	0.551 *** (13.33)		
$W \times STE$					- 0.577 *** (- 5.40)	- 0.544 *** (- 4.98)		
$W \times XNY$			0.436 *** (8.53)	0.400 *** (7.99)			0.564 *** (11.59)	0.523 *** (10.53)
$W \times XNE$							- 0.581 *** (- 5.62)	- 0.540 *** (- 5.11)
sigma_e	0.074 *** (29.36)	0.075 *** (29.20)	0.158 *** (29.19)	0.159 *** (28.79)	0.069 *** (27.27)	0.070 *** (27.03)	0.147 *** (27.37)	0.149 *** (27.00)
sigma_u		0.447 *** (7.40)		0.470 *** (6.91)		0.462 *** (7.40)		0.511 *** (7.16)

续表

变量	SDM 模型				GNS 模型			
	实体经济		虚拟经济		实体经济		虚拟经济	
	固定	随机	固定	随机	固定	随机	固定	随机
样本数	465	465	465	465	465	465	465	465
R^2	0.796	0.829	0.812	0.856	0.690	0.760	0.760	0.819
对数似然值	505.48	443.02	177.66	112.51	517.42	453.40	192.15	124.53

注：*、**、*** 分别表示在 10%、5% 和 1% 的置信水平上显著；小括号内为对应的 T 统计量。

由表 7-2 可以看出空间计量模型回归效果较为理想。实体经济模型中控制变量就业人数 L、资本存量 K、人力资本 HC 和基础设施变量 INF 系数符号都与理论预期结果完全一致，除了就业人数 L 对实体经济增长的影响显著性不明显外，其余三个变量对实体经济的增长都产生了积极推动作用。虚拟经济模型中就业人数 L、资本存量 K、人力资本 HC 对虚拟经济增长的影响也具有一定的促进作用，三个变量符号都为正，其中随机模型的系数都通过了显著性水平检验。

金融开放对本地区实体经济和虚拟经济增长的影响具有明显的差异性。SDM 模型和 GNS 模型中无论是固定效应还是随机效应模型，FO 对本地区实体经济增长的影响都是负向的，而对虚拟经济增长则没有明显的影响，该结果与第 4 章结果具有一致性，即金融开放在一定程度上降低了本地区实体经济和虚拟经济的产出比，所以，金融开放可能是引起中国经济出现"脱实向虚"的原因之一。

同时，所有模型 W×FO 系数都为负，初步说明金融开放对地区两类经济增长影响的空间效应表现为地区间相互竞争而不是相互促进。该结果也说明，从整体看中国省际金融开放扩大引起的资源转移效应要大于空间溢出效应，即一个地区扩大金融开放虽然可以给其他地区经济增长带来一定的积极影响，但这种积极影响在很大程度上被其他地区要素转移至金融开放扩大地区而对经济增长产生的负面影响所抵消。同样由于 SDM 模型和 GNS 模型中 W×FO 系数不能代表金融开放对经济增长的空间效应大小，后文对 SDM 模型和 GNS

模型计算发现这两个模型中 FO 的空间效应也都显著为负，表明其他地区金融开放扩大对本地区经济增长产生了显著负面影响，说明中国省际金融开放相互间存在着显著的地区间竞争效应。

另外，无论是固定效应还是随机效应，SDM 模型和 GNS 模型中实体经济模型的 $W \times FO$ 的系数绝对值都大于虚拟经济模型中 $W \times FO$ 系数绝对值，表明金融开放空间效应对其他地区实体经济的负向影响大于对其他地区虚拟经济的影响。该结论进一步说明金融开放在一定程度上加大了中国地区实体经济和虚拟经济非平衡增长，因为金融开放不但对本地区实体经济和虚拟经济的影响存在明显差异，其空间效应对其他地区两类经济增长的影响也存在显著的差异性。由回归结果还看到所有模型中 $W \times STY$ 和 $W \times XNY$ 系数都显著为正，表明无论从实体经济考察还是从虚拟经济考察，中国省际两类经济的 GDP 增长对其他地区两类经济增长都产生了显著的空间溢出效应，这与已有文献的研究结论是一致的。因而从回归结果的有效性看，使用 SDM 模型和 GNS 模型要优于其他空间模型。

表 7 - 3 是使用经济距离权重回归结果。由表中数据可知，与地理距离权重回归结果基本一致。控制变量除劳动力对两类经济增长的影响不明显外，资本存量 K、人力资本 HC 和基础设施 INF 对实体经济增长具有明显的促进作用，前二者还显著地推动了虚拟经济增长。而金融开放对本地实体经济增长同样具有一定的抑制作用，对虚拟经济增长的影响同样不明显。金融开放空间效应同样表现为对两类经济具有负向影响，而且对实体经济的负向影响大于对虚拟经济的负向影响。再次证实了金融开放虽然给中国带来了许多益处，但在一定程度上引起了中国经济"脱实向虚"的事实。

7.4.2　稳健性检验

前述分析发现，使用空间计量模型考察省际金融开放对经济增长的影响表现出地区间的相互竞争，即一个地区金融开放扩大可能因为引起其他地区出现资源转移效应大于溢出效应而对其他地区经济增长产生了不利影响，而且对其他地区实体经济增长的负向影响大于对其他地区虚拟经济增长的负向影响。为了验证回归结果的准确性和可信度，本章对研究结果从两个方面进行稳健性检验。

前文分析使用省际中心地理距离和经济距离作为空间权重矩阵得到的回归结果具有一致性。为了进一步验证结果的准确性和稳健性，同时，考虑到可能存在的空间内生性问题。本章使用动态空间杜宾模型考察省际金融开放和经济增长之间的关系。回归结果见表 7-4。无论是使用地理距离空间权重还是使用经济距离空间权重，回归结果都表明空间权重矩阵与金融开放交乘项 $W \times FO$ 系数符号为负，进一步说明一个地区实行金融开放对本地区经济增长产生影响的同时，确实还会受到其他地区金融开放扩大对该地区经济增长造成的空间效应影响。而且金融开放的空间效应对实体经济增长的影响显著大于对虚拟经济增长的影响，表 7-4 中实体经济模型的 $W \times FO$ 系数都显著，虚拟经济模型 $W \times FO$ 系数则未通过显著性检验。动态模型结论也再次表明前文回归结果的稳健性。

表 7-4 　　　　　　　 稳健性检验（动态 SDM 模型）回归结果

变量	地理距离		经济距离	
	实体经济	虚拟经济	实体经济	虚拟经济
$W \times FO$	-1.155 *** (-3.19)	-0.679 (-1.15)	-0.970 *** (-2.73)	-0.653 (-1.13)
FO	-0.193 (-1.52)	-0.240 (-0.97)	-0.225 (-1.60)	-0.190 (-0.77)
L	0.014 (0.23)	0.034 (0.26)	0.006 (0.10)	0.047 (0.31)
K	0.188 *** (5.18)	0.309 *** (2.86)	0.192 *** (5.75)	0.368 *** (3.48)
HC	0.153 ** (2.29)	0.150 (0.98)	0.177 ** (2.41)	0.162 (0.97)
INF	0.077 *** (2.87)	-0.006 (-0.06)	0.123 *** (3.65)	0.041 (0.44)
Spatial rho	0.474 *** (5.86)	0.547 *** (6.76)	0.399 *** (4.84)	0.436 *** (6.32)

续表

变量	地理距离		经济距离	
	实体经济	虚拟经济	实体经济	虚拟经济
Variance sigma2_e	0.005 *** (5.83)	0.022 *** (5.04)	0.005 *** (5.17)	0.023 *** (5.07)
样本数	465	465	465	465
R^2	0.686	0.712	0.796	0.812

注：*、**、*** 分别表示在 10%、5% 和 1% 的置信水平上显著；小括号内为对应的 T 统计量。

7.4.3　空间效应实际值计算

金融开放影响经济增长的空间效应表现为地区间相互促进还是相互竞争可以由空间模型的交互项 $W \times FO$ 系数的符号和显著性初步确定。如果系数为正且显著，初步说明这种空间效应为地区间的相互促进，即一个地区金融开放对其他地区经济增长具有促进作用。如果系数为负且显著，初步说明这种空间效应为地区间的相互竞争，即一个地区金融开放可能导致资源转移效应而对其他地区经济增长产生不利影响。但是要最终确定这种空间效应是否显著以及空间效应的大小不能只看 $W \times FO$ 回归系数的显著性以及大小，对于 SDM 模型和 GNS 模型来说还需要进行相应的计算才能确定。根据式（7-3）有：

$$\left[\frac{\partial Y_i}{\partial X_1} \atop \vdots \atop \frac{\partial Y_i}{\partial X_n} \right]' = \begin{bmatrix} \frac{\partial Y_1}{\partial X_1} & \cdots & \frac{\partial Y_1}{\partial X_n} \\ \vdots & & \vdots \\ \frac{\partial Y_n}{\partial X_1} & \cdots & \frac{\partial Y_n}{\partial X_n} \end{bmatrix} = (I - \rho W)^{-1} \begin{bmatrix} \alpha_k & w_{12}\theta_k & \cdots & w_{1n}\theta_k \\ w_{21}\theta_k & \alpha_k & \cdots & w_{2n}\theta_k \\ \vdots & \vdots & & \vdots \\ w_{n1}\theta_k & w_{n2}\theta_k & \cdots & \alpha_k \end{bmatrix}$$

$$(7-10)$$

其中，右边矩阵主对角元素的均值为解释变量 X 对被解释变量 Y 的直接效应，本章表示各地区金融开放对本地区经济增长影响的均值，包括反馈效应，即一个地区金融开放对其他地区经济增长的影响又反过来影响该地区的经济增长。空间效应（间接效应）等于右边矩阵中除主对角元素外其他所有元素的均值，用于衡量其他地区解释变量 X 对本地区被解释变量 Y 的平均影响，本章即为其他所有相关地区金融开放对本地区经济增长影响的均值。根据表 7 - 2 和表 7 - 3 中回归模型计算出四个固定效应模型的空间效应（间接效应）值及其显著性见表 7 - 5。由表 7 - 5 可知，两种距离权重下所有模型空间效应计算结果都显著为负，表明各地区金融开放扩大并未促进彼此地区经济增长；相反，可能因为金融开放引起资源转移效应而导致各地区在资本、劳动力或者其他要素等方面出现相互竞争，最终对彼此地区经济增长造成不利影响。计算结果再次表明，金融开放空间效应对其他地区实体经济增长的负向影响大于对其他地区虚拟经济增长的负向影响。

表 7 - 5 金融开放影响两类经济增长空间效应计算结果

模型	地理距离权重		经济距离权重	
	实体经济	虚拟经济	实体经济	虚拟经济
SDM	− 2. 323 *** （− 3. 16）	− 1. 748 *** （− 2. 26）	− 1. 678 *** （− 6. 58）	− 1. 239 ** （− 2. 17）
GNS	− 2. 301 *** （− 6. 91）	− 1. 454 *** （− 2. 30）	− 2. 024 *** （− 8. 21）	− 1. 464 *** （− 2. 86）

注：*、**、*** 分别表示在 10%、5% 和 1% 的置信水平上显著；小括号内为对应的 T 统计量。

7.5 金融开放空间效应传导渠道检验

在验证了金融开放的空间效应基础上，根据本章理论框架分析思路，本章从资源转移效应角度检验金融开放产生空间效应的传导渠道[①]。在模型（7 -7）、模型（7 -8）的基础上进一步设定如下模型：

---

① 金融开放引起的空间技术溢出效应对其他地区经济增长产生影响已有相应文献进行了研究，如韩峰等（2014）、白俊红等（2017），因而本书未再进行技术溢出的中介效应检验。

$$MED_{it} = \alpha_0 + \gamma_1 FO_{it} + \varphi \sum_{j \neq i} w_{ijt} FO_{jt} + \gamma_2 CTRL_{it} + \delta_i + \sigma_t + \mu_{it}$$

$$(7-11)$$

$$Y_{it} = \alpha_0 + \rho \sum_{j \neq i} w_{ijt} Y_{jt} + \gamma_3 FO_{it} + \tau \sum_{j \neq i} w_{ijt} FO_{jt} + \vartheta MED_{it}$$
$$+ \gamma_4 CTRL_{it} + \delta_i + \sigma_t + \mu_{it}$$

$$(7-12)$$

式（7－7）、式（7－8）、式（7－11）和式（7－12）共同构成传导渠道中介效应检验程序，其中MED_{it}为中介变量，即金融开放产生空间效应的传导渠道。根据钱雪松等（2015）介绍的检验步骤进行检验：第一步，首先检验式（7－7）和式（7－8）中的系数θ，如果θ不显著，则传导渠道中介效应检验终止，因为前文实证分析已经验证系数θ显著，因而可以进入下一步继续检验。第二步，检验系数φ和ϑ的显著性，如果二者都显著则继续检验τ，τ不显著则为完全中介效应，τ显著则表明中介效应显著；如果二者至少有一个不显著，则需进一步进行 Sobel 检验。Sobel 检验显著表明中介效应显著，不显著表明中介效应不显著。

表 7 - 6　　　　　金融开放影响经济增长空间效应传导渠道检验结果

变量	被解释变量：净流出人口数		被解释变量：实际 GDP 对数值			
	地理距离	经济距离	地理距离		经济距离	
			SDM	GNS	SDM	GNS
$W \times FO$	10. 510 *** (5. 26)	1. 877 ** (2. 15)	- 1. 555 *** (- 8. 19)	- 1. 599 *** (- 6. 77)	- 1. 080 *** (- 6. 46)	- 0. 626 *** (- 3. 33)
FO	0. 471 (1. 26)	0. 585 (1. 62)	0. 099 (1. 45)	0. 093 (1. 41)	0. 117 * (1. 67)	0. 133 ** (1. 97)
MED			- 0. 029 *** (- 3. 23)	- 0. 027 *** (- 3. 05)	- 0. 035 *** (- 3. 82)	- 0. 028 *** (- 3. 26)
K	- 0. 437 *** (- 3. 57)	- 0. 286 *** (- 2. 78)	0. 254 *** (12. 29)	0. 265 *** (11. 88)	0. 217 *** (10. 96)	0. 324 *** (15. 48)
HC	62. 193 ** (2. 45)	- 4. 659 (- 0. 22)	13. 376 *** (3. 44)	8. 217 * (1. 80)	15. 013 *** (3. 74)	1. 542 (0. 38)

续表

变量	被解释变量：净流出人口数		被解释变量：实际 GDP 对数值			
	地理距离	经济距离	地理距离		经济距离	
			SDM	GNS	SDM	GNS
L	−0.016 (−0.07)	0.277 ** (2.31)	0.325 *** (8.95)	0.364 *** (9.40)	0.418 *** (12.46)	0.339 *** (9.39)
INF	−0.476 *** (−3.35)	−0.396 *** (−3.58)	0.063 *** (2.97)	0.054 ** (2.19)	0.054 ** (2.50)	0.005 (0.21)
$W \times GDP$			0.179 *** (4.00)	0.109 ** (2.07)	0.052 (1.43)	0.218 ** (2.37)
$W \times E$				0.448 *** (3.83)		−0.691 *** (−4.76)
sigma_e	0.319 *** (29.46)	0.336 *** (29.46)	0.062 *** (29.46)	0.061 *** (29.27)	0.064 *** (29.46)	0.055 *** (25.72)
样本数	465	465	465	465	465	465
R^2	0.011	0.101	0.704	0.713	0.675	0.753
对数似然值	−119.992	−141.799	393.559	598.961	579.864	627.172
固定效应	Yes	Yes	Yes	Yes	Yes	Yes

注：MED 为金融开放产生空间效应的中介变量，使用各省净流出人口衡量；此表数据为整体经济，未区分实体经济和虚拟经济；*、**、*** 分别表示在10%、5%和1%的置信水平上显著；小括号内为对应的 T 统计量。

考虑到劳动力资源转移更加容易以及数据的可获得性，本章选取各省份净流出人口作为资源转移中介变量对金融开放空间效应传导渠道进行相应检验，检验结果见表 7-6。很显然，系数 φ 和 ϑ 都通过显著性检验。两种距离权重情形下系数 φ 都显著为正，表明其他地区金融开放扩大会造成本地区劳动力流出。而两种距离权重情形下 SDM 模型和 GNS 模型中系数 ϑ 都显著为负，说明劳动力流出确实对本地经济增长产生了负面影响。另外，系数 τ 非常显著，因而其他地区金融开放引起本地劳动人口流出对本地经济增长产生负向影响的中介效应显著。检验结果验证了前文理论分析思路，金融开放确实通过资源转移效应而对地区差距产生显著影响。

7.6 金融开放度大小差异与空间效应影响差异性

前述回归结果得知各地区金融开放对经济增长影响的空间效应表现为地区间相互竞争，同时，相对虚拟经济增长的负向影响而言，这种空间效应对其他地区实体经济增长的负向影响要更大一些。但这些结果并不清楚地区金融开放程度大小差异与空间效应大小的关系。即金融开放度大的地区进一步扩大金融开放对其他地区经济增长产生的空间效应大还是金融开放度小的地区扩大金融开放对其他地区经济增长产生的空间效应大？为了弄清此问题，本章根据各地区金融开放度按小到大的顺序排列，将空间权重矩阵拆分为两个子空间权重矩阵：$W1$ 和 $W2$，分别考察金融开放度相对小的地区对其他地区经济增长影响的空间效应，以及金融开放度相对大的地区对其他地区经济增长影响的空间效应，见式（7－13）和式（7－14）。同时，考察金融开放度相对大小对其他地区实体经济和虚拟经济增长影响的差异性。

$$W1 = \begin{bmatrix} 0 & D_{1,2} & \cdots & D_{1,16} & 0 & 0 & \cdots & 0 \\ D_{2,1} & 0 & \cdots & D_{2,16} & 0 & 0 & \cdots & 0 \\ \vdots & \vdots & & \vdots & \vdots & \vdots & & \vdots \\ D_{31,1} & D_{31,2} & \cdots & D_{31,16} & 0 & 0 & \cdots & 0 \end{bmatrix} \quad (7-13)$$

$$W2 = \begin{bmatrix} 0 & 0 & \cdots & 0 & D_{1,17} & D_{1,18} & \cdots & D_{1,31} \\ 0 & 0 & \cdots & 0 & D_{2,17} & D_{2,18} & \cdots & D_{2,31} \\ \vdots & \vdots & & \vdots & \vdots & \vdots & & \vdots \\ 0 & 0 & \cdots & 0 & D_{31,17} & D_{31,18} & \cdots & 0 \end{bmatrix} \quad (7-14)$$

其中，$W1$ 矩阵中前 16 列 ×31 行元素值表示金融开放度相对较小的 16 个省份与其他省份距离的倒数，后 15 列 ×31 行元素值全为零。$W2$ 矩阵中前 16 列 ×31 行元素值全为零，后 15 列 ×31 行元素值表示金融开放度相对较大的 15 个省份与其他省份距离的倒数。根据前文分析，不管是使用地理距离作为空间权重矩阵还是使用经济距离作为空间权重矩阵，SDM 模型和 GNS 模型回归结果都显示省际金融开放对经济增长的空间效应显著为负，即两种空间权重情形下都证实各省份金融开放对经济增长的影响存在显著的地区竞争，并且这种地区竞争对实体经济的负面影响更大。为了更深入地分析不同金融开放度的空间效应对两类经济增长影响的差异性，本章对两种空间权重矩阵都进行划分。同时，为了使实证结果具有可信性和稳健性，对 SDM 和 GNS 两个模型都进行固定效应回归，空间效应的回归结果和计算结果分别见表 7 - 7、表 7 - 8 和表 7 - 9 所示。

表 7 - 7　不同金融开放度对经济增长影响的空间效应差异 I　（地理距离）

变量	实体经济（W1）		虚拟经济（W1）		实体经济（W2）		虚拟经济（W2）	
	SDM	GNS	SDM	GNS	SDM	GNS	SDM	GNS
$W \times FO$	- 2.015 ***	- 2.020 ***	- 2.152 ***	- 1.538 **	- 0.711 ***	- 0.804 ***	- 0.240	- 0.079
	（ - 4.62）	（ - 4.64）	（ - 2.78）	（ - 2.33）	（ - 5.60）	（ - 5.09）	（ - 0.95）	（ - 0.38）
FO	- 0.175 **	- 0.175 **	- 0.200	- 0.208	- 0.233 ***	- 0.262 ***	- 0.221	- 0.271
	（ - 2.17）	（ - 2.16）	（ - 1.15）	（ - 1.20）	（ - 3.07）	（ - 3.49）	（ - 1.30）	（ - 1.53）
N	0.017	0.015	0.023	- 0.000	0.011	0.031	0.064	- 0.002
	（0.45）	（0.39）	（0.29）	（ - 0.00）	（0.29）	（0.85）	（0.79）	（ - 0.02）
K	0.187 ***	0.186 ***	0.310 ***	0.298 ***	0.180 ***	0.183 ***	0.345 ***	0.304 ***
	（7.53）	（7.36）	（5.72）	（5.88）	（7.66）	（7.58）	（6.56）	（6.47）
HC	0.146 ***	0.146 ***	0.170 ***	0.115 **	0.165 ***	0.197 ***	0.146 **	0.051
	（5.01）	（4.96）	（2.81）	（2.00）	（5.83）	（5.97）	（2.32）	（1.03）
INF	0.070 ***	0.069 ***	- 0.027	0.006	0.088 ***	0.077 ***	0.011	0.025
	（2.91）	（2.86）	（ - 0.53）	（ - 0.13）	（4.00）	（3.00）	（0.23）	（0.74）
$W \times STY$	0.456 ***	0.458 ***			0.491 ***	0.440 ***		
	（11.67）	（10.67）			（12.68）	（9.55）		
$W \times STE$		- 0.015				0.344 ***		
		（ - 0.10）				（2.75）		
$W \times XNY$			0.524 ***	0.565 ***			0.506 ***	0.639 ***
			（10.11）	（10.61）			（9.27）	（11.96）
$W \times XNE$				- 0.429 *				- 0.813 ***
				（ - 1.94）				（ - 3.66）

续表

变量	实体经济（*W1*）		虚拟经济（*W1*）		实体经济（*W2*）		虚拟经济（*W2*）	
	SDM	GNS	SDM	GNS	SDM	GNS	SDM	GNS
sigma_e	0.072 *** (29.44)	0.072 *** (29.44)	0.154 *** (29.40)	0.152 *** (29.15)	0.071 *** (29.43)	0.070 *** (29.37)	0.158 *** (29.39)	0.152 *** (28.36)
样本数	465	465	465	465	465	465	465	465
R²	0.700	0698	0.718	0.661	0.691	0.742	0.752	0.616

注：固定效应模型；*、**、*** 分别表示在 10%、5% 和 1% 的置信水平上显著；小括号内为对应的 T 统计量。

表 7-8　不同金融开放度对经济增长影响的空间效应差异 Ⅱ（经济距离）

变量	实体经济（*W1*）		虚拟经济（*W1*）		实体经济（*W2*）		虚拟经济（*W2*）	
	SDM	GNS	SDM	GNS	SDM	GNS	SDM	GNS
$W \times FO$	-2.161 *** (-5.96)	-1.814 *** (-6.05)	-2.037 *** (-2.96)	-1.328 *** (-2.60)	-0.528 *** (-5.37)	-0.527 *** (-5.46)	-0.330 (-1.61)	-0.060 (-0.32)
FO	-0.172 ** (-2.10)	-0.136 * (-1.76)	-0.077 (-0.44)	-0.185 (-1.12)	-0.249 *** (-3.32)	-0.235 *** (-3.06)	-0.100 (-0.58)	-0.242 (-1.40)
L	0.040 (1.05)	-0.033 (-0.91)	0.084 (1.04)	0.055 (0.75)	0.019 (0.50)	0.005 (0.13)	0.069 (0.79)	0.093 (1.25)
K	0.227 *** (9.42)	0.179 *** (8.87)	0.420 *** (8.07)	0.286 *** (6.30)	0.159 *** (6.91)	0.161 *** (7.17)	0.439 *** (8.29)	0.307 *** (7.04)
HC	0.143 *** (4.74)	0.085 *** (3.63)	0.131 ** (2.05)	0.092 ** (1.98)	0.196 *** (6.85)	0.179 *** (5.72)	0.186 *** (2.79)	0.113 ** (2.54)
INF	0.096 *** (4.07)	0.043 ** (2.39)	0.009 (0.18)	-0.013 (-0.38)	0.145 *** (6.59)	0.139 *** (6.74)	0.091 * (1.90)	0.109 *** (3.27)
$W \times STY$	0.368 *** (10.76)	0.559 *** (14.84)			0.434 *** (12.66)	0.457 *** (11.33)		
$W \times STE$		-0.619 *** (-6.86)				-0.106 (-1.06)		

续表

变量	实体经济（W1）		虚拟经济（W1）		实体经济（W2）		虚拟经济（W2）	
	SDM	GNS	SDM	GNS	SDM	GNS	SDM	GNS
$W \times XNY$			0.399 *** (8.31)	0.585 *** (12.69)			0.314 *** (5.85)	0.526 *** (10.53)
$W \times XNE$				−0.658 *** (−6.68)				−0.669 *** (−8.55)
sigma_e	0.074 *** (29.42)	0.069 *** (28.39)	0.158 *** (29.37)	0.146 *** (27.98)	0.072 *** (29.38)	0.072 *** (29.25)	0.166 *** (29.38)	0.150 *** (27.91)
样本数	465	465	465	465	465	465	465	465
R²	0.812	0.643	0.822	0.749	0.813	0.797	0.834	0.791

注：固定效应模型；＊、＊＊、＊＊＊分别表示在10%、5%和1%的置信水平上显著；小括号内为对应的T统计量。

表7 – 9　不同金融开放度对经济增长影响的空间效应差异（计算结果）

模型	地理距离权重				经济距离权重			
	实体经济		虚拟经济		实体经济		虚拟经济	
	W1（小）	W2（大）	W1（小）	W2（大）	W1（小）	W2（大）	W1（小）	W2（大）
SDM	−3.785 *** (−5.93)	−1.587 *** (−7.97)	−3.646 *** (−3.03)	−0.696 (−1.53)	−3.410 *** (−7.11)	−1.075 *** (−7.49)	−3.325 *** (−3.13)	−0.509 * (−1.86)
GNS	−3.806 *** (−5.71)	−1.611 *** (−6.30)	−3.723 *** (−2.82)	−0.680 * (−1.84)	−4.113 *** (−8.63)	−1.119 *** (−7.67)	−3.319 *** (−3.20)	−0.377 (−1.42)

注：固定效应模型；＊、＊＊、＊＊＊分别表示在10%、5%和1%的置信水平上显著；小括号内为对应的T统计量。

　　由表7－7、表7－8和表7－9数据可知，无论是回归系数还是计算结果，整体上看金融开放度相对小的地区扩大金融开放对其他地区经济增长产生的空间效应都显著大于金融开放度相对大的地区扩大金融开放产生的空间效应。即两个表中W1作为空间权重矩阵时 $W \times FO$ 的系数绝对值都大于W2作为空间权重矩阵时 $W \times FO$ 的系数绝对值。比如表7－7中，W1作为权重时实体经济SDM模型和GNS模型的 $W \times FO$ 系数分别为−2.015和−2.020，分别大于

$W2$ 作为权重时实体经济 SDM 模型和 GNS 模型的 $W \times FO$ 系数 -0.711 和 0.804。

出现这种情形的原因可能是：首先，金融开放度不同引起的资源转移效应大小不同，金融开放度相对小的地区扩大金融开放带来的资源转移效应相对更大。金融开放度相对小的地区对应的一般是金融抑制程度相对大的地区，金融抑制可能使得不少投资项目因缺乏资金而延迟甚至被搁置起来，从而这些地区的资源包括劳动力等生产要素可能流出至外地。一旦这些地区扩大金融开放，企业获得贷款能力增强、融资渠道增加，不但被搁置的投资得以启动，还会出现许多新的投资项目，加之吸引更多外商直接投资，使得这些地区对劳动力和其他生产要素需求增加，不但吸引回原来流出的各种要素，而且还可能吸引更多其他地区劳动力和其他生产要素，从而影响到其他地区的投资和经济增长。在这个过程中受影响最大的最有可能是金融开放度同样小而不扩大金融开放的地区，因为这些地区的劳动力或者其他生产要素会被扩大金融开放的地区吸引过去，即出现更大资源转移效应，导致这些地区投资可能更进一步减少。当然，金融开放度相对较大的地区进一步扩大金融开放，也会因为投资增加引起对劳动力和其他生产要素需求的增加产生资源转移效应而影响到其他地区经济增长，但这种影响与金融开放度小的地区扩大金融开放带来的资源转移效应相对要小一些。因为金融开放度相对较大地区再扩大金融开放带来的投资增加程度可能没有金融开放度小的地区扩大金融开放带来的投资增加的程度大，因而吸引其他地区的劳动力和其他生产要素的数量相对也要少一些。所以金融开放度相对小的地区一旦扩大金融开放，从其他地区吸引的生产要素相对更多一些。其次，金融开放度相对大的地区产生的空间溢出效应相对更大一些。根据已有文献可知，金融开放显著提高了开放地区各种技术和全要素生产率，继而对其他地区产生正向技术溢出效应。金融开放越大获得的先进技术可能越多，开放地区技术和全要素生产率提高得相对更多，对其他地区产生的空间溢出效应也相对更大。前文理论部分分析指出金融开放对经济增长影响的空间效应大小由资源转移效应 $Y_2^1 Y_2^3$ 和空间溢出效应 $Y_2^1 Y_2^2$ 差额决定，由以上分析有 $(Y_2^1 Y_2^3)^{W1} > (Y_2^1 Y_2^3)^{W2}$，$(Y_2^1 Y_2^2)^{W1} < (Y_2^1 Y_2^2)^{W2}$，因而得到 $(Y_2^1 Y_2^3)^{W1} - (Y_2^1 Y_2^2)^{W1} > (Y_2^1 Y_2^3)^{W2} - (Y_2^1 Y_2^2)^{W2}$，因而 $W1$ 权重矩阵回归和计算出的空间效应相应相对更大一些。

7.7 本章小结

以往大多数文献都是研究金融开放与本地经济增长的关系，其假设前提是一个地区经济增长只受本地区金融开放的影响，不受其他地区金融开放的影响。与已有文献不同，本章主要研究金融开放对经济增长影响的空间效应，即研究其他地区金融开放对本地区经济增长产生怎样的影响。一个地区实行金融开放可能通过两种效应影响其他地区的经济增长，一是金融开放对经济增长产生空间溢出效应，二是金融开放扩大对其他地区要素投入需求增加使得其他地区出现资源转移效应。前者表现为一个地区金融开放有利于促进其他地区经济增长，后者表现为一个地区金融开放因与其他地区竞争资源而不利于其他地区经济增长。这两种效应的综合结果怎样需要进行相应的实证研究进行详细深入考察。通过使用中国 2003～2017 年省际数据和 SDM 与 GNS 空间计量模型分析，发现这两种效应产生的最终结果是金融开放对经济增长影响的空间效应表现为显著的地区间相互竞争，即其他地区金融开放对本地区经济增长影响的空间效应均值显著为负，说明金融开放引起的资源转移效应要大于空间溢出效应。进一步分析发现，金融开放度相对小的地区影响经济增长产生的空间效应要大于金融开放度相对大的地区产生的空间效应。从空间效应的动态特征看，短期效应要大于长期效应，并且随着时间推移，空间效应呈现逐步减弱趋势。同时，金融开放对实体经济影响的空间效应大于对虚拟经济影响的空间效应，即其他地区金融开放对本地区实体经济产出增长的负向影响大于对本地区虚拟经济产出增长的负向影响。该结论进一步表明金融开放可能还通过空间效应引起各地区两类经济非平衡增长，与前述章节的研究结论相一致。

根据研究结论得到以下启示：第一，一个地区为促进本地区经济增长和降低其他地区金融开放扩大带来的竞争效应最佳选择是保持相对较大的金融开放度。从本章实证结果看，省际金融开放度对本地区经济增长产生了明显的促进作用，鉴于中国整体金融开放度相对于世界很多国家还处于相对较低水平的现实，加快国内金融改革，进一步扩大金融开放对中国经济平稳高质量增长具有重要意义。第二，从国内看，缩小各地区金融开放度差异有利于促进中国各地区经济平衡发展。由于金融开放度差异较大的地区之间可能因金融开放政策差异而引起地区间较大的资源转移效应，造成地区间收入不平等和经济发展不平衡，研究表明金融开放度相对较大的地区产生的空间效应相对要小，因而各地区在保持较高的金融开放度的同时，应尽量缩小与其他地区金融开放度的差异。为了避免其他地区金融开放带来的竞争效应，各省份应积极扩大本地区金融开放度。通过建立有效的资本市场吸引更多外资，提高本省金融市场竞争性从而降低企业融资成本，促进本地区企业增加投资从而减少本地劳动力和资本等生产资源向其他地区转移。第三，从全球看，与其他国家相比保持相对较高的金融开放度更有利于中国经济增长。由于一国或者一个地区金融开放度较小时，不管是面对金融开放度小的国家还是面对金融开放度大的国家，其面临的各种竞争尤其是生产要素方面的竞争比金融开放度大的国家或者地区面临的竞争都要大。因而政府可以通过相应的倾斜政策促进金融开放度较低的地区扩大金融开放程度，加快本地区金融发展步伐，以缩小地区间的差距。如通过 FDI 优惠政策积极引导外资流向开放程度较小的地区，鼓励这些地区积极开展对外贸易等。

第 8 章

金融开放与实体经济行业资本配置效率

8.1 引 言

本书前几章实证考察了中国金融开放对实体经济和虚拟经济增长的影响，研究表明金融开放对两类经济增长的影响存在显著差异性，金融开放与实体经济增长存在负向关系，而与虚拟经济增长存在正向关系。本章与接下来的两章将进一步考察金融开放影响两类经济非平衡增长的路径，主要研究金融开放是否通过影响实体经济资本配置效率、投资结构和企业债务融资能力而造成两类经济非平衡增长。本章主要研究金融开放对实体经济核心行业工业行业资本配置效率的影响。借鉴沃格勒（Wurgler，2000）的研究思路，研究行业产出增长与固定资产投资额增长之间的关系，若前者对后者有正向影响说明成长型行业引起投资增加，该行业资本配置有效。如果金融开放提高了工业行业资本配置效率，表明金融开放逐步扩大进程中，对于成长型工业行业投资具有促进作用，即金融开放引起的资本流动可能更多地进入实体经济行业，促使工业行业随着产出增加将更多资金投向固定资产投资，引起实体经济增长快于虚拟经济增长，因而金融开放有助于减轻两类经济非平衡增长程度，否则，就会加大两类经济非平衡增长和经济"脱实向虚"程度。

本章首先对工业行业资本配置效率进行多方面核算，主要目的是从各个角度了解中国工业行业近 20 年来资本配置效率状况。具体核算包括：第一，分年度估算每年中国工业行业总体配置效率；第二，分地区估算各地区工业行业资本配置效率；第三，分行业估算各工业行业资本配置效率；第四，分年度分地区估算每年每个地区工业行业资本配置效率。其中前面三种效率估算主要是了解研究样本期间中国工业总体资本配置效率随着年代变化情形，以及工业行业资本配置效率的地区差异和行业差异。第四种方法估算的效率值作为本章回归分析的样本值，并从三个方面考察金融开放对资本配置效率的影响。

已有文献一般都使用最小二乘法估算行业资本配置效率。例如，李青原等（2013）借鉴沃格勒（Wurgler, 2000）资本配置效率估算模型，分年度分地区估算了中国30个省份27个工业行业的资本配置效率值。韩立岩和王哲兵（2005）估算了中国1993～2002年37个行业的资本配置效率。使用沃格勒的方法估算行业资本配置效率时，如果回归系数显著则表明行业资本配置有效，不显著表明行业资本配置无效。但已有文献在估算资源配置效率时都未交代最小二乘法估计行业资本配置效率值的显著性，默认各行业在发展中资本配置是有效的。沃格勒的文章自身也没有说明是否将资本配置效率估算系数不显著的国家在后续的研究中进行删除。这存在明显的问题，如果估计系数不显著，说明该行业资本配置是无效率的，那么估算出来的效率值本身毫无意义，该值就不能作为被解释变量的一个样本进入后续的研究。如果进一步研究某解释变量对资本配置效率的影响，则对于行业资本配置无效的样本值应该去除，否则会影响研究结论。笔者在对中国2000～2016年中国37个工业行业资本配置效率进行估算时，发现无论是分年度分行业还是分年度分地区，使用沃格勒资本配置效率模型估算资本配置效率时，都会出现估算系数不显著的情形。

为了更准确地考察金融开放对工业行业资本配置效率的影响，本章在实证分析时从三个方面对该研究主题进行了深入研究：一是将资本配置效率显著的样本合成样本数据作为被解释变量的全部样本；二是将资本配置效率不显著的样本与显著的样本全部合并作为被解释变量的全部样本；三是使用交乘项方法，直接研究金融开放对资本配置效率系数值的影响。

8.2 金融开放影响资本配置效率机制分析

8.2.1 金融开放影响投资

金融开放会加快国内外资本跨境流动，影响国内投资，因而对国内资本配置效率产生影响。一方面，金融开放通过吸引国外资本进入国内经济，提高国内经济投资效率，同时，更加自由的资本跨境流动有利于国内投资项目获得更多资金，因而对国内资本配置效率产生积极影响。另一方面，金融开放使得流入的国外资本进入国内投资与国内资本进行竞争，从而造成国内用于固定资产投资的部分资本被挤出而不利于资本配置效率提高。另外，因金融开放程度扩大而跨境流入的国外资本可能更多地进入虚拟经济而降低国内实体经济资本配置效率。

8.2.2 金融开放影响金融发展

金融开放在促进国内金融发展的同时，也可能使得国内金融系统风险增加，从而影响国内资本配置效率。一方面，金融开放能够通过缓解金融抑制、提高金融效率而促进金融发展，更加完善的金融发展有利于减少信息不对称和交易成本，并且有助于技术创新、产业创新，从而提高资本配置效率。另一方面，金融开放扩大对国内金融系统会产生一定的负面冲击。外资银行进入引起的激烈竞争可能对国内银行产生负面影响，金融系统更容易受到国外金融危机的影响而增加金融风险。另外，金融开放增加了投机性冲击、资本外逃和汇率波动风险，使得国内金融脆弱性增强，这些负面影响都不利于国内资本配置效率的提升。

8.3　研究设计和变量选取

8.3.1　研究设计

8.3.1.1　工业行业总体资本配置效率估算

本章研究样本为中国31个省份的37个工业行业[①]，资本配置效率估算期间为2000~2016年。由于其他采矿业（行业编号11）数据缺失严重，因而未将该行业纳入研究范畴。同时，考虑到研究样本期间所有年份数据的一致性，将2000~2011年橡胶制品业（行业编号29）和塑料制品业（行业编号30）合并为橡胶和塑料制品业（行业编号30），与2012~2016年的数据统计口径相同。为了估算样本期间工业行业每年资本配置效率及其随时间变化的变动情形，首先对样本分年度进行回归。每年31个地区、每个地区37个行业构成面板数据进行回归，具体回归方程为式（8-1）。

$$\ln\left(\frac{I_{ij,t}}{I_{ij,t-1}}\right) = \alpha_t + \eta_t \ln\left(\frac{V_{ij,t}}{V_{ij,t-1}}\right) + \varepsilon_t \qquad (8-1)$$

其中，I 和 V 分别为工业行业固定资产净额和工业行业总产值[②]，$\ln(I_{ij,t}/$

---

① 37个工业行业编号及名称：06煤炭开采和洗选业；07石油和天然气开采业；08黑色金属矿采选业；09有色金属矿采选业；10非金属矿采选业；13农副食品加工业；14食品制造业；15饮料制造业；16烟草制品业；17纺织业；18纺织服装、鞋、帽制造业；19皮革、毛皮、羽毛（绒）及其制品业；20木材加工及木、竹、藤、棕、草制品业；21家具制造业；22造纸及纸制品业；23印刷业和记录媒介的复制；24文教体育用品制造业；25石油加工、炼焦及核燃料加工业；26化学原料及化学制品制造业；27医药制造业；28化学纤维制造业；30橡胶和塑料制品业；31非金属矿物制品业；32黑色金属冶炼及压延加工业；33有色金属冶炼及压延加工业；34金属制品业；35普通机械制造业；36专用设备制造业；37交通运输设备制造业；39武器弹药制造业；40电气机械及器材制造业；41电子及通信设备制造业；42仪器仪表及文化、办公用机械制造业；43其他制造业；44电力、蒸汽、热水的生产和供应业；45燃气生产和供应业；46自来水的生产和供应业。其中11其他采矿业数据缺失严重，为了使数据一致，29橡胶制品业和30塑料制品业合并为30橡胶和塑料制品业。

② 由于2000~2016年工业行业固定资产净值平均余额和工业增加值数据缺失严重，所以分别使用固定资产净额和工业总产值作为行业固定资产投资和行业增长的代理变量。

$I_{ij,t-1}$)、$\ln(V_{ij,t}/V_{ij,t-1})$ 为二者的增长率,为了排除异常值影响,回归分析时将二者增长率大于 1 的样本都剔除。η_t 为所有地区所有工业行业 t 年的资本配置效率。η_t 符号为正表示行业资本配置有效,且值越大资本配置效率越高;η_t 系数不显著或者符号为负表示行业资本配置无效。$i=06$,07,$\cdots$,46,代表 37 个工业行业编号。$j=1$,2,$\cdots$,31,代表 31 个地区,$t=2000$,2001,$\cdots$,2016,为研究样本期。

8.3.1.2 各地区和各行业资本配置效率估算

考虑到工业行业发展差异性以及地区发展非平衡性,除了估算工业行业总体资本配置效率外,还从另外两个方面对工业行业的资本配置效率进行估算:一是从地区视角估算每个地区工业行业的资本配置效率,以比较 31 个地区工业行业资本配置效率的差异性。比如估算北京地区工业行业资本配置效率时,将 2000~2016 年每年北京地区的 37 个工业行业数据作为样本数据,共 17 年 ×37 个行业 =629 个样本构成年度行业面板数据,回归后可以得到北京地区样本期间的资本配置效率值。二是从行业视角估算每个工业行业的资本配置效率,以比较不同工业行业资本配置效率的差异性。比如估算煤炭开采和洗选业(行业编号 06)资本配置效率时,将 2000~2016 年每年 31 个地区该行业的数据作为样本数据,共 17 年 ×31 个地区 =527 个样本构成年度地区面板数据,回归后可以得到煤炭开采和洗选业样本期间的资本配置效率值。[①] 具体估算模型分别为式(8-2)和式(8-3)。

$$\ln\left(\frac{I_{ji,t}}{I_{ji,t-1}}\right) = \alpha_j + \eta_j \ln\left(\frac{V_{ji,t}}{V_{ji,t-1}}\right) + \varepsilon_j \qquad (8-2)$$

$$\ln\left(\frac{I_{ij,t}}{I_{ij,t-1}}\right) = \alpha_i + \eta_i \ln\left(\frac{V_{ij,t}}{V_{ij,t-1}}\right) + \varepsilon_i \qquad (8-3)$$

式(8-2)为估算各地区工业行业资本配置模型,式(8-3)为估算各工业行业资本配置模型。η_j 和 η_i 分别为各地区和各行业的资本配置效率估算值。

8.3.1.3 分年度分地区所有行业资本配置效率估算

为了获得更多工业行业资本配置效率值,本章将数据分年度分地区分别

---

① 各地区和各行业具体样本数根据数据缺失情况而定。

进行估算。例如，估算 2000 年北京地区的工业行业资本配置效率时，使用式（8-4）对 37 个工业行业数据进行 OLS 回归，可以得到北京地区 2000 年所有工业行业资本配置效率均值。这样总共可以得到 17 年 ×31 个地区 =527 个资本配置效率值。

$$\ln\left(\frac{I_{ji,t}}{I_{ji,t-1}}\right) = \alpha_{j,t} + \eta_{j,t}\ln\left(\frac{V_{ji,t}}{V_{ji,t-1}}\right) + \varepsilon_{j,t} \qquad (8-4)$$

8.3.1.4　金融开放与资本配置效率

为了考察金融开放对工业行业资本配置效率的影响，本章使用两种方法对该问题进行实证研究。第一种方法是先使用计量回归模型式（8-5）考察金融开放对工业行业资本配置效率的影响。

$$\eta_{j,t} = \alpha_j + \eta_{j,t-1} + \beta fo_{j,t} + \gamma' ctrl_{j,t} + \rho_j + \varpi_t + \mu_{j,t} \qquad (8-5)$$

其中，$\eta_{j,t}$ 为式（8-4）估算得到的每年各地区工业行业资本配置效率；$fo_{j,t}$ 为各地区的金融开放度；$ctrl_{j,t}$ 为各地区对应的控制变量；ρ_j 为无法观测到的地区效应；ϖ_t 为无法观察的年度效应；$\mu_{j,t}$ 为误差项。为了更加准确地了解金融开放对资本配置效率的影响，具体回归时将由式（8-4）估算出来不显著的资本配置效率值都删除，不作为样本进入回归分析。

第二种方法是使用交乘项考察金融开放对工业行业资本配置效率的影响。由于在估算工业行业分年度分地区资本配置效率时，部分回归方程得到的效率值不显著，因而当进一步考察金融开放度对资本配置效率的影响时，这些效率值不能作为样本值进行回归分析。但估算的效率值不显著并不能说明金融开放对这些地区的工业行业没有影响，所以为了增加更多样本从而更加准确地了解金融开放对工业行业资本配置效率的影响，使用交乘项进行进一步回归分析，具体模型如式（8-6）所示。

$$\ln\left(\frac{I_{ij,t}}{I_{ij,t-1}}\right) = \alpha_{ij,t} + \eta\ln\left(\frac{V_{ij,t}}{V_{ij,t-1}}\right) + \beta fo_{ij,t} + \delta fo_{ij,t} \times \ln\left(\frac{V_{ij,t}}{V_{ij,t-1}}\right) + \gamma' ctrl_{ij,t} + \varepsilon_{ij,t}$$

$$(8-6)$$

式（8-6）主要关注参数 δ，如果 δ 显著为正表明金融开放度扩大可以提高工业行业资本配置效率，如果 δ 显著为负则表明金融开放度不但没有提高工业行业资本配置效率，反而对资本配置效率有负向影响，如果 δ 值不显著则表明金融开放扩大对工业行业资本配置效率没有明显的影响。

8.3.2 数据来源及变量定义

本章研究样本期间为 2000～2016 年，由于计算分省份金融开放度时，各地区只公布 2003 年之后的 OFDI 数据，所以考察金融开放度对工业行业资本配置效率的影响时样本期间为 2003～2016 年。其中，工业行业固定资产净额和工业行业总产值数据来自历年《中国工业统计年鉴》，各地区按教育程度分的人口数来自历年《中国统计年鉴》，各地区外商直接投资额 FDI、铁路营运里程、公路里程和内河航道里程数据来自 EPS 全球统计数据/分析平台，缺失数据由各省份统计年鉴补齐，各地区财政支出、货物进出口总额、CPI 数据来自国泰安经济金融研究数据库。各变量定义如下：

8.3.2.1 资本配置效率 η

由式（8-4）估计得到，其中投资增长率 $\ln(I_{ij,t}/I_{ij,t-1})$ 使用各地区工业行业固定资产净额增长率衡量，产出增长率 $\ln(V_{ij,t}/V_{ij,t-1})$ 使用各地区工业行业总产值增长率衡量。

8.3.2.2 金融开放度 FO

为了检验金融开放对中国工业行业资本配置效率影响的稳健性，本章使用两种方法计算各地区金融开放度指标。第一种方法是使用各地区 FDI、OFDI 和外币存贷款数据测度金融开放度，具体计算方法参见第 5 章，第二种方法直接使用各地区 FDI 与地区生产总值比值衡量金融开放度。

8.3.2.3 控制变量

（1）金融发展 FD。用居民储蓄存款与地区生产总值比值衡量。

（2）固定资产投资总额 I。用固定资产投资总额与地区生产总值比值衡量。

（3）财政支出 FIS。使用各省份财政支出扣除科教文卫支出后除以地区生产总值。

（4）人力资本 HC。参考相关文献（李青原等，2013），使用 6 岁以上人口的人均受教育年限作为各地区人力资本衡量指标，具体计算方法是使用各层次文化程度受教育年限数乘以各层次文化程度受教育人口数占 6 岁以上总人口数比重得到人均受教育年限，其中文盲、小学文化程度、初中文化程度、高中文化程度、大专及以上文化程度人口的受教育年限分别设为 0 年、6 年、9 年、12 年和 16 年。

（5）贸易开放度 *TO*。等于各省份每年进出口贸易总额除以当年地区生产总值。

（6）基础设施 *INF*。使用各省份铁路营运里程、公路里程和内河航道里程之和除以各地区面积衡量。

（7）国有企业改革 *SOE*。使用各地区城镇私营企业就业人员、乡村私营企业就业人员之和与城乡就业人员合计比值作为国有企业改革代理变量。

表 8-1　　　　　　　　　　　　　　变量统计性描述

变量名	定义	样本数	均值	标准误	最小值	最大值
η	资本配置效率	276	0.587	0.191	0.170	0.993
FO	金融开放度	432	0.076	0.075	0.008	0.632
FDI	外商直接投资	432	0.040	0.051	0.005	0.571
FD	金融发展	432	0.713	0.154	0.378	1.234
I	固定资产投资总额	432	0.647	0.233	0.240	1.386
FIS	财政支出	432	0.173	0.143	0.060	1.137
HC	人力资本	432	8.469	1.200	3.738	12.300
TO	贸易开放度	432	0.319	0.394	0.032	1.721
INF	基础设施	432	0.797	0.535	0.034	2.529
SOE	国有企业改革	384	0.143	0.133	0.014	0.952

注：η 值为分年度分地区估算的每年每个地区工业行业资本配置效率值，不显著的样本都已剔除。

各变量统计性描述如表 8-1 所示。2000~2016 年分年度分地区工业行业资本配置效率均值为 0.587，该值远远高于韩立岩和王哲兵（2005）估算 1993~2002 年中国工业行业资本配置效率值 0.160。表明研究样本期间中国工业行业资本配置效率得到了极大提高，这期间配置效率最小值都为 0.170，最大值更是达到了 0.993。与沃格勒（Wurgler，2000）考察 65 个国家制造业资本配置效率值相比，这段时期中国工业行业资本配置效率均值已经超过所研究的国家制造业资本配置效率平均值 0.429，而且基本超过所研究的发展中国家制造业的资本配置效率。

8.4 资本配置效率估算

在对工业行业资本配置效率各种估算中，为了排除异常值的影响，将投资增长率和产出增长率绝对值大于 1 的样本都剔除掉。

8.4.1 工业行业总体资本配置效率估算

根据回归方程（8-1），可以估算出 2000~2016 年每年工业行业总体资本配置效率。表 8-2 显示了 2000~2016 年 37 个工业行业各年份资本配置效率值。总体上看样本期内工业行业资本配置富有效率，每年的效率值都高度显著，年均值达到了 0.452。但各年份配置效率差异较大，2009 年资本配置效率最低，效率值为 0.244。出现这种情形的原因可能是受到 2008 年金融危机的影响，工业行业整体环境恶化，无论是成长型还是衰退型行业投资都趋于下降。2014 年资本配置效率最高，效率值为 0.621。

表 8-2　　　　　　　　　　工业行业各年份资本配置效率

年份	效率值	T统计量	样木数	R^2	年份	效率值	T统计量	样本数	R^2
2000	0.367 ***	11.34	977	0.117	2009	0.244 ***	7.31	1067	0.062
2001	0.408 ***	13.07	979	0.149	2010	0.447 ***	12.38	1053	0.140
2002	0.374 ***	11.32	971	0.117	2011	0.538 ***	14.41	1045	0.185
2003	0.549 ***	20.68	905	0.321	2012	0.557 ***	18.18	936	0.263
2004	0.366 ***	12.83	942	0.151	2013	0.418 ***	10.81	1027	0.117
2005	0.518 ***	16.39	1009	0.222	2014	0.621 ***	14.80	387	0.394
2006	0.398 ***	14.41	1008	0.184	2015	0.599 ***	14.45	383	0.393
2007	0.395 ***	11.19	1014	0.126	2016	0.431 ***	12.33	988	0.153
2008	0.448 ***	13.88	1031	0.180	—	—	—	—	—

注：***、**、*分别表示 1%、5% 和 10% 的显著性水平。

同时，随着时间推移资本配置效率总体上呈现上升趋势。由图8-1可以看出，虽然2000～2016年工业行业资本配置效率呈现波动状态，但其趋势线向右上方倾斜。

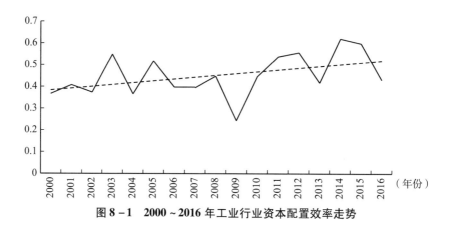

图8-1 2000～2016年工业行业资本配置效率走势

8.4.2 工业行业资本配置效率地区差异

表8-3为各地区2000～2016年37个行业资本配置效率估算值。很显然，各地区资本配置效率存在较大的差异。海南、黑龙江、青海、西藏等地区工业行业资本配置效率相对较低，都低于0.300，其中海南地区工业行业资本配置效率最低，只有0.102。安徽、河南、湖南、湖北、江苏、江西、浙江等地区工业行业资本配置效率相对较高，都高于0.600，其中江苏和浙江资本配置效率分别达到了0.677和0.668。其他地区工业行业资本配置效率介于0.300～0.600之间。各地区资本配置效率大小排序如图8-2所示。

表8-3　　　　　　　　各地区工业行业资本配置效率

地区	效率值	T统计量	样本数	R^2	地区	效率值	T统计量	样本数	R^2
安徽	0.638 ***	18.75	571	0.397	吉林	0.419 ***	10.29	558	0.169
北京	0.347 ***	7.36	514	0.102	辽宁	0.551 ***	15.29	555	0.312
重庆	0.556 ***	12.98	522	0.258	内蒙古	0.441 ***	10.19	487	0.188

续表

地区	效率值	T 统计量	样本数	R^2	地区	效率值	T 统计量	样本数	R^2
福建	0.578 ***	17.08	562	0.357	宁夏	0.543 ***	10.32	386	0.233
甘肃	0.354 ***	7.47	505	0.107	青海	0.260 ***	4.61	369	0.06
广东	0.514 ***	12.81	530	0.250	陕西	0.468 ***	11.34	524	0.209
广西	0.557 ***	13.40	512	0.275	山东	0.441 ***	13.37	580	0.248
贵州	0.439 ***	8.72	506	0.139	上海	0.487 ***	12.46	473	0.261
海南	0.102 **	2.09	418	0.005	山西	0.390 ***	9.43	525	0.154
河北	0.409 ***	9.69	540	0.158	四川	0.581 ***	13.37	533	0.266
黑龙江	0.298 ***	6.56	514	0.083	天津	0.323 ***	7.33	518	0.101
河南	0.621 ***	17.29	578	0.356	新疆	0.471 ***	9.73	478	0.177
湖北	0.642 ***	15.26	566	0.306	西藏	0.192 ***	2.92	222	0.042
湖南	0.631 ***	16.02	548	0.334	云南	0.451 ***	9.30	479	0.164
江苏	0.677 ***	21.48	574	0.463	浙江	0.668 ***	20.96	557	0.458
江西	0.603 ***	12.87	518	0.256	—	—	—	—	—

注: *** 、 ** 、 * 分别表示 1%、5% 和 10% 的显著性水平; 因数据缺失情况差异引起各地区样本数不同。

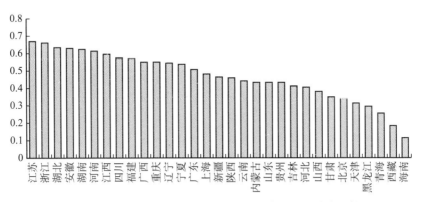

图 8 - 2 2000~2016 年各地区工业行业资本配置效率比较

8.4.3　工业行业资本配置效率行业差异

　　表8-4为37个行业2000~2016年资本配置效率估算值。同样，不同行业的资本配置效率差异明显。石油和天然气开采业（行业编号07）、有色金属冶炼及压延加工业（行业编号33）、其他制造业（行业编号43）三个行业资本配置效率相对较低，都低于0.300，分别为0.245、0.264、0.241。农副食品加工业（行业编号13）、食品制造业（行业编号14）、金属制品业（行业编号34）三个行业资本配置效率相对较高，都高于0.700，分别为0.710、0.716和0.745。其他行业的资本配置效率介于0.300~0.700之间。各行业资本配置大小比较如图8-3所示。

表8-4　　　　　　　　　各行业工业行业资本配置效率

行业编号	效率值	T统计量	样本数	R^2	行业编号	效率值	T统计量	样本数	R^2
06	0.496***	11.43	408	0.243	27	0.522***	13.75	495	0.277
07	0.245***	5.03	228	0.101	28	0.396***	7.67	337	0.149
08	0.319***	7.91	390	0.139	30	0.598***	14.25	454	0.310
09	0.388***	8.81	396	0.165	31	0.577***	19.08	496	0.424
10	0.414***	8.92	443	0.153	32	0.338***	8.00	469	0.121
13	0.710***	18.24	485	0.408	33	0.264***	5.79	469	0.067
14	0.716***	17.29	490	0.380	34	0.745***	19.60	463	0.454
15	0.559***	16.75	491	0.365	35	0.668***	18.24	465	0.418
16	0.350***	5.53	402	0.071	36	0.588***	14.04	463	0.300
17	0.578***	13.78	467	0.290	37	0.470***	12.98	478	0.261
18	0.629***	13.95	447	0.304	39	0.413***	5.13	236	0.101
19	0.399***	7.78	409	0.130	40	0.687***	15.82	418	0.376
20	0.466***	10.28	445	0.193	41	0.343***	5.56	365	0.079
21	0.497***	11.89	427	0.249	42	0.453***	9.92	380	0.207
22	0.441***	9.79	457	0.174	43	0.241***	3.20	208	0.047
23	0.672***	15.54	486	0.333	44	0.380***	10.72	497	0.188
24	0.662***	12.40	332	0.318	45	0.440***	11.10	429	0.224
25	0.337***	7.08	421	0.107	46	0.666***	13.99	491	0.286
26	0.597***	13.55	465	0.284	—	—	—	—	—

　　注：***、**、*分别表示1%、5%和10%的显著性水平；因数据缺失情况差异引起各行业样本数不同。

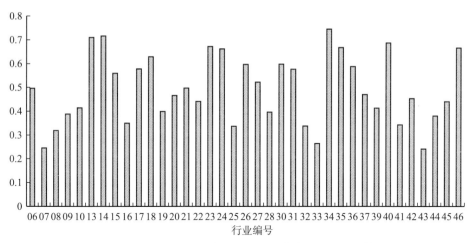

图 8 - 3 2000 ~ 2016 年工业分行业资本配置效率比较

8.4.4 分年度分地区工业行业资本配置效率估算

表 8 - 5 和表 8 - 6 是 2000 ~ 2016 年工业行业分年度分地区资本配置效率估算值。由表中数据可以看出有这么几个特点：第一，每年各地区的资本配置效率都有明显的差异，说明中国工业行业发展表现出明显的地区差异性，因而要研究政策对工业行业资本配置效率的影响，使用分地区数据进行分析更接近中国经济现实。第二，每个地区不同年份的资本配置效率差异较大，说明资本配置效率随着时间变化而动态改变，这与地区每年的经济政策、经济环境等各方面的因素有关。第三，每个地区几乎都出现资本配置效率不显著的情形，因而在后面实证考察金融开放对资本配置效率的影响时，这些不显著的样本都将剔除；同时，为了排除异常值的影响，将资本配置效率大于 1 和负值都剔除。

8.5 实 证 分 析

对工业行业资本配置效率估算发现，2000 ~ 2016 年工业行业每年的总体资本配置是有效的，每年的效率系数值都通过显著性水平检验，表明样本期间中国工业行业资本配置具有一定的有效性，但相对发达国家来说整体配置

表 8-5

工业行业分年度分地区资本配置效率

地区	2000 年	2001 年	2002 年	2003 年	2004 年	2005 年	2006 年	2007 年	2008 年	2009 年	2010 年	2011 年	2012 年	2013 年	2014 年	2015 年	2016 年
安徽	0.260	0.813***	0.535***	0.936***	0.230***	0.546***	0.183	0.515***	0.715***	0.786***	0.791***	0.746***	0.391*	0.460***	0.861***	0.732***	0.445
北京	0.772***	0.386**	0.182*	0.550*	-0.199	0.877***	0.016	0.206	0.565**	0.234	-0.178	0.224*	0.112	0.664***	0.143	0.629	0.038
重庆	0.750***	0.435*	0.008	0.571***	0.283*	0.204	0.206	0.810***	0.313	0.390**	0.870***	0.563***	0.583***	0.679***	0.674***	0.745***	0.297
福建	0.301*	0.307*	0.355**	0.665***	0.605***	0.593***	0.080	0.972***	0.099	0.347*	0.109	0.611***	0.542***	0.222*	0.706***	0.894***	0.447**
甘肃	0.321*	0.650***	0.130	0.439**	0.244	0.633***	0.036	0.552**	0.314	0.398*	0.279	0.558**	0.947***	0.062	0.654***	0.099	0.158
广东	0.248*	1.071***	1.386***	0.741***	0.362***	0.738***	0.534***	0.550***	0.639***	0.188	0.529*	-0.342	0.715***	0.439***	0.409	0.266	0.235
广西	0.661***	0.487*	0.370*	0.504**	0.408*	0.481*	0.450*	0.368*	0.234	0.692***	0.514*	0.177	0.568***	0.658*	0.906	3.172	0.575***
贵州	0.367**	0.395*	0.555***	0.371**	0.331*	0.193	0.727***	0.654***	0.222	-0.025	0.989***	0.525***	0.524***	0.993***	0.791	0.445*	0.076
海南	0.126	-0.138	-0.012	0.056	-0.006	0.315*	0.297	0.393*	0.304*	0.091	0.127	0.332*	0.339	-0.474	-0.184	-0.684	0.675***
河北	0.182*	0.585***	0.929***	0.425**	0.216	1.022***	0.657***	0.203	0.685***	0.108	0.370*	0.827***	0.455*	0.656***	0.098	0.643	0.567***
黑龙江	0.374*	0.192	0.107	0.639***	0.457*	0.620***	0.290*	-0.006	0.366*	-0.245	0.175	0.824***	0.220	0.410*	-0.066	0.501	0.798***
河南	-0.131	0.243	0.678***	0.453**	0.345*	0.483***	0.668***	0.534***	0.920***	0.285*	1.097***	1.339***	0.890***	1.074***	0.655***	0.426**	0.507***
湖北	0.404**	0.247	0.011	0.983***	0.478***	0.683***	0.492**	0.460**	0.665***	0.945***	0.674***	0.948***	0.705***	0.708***	0.575***	0.864***	0.902***
湖南	0.272	0.416***	0.092	0.330**	0.400*	0.455*	0.546**	1.258***	0.315*	0.353*	1.241***	1.051***	0.943***	-0.092	0.857***	0.843***	1.076***
江苏	0.417**	0.856***	0.715***	0.808***	0.316*	0.982***	0.410	0.108	0.574**	-0.010	-0.155	0.742***	1.044***	0.325	0.680***	0.720***	0.439***
江西	0.303*	0.114	0.128	0.590***	0.028	0.737***	0.901***	0.454*	0.608*	0.004	0.657	0.481*	1.082***	0.506*	-0.152	0.862***	0.445**
吉林	0.560***	0.217	0.447**	0.783***	0.399*	0.467**	0.417*	0.256	0.649***	0.075	0.472*	-0.085	0.379*	0.102	0.741***	0.432*	0.141
辽宁	0.094	0.361	0.321*	0.200	0.255	0.369	0.790***	0.407*	0.834***	0.252*	0.627***	0.841***	0.663***	0.502*	0.738***	0.563***	0.632***

续表

地区	2000 年	2001 年	2002 年	2003 年	2004 年	2005 年	2006 年	2007 年	2008 年	2009 年	2010 年	2011 年	2012 年	2013 年	2014 年	2015 年	2016 年
内蒙古	0.030	0.388*	0.306***	0.567**	0.608*	0.022	0.317***	0.431*	0.343	0.254	0.181	0.779***	0.308	0.074	0.506*	1.070***	0.172
宁夏	0.807***	1.018***	0.634*	0.927***	0.319*	0.384*	0.449*	0.402	0.454**	0.558*	0.659***	0.790***	0.233*	0.498***	0.283	0.578**	0.169
青海	0.470**	0.149	−0.292	0.350	0.612***	0.570*	0.471**	−0.030	0.433**	0.012	0.624***	0.431*	0.595***	0.277	0.321	−0.014	0.000
陕西	−0.077	0.690***	0.500***	0.616***	0.387***	0.659***	0.781***	0.114	0.100	0.520***	0.706***	0.174	0.799***	−0.103	0.802***	1.341***	0.403**
山东	0.138	0.531***	0.447***	0.635***	0.556***	0.689***	−0.105	−0.080	0.445***	0.332**	0.170*	0.708***	0.263	0.124	0.835***	0.704***	0.460***
上海	0.078	0.175	0.907***	0.494***	0.332*	0.846***	0.094	0.380**	0.516***	0.199*	0.151	1.435***	0.559***	−0.074	0.196	0.339	1.192***
山西	−0.098	0.306*	0.733***	0.541***	0.595***	0.492***	0.690***	0.140	−0.023	0.483***	0.462**	0.115	0.876***	0.349*	0.764***	0.182	−0.643**
四川	0.490***	0.531***	0.881***	0.670***	0.589***	0.666***	0.392***	1.275***	1.062***	0.216	0.055	0.836***	0.915***	1.072***	0.688	0.032	1.038***
天津	0.288	0.336***	0.628***	0.504***	0.194*	0.312*	0.252**	0.365*	0.153	0.235	0.418***	0.627***	0.166	0.946***	—	—	0.555**
新疆	0.631***	−0.157	0.745***	0.891***	0.514***	0.407**	0.368**	0.446**	0.722***	0.202	0.196	0.579***	0.462**	0.860***	—	—	0.606***
西藏	−0.367	0.513*	−0.156	0.399*	0.715***	0.531	0.103	0.199	0.395**	−0.342*	0.281	0.858***	0.674***	−0.023	—	—	0.406
云南	0.369	0.570***	0.417***	0.559***	0.889***	0.490***	0.455***	0.716***	0.253**	0.366***	0.314	0.583***	0.491***	0.602***	−0.043	0.511**	0.018
浙江	0.309***	0.697***	0.467***	0.716***	0.860***	0.368***	0.591***	0.589***	0.963***	0.114	0.039	0.974***	0.842***	0.349***	0.811***	0.806***	0.699***

注：***、**、* 分别表示 1%、5% 和 10% 的显著性水平；天津、新疆、西藏 2014 年、2015 年数据缺失。

效率不高。另外，当将样本分年度分地区使用面板数据估算每年各地区资本配置效率和分年度分行业使用面板数据估算每年各行业资本配置效率时发现，并非每个地区或者每个行业每年的资本配置都是有效的。比如将样本进行分年度分地区估算各地区每年资本配置效率时，可以得到527个效率值（31个地区数×17年份数），但只有336个效率值通过显著性水平检验。同样将样本进行分年度分行业估算各行业每年资本配置效率时，可以得到629个效率值（37个行业数×17年份数），但只有348个效率值通过显著性水平检验。所以，为了相对精确考察金融开放对工业行业资本配置效率的影响，不能将所有效率值都作为样本进行回归分析，而应该删除那些未通过显著性水平检验的效率值，否则得到的结果可能高估或者低估金融开放对工业行业资本配置效率的影响，下面实证结果验证了这一点。另外，由于分年度分地区面板数据回归时控制变量可以使用各地区值，这样可以更好地考察金融开放对工业行业资本配置效率的影响，因为中国各地区金融开放度和各地区工业行业资本配置效率差异明显，使用各地区的相应变量作为控制变量更符合中国经济现实情况。

8.5.1　去掉效率值不显著的样本回归结果

表8－6为去掉不显著的效率值样本后金融开放对工业行业资本配置效率总体影响回归结果。很显然，样本期间各地区金融开放程度加大并未提高工业行业资本配置效率；相反，还在一定程度上降低了工业行业资本配置效率。无论是分省份 FO 还是分省份 FDI，其系数值都是负数，且都通过显著性水平检验，表明金融开放没有很好地促进成长型行业固定投资的增加。这在一定程度上可以认为近二十多年来中国金融开放逐步扩大过程中，虽然企业融资约束和外商投资环境有了很大改善，但吸引的外资或者企业获得的融资并未更多地用于成长型工业行业，更多的资本可能进入了房地产业或金融业等虚拟经济行业，造成资本在虚拟经济行业内部"空转"，从而一定程度上加大了中国经济"脱实向虚"问题，从实证结果看金融开放可能是引起经济"脱实向虚"的原因之一，这与本书前几章的结论相一致。另外，也表明金融开放可能通过降低实体经济资本配置效率这一路径而加大中国实体经济和虚拟经济非平衡增长程度。

表 8-6　　　　　*FO* 对工业行业配置效率影响（去掉效率值不显著样本）

解释变量	分省 FO		分省 FDI	
	（1）	（2）	（3）	（4）
L. Y	-0.112 （-1.53）	-0.087 （-1.22）	-0.125 * （-1.66）	-0.096 （-1.32）
FO/FDI	-0.478 ** （-2.35）	-0.536 * （-1.67）	-0.511 ** （-2.42）	-0.587 *** （-2.73）
FD	0.214 * （1.94）	0.183 * （1.69）	0.229 ** （2.07）	0.178 （1.62）
I	0.330 ** （2.23）	0.291 * （1.80）	0.375 *** （2.68）	0.291 * （1.74）
FIS	-1.073 *** （-2.76）	-0.973 ** （-2.54）	-1.173 *** （-3.13）	-0.980 ** （-2.47）
HC	-0.061 * （-1.80）	-0.054 * （-1.69）	-0.070 ** （-2.11）	-0.056 * （-1.73）
INF	0.019 （0.38）	0.029 （0.54）	0.002 （0.03）	0.027 （0.47）
SOE	0.441 *** （2.72）	0.384 *** （2.64）	0.466 *** （2.84）	0.384 *** （2.65）
TO		0.007 （0.10）		-0.011 （-0.19）
常数项	0.882 *** （3.63）	0.844 *** （3.58）	0.940 *** （4.03）	0.871 *** （3.62）
样本数	149	149	149	149
AR（1）	0.009	0.006	0.011	0.006
AR（2）	0.098	0.109	0.096	0.104
Hansen's J-test	0.596	0.661	0.526	0.653
工具变量数	27	28	27	28

注：*、**、*** 分别表示在 10%、5% 和 1% 的置信水平上显著；小括号内为对应的 T 统计量；AR（1）和 AR（2）为 Arellano-Bond 检验对应的 p 值，分别检验扰动项的差分是否存在一阶和二阶自相关，Wald 为检验整体参数显著性统计量的 p 值，Hansen's J-test 为检验工具变量有效性统计量的 p 值；L. Y 为对应解释变量的一阶滞后项。

模型（1）~模型（3）中金融发展回归系数显著为正，表明以居民储蓄存款与地区生产总值衡量的金融发展与实体经济资本配置效率显著正相关，说明研究样本期间中国金融机构很好地协调了居民储蓄和实体经济企业生产性投资需求，这与李青原等（2013）的实证结果是一致的。模型（1）~模型（4）中固定资产投资总额回归系数都显著为正，表明地区全社会固定资产投资增加有利于地区工业行业资本配置效率提高，如果金融改革能够促使更多的国内资本和外资用于地区固定资产投资，可以很好地改善地区实体经济资本配置效率。国有企业改革对地区工业行业资本配置效率的正向影响不但显著而且影响较大，所有模型的 *SOE* 系数都通过了 1% 的显著性水平检验，并且私营企业就业人员占城乡总就业人员比值增加 1%，可以促使地区工业行业资本配置效率提高 3.84% ~4.66%。财政政策和人力资本对工业行业资本配置效率呈现负向影响，基础设施和对外贸易对工业行业资本配置效率的影响不明显。

8.5.2　所有效率值回归结果

表 8 - 7 是包含了不显著效率值作为样本的回归结果。前文说到已有文献在研究相应政策对资本配置效率影响时，没有将不显著的效率值从研究样本中剔除，这可能使得研究结果不够准确。为了更好地了解金融开放对工业行业资本配置效率的影响程度，本章将 OLS 方法估算的分年度分地区不显著的效率值也作为研究样本进入面板数据模型。很显然，包含效率值不显著样本后，金融开放对工业行业资本配置效率的影响程度更大，两个模型的 *FO* 系数分别为 - 0.685 和 - 0.646，而不含效率值不显著样本模型的系数分别为 - 0.478 和 - 0.536。两个模型的 *FDI* 系数差异更大，包含效率值不显著样本模型的系数分别为 - 0.931 和 - 0.729，不包含效率值不显著样本模型系数分别为 - 0.511 和 - 0.587。由此可知，为了相对准确地了解金融开放对工业行业资本配置效率的影响程度，需要将 OLS 估算的效率值不显著的样本剔除掉。

表 8-7　　**FO** 对工业行业配置效率影响（包含效率值不显著样本）

解释变量	分省 FO		分省 FDI	
	(5)	(6)	(7)	(8)
L. Y	−0.065 (−0.96)	−0.090 (−1.41)	−0.042 (−0.57)	−0.056 (−0.77)
FO/FDI	−0.685* (−1.86)	−0.646* (−1.65)	−0.931*** (−2.61)	−0.729** (−2.22)
FD	−0.084 (−0.63)	−0.076 (−0.61)	−0.261 (−1.63)	−0.086 (−0.68)
I	0.052 (0.37)	0.034 (0.20)	0.028 (0.22)	0.082 (0.61)
FIS	−0.699*** (−3.52)	−0.678*** (−3.49)	−0.348** (−2.24)	−0.747*** (−3.73)
HC	−0.045** (−2.14)	−0.043** (−2.18)	−0.011 (−0.69)	−0.053** (−2.57)
INF	0.067 (1.08)	0.078 (1.33)		0.062 (1.01)
SOE	0.132 (0.68)	0.146 (0.82)		0.084 (0.49)
TO		−0.021 (−0.32)		
常数项	0.954*** (5.13)	0.952*** (5.30)	0.817*** (6.36)	1.004*** (5.07)
样本数	328	328	362	328
AR (1)	0.000	0.000	0.000	0.000
AR (2)	0.8391	0.6886	0.9257	0.9030
Hansen's J-test	0.3106	0.4638	0.3044	0.3005
工具变量数	27	28	27	27

注：*、**、*** 分别表示在 10%、5% 和 1% 的置信水平上显著；小括号内为对应的 T 统计量；AR (1) 和 AR (2) 为 Arellano-Bond 检验对应的 p 值，分别检验扰动项的差分是否存在一阶和二阶自相关，Wald 为检验整体参数显著性统计量的 p 值，Hansen's J-test 为检验工具变量有效性统计量的 p 值；L. Y 为对应解释变量的一阶滞后项。

8.5.3 交乘项回归结果

由前文分析可知,使用 OLS 方法估算工业行业资本配置效率时有些效率值是不显著的,在考察金融开放对资本配置效率的影响时,如果将不显著的效率值作为样本得到的结果是不准确的,而剔除掉不显著的效率值后又损失了较多样本。为了更进一步考察金融开放与工业行业资本配置效率之间的关系,这里使用大样本数据和交乘项回归方法分析金融开放扩大对工业行业资本配置效率的影响。回归结果见表 8 – 8。交乘项 $FO \times Y$ 系数显著为负,再次证实金融开放对工业行业资本配置效率产生了负向影响。

表 8 – 8   **FO 对工业行业配置效率影响交乘项回归结果**

变量	(1)	(2)	(3)	(4)
Y	0.495 *** (61.37)	0.510 *** (44.92)	0.512 *** (44.68)	0.505 *** (41.57)
FO		– 0.140 *** (– 4.59)	– 0.061 (– 1.62)	– 0.139 *** (– 3.24)
$FO \times Y$		– 0.273 ** (– 2.53)	– 0.280 *** (– 2.60)	– 0.409 *** (– 3.57)
FD			– 0.057 *** (– 3.90)	– 0.053 *** (– 3.54)
I			0.066 *** (5.32)	0.080 *** (5.18)
FIS			– 0.069 *** (– 2.64)	– 0.026 (– 0.70)
HC			0.002 (0.63)	– 0.002 (– 0.66)
TO				0.035 *** (3.67)
INF				0.031 *** (4.86)

续表

变量	（1）	（2）	（3）	（4）
SOE				-0.096*** （-4.09）
常数项	0.025*** （10.00）	0.036*** （10.15）	0.025 （1.21）	0.025 （1.06）
样本数	12775	12775	12775	11644
R^2	0.228	0.230	0.233	0.225

注：* 、** 、*** 分别表示在 10%、5% 和 1% 的置信水平上显著；小括号内为对应的 T 统计量。

8.5.4 稳健性分析

本章从几个方面考察了金融开放对工业行业资本配置效率的影响，得到了一致性的结论：金融开放与工业行业资本配置效率呈现负相关关系。说明金融开扩大并未促进工业行业资本配置效率提高，相反还在一定程度上抑制了工业行业资本配置效率的改善。从本章的研究过程看，这一结论是稳健可信的。首先，从不包含效率值不显著样本、包含效率值不显著样本和交乘项回归分析三个方面考察金融开放对工业行业资本配置效率的影响，回归结果符号都相同且系数值都显著。其次，分别使用 *FO* 和 *FDI* 两个不同的核心解释变量，同样得到相同的结果。最后，控制变量的改变并未影响到核心解释变量的符号性质。表 8-8 和表 8-9 都使用了不同的控制变量模型进行回归分析，回归结果都显示了金融开放与资本配置效率之间呈现负相关关系。

8.6 本章小结

本章从四个视角对中国工业行业 2000~2016 年的资本配置效率进行了估算，估算结果表明样本期间中国工业行业资本配置效率有了显著提高，分年度分地区资本配置效率均值达到了 0.587，并且工业行业资本配置效率的地区差异和行业差异明显。使用面板模型和交乘项回归分析发现，金融开放对工业行业资本配置效率具有显著的负向影响。但金融发展、固定资产投资和国有企业改革等因素对工业行业资本配置效率的提高都起到了正向影响。由于本章主要是从资本流入和流出视角衡量金融开放程度，没有考虑金融开放改善金融市场环境、促进金融发展等方面对资本配置效率的影响，所以研究结果只表明研究样本期间金融开放扩大引起的资本流入流出对工业行业资本配置效率提高没有起到很好的促进作用，但金融开放引起金融发展程度提高和金融市场环境的改善等方面有利于行业资本配置效率改善。通过本章研究得到如下结论和启示：研究样本期间金融开放与工业行业资本配置效率存在负相关关系。该结论表明金融开放扩大并没有促进成长型工业行业固定资产投资增加。因为本章是从资本流动视角衡量金融开放度，因而研究结论表明金融开放扩大虽然促使资本跨境流动数额加大，但流入的资本并非进入实体经济行业，促进实体经济行业固定资产投资增加，同时，流出的资本本身可能可以用于实体经济行业固定资产投资。从该角度看，政府机构或金融监管当局应加强对资本跨境流入资本的用途和去向的审核，同时，对跨境流出资本的来源要严格监管。

第9章

金融开放对实体经济企业固定资产－金融资产投资组合影响研究

9.1 引　言

第8章从金融开放与行业资本配置效率关系方面研究了金融开放影响实体经济和虚拟经济非平衡增长的路径，本章从金融开放与企业固定资产－金融资产投资组合比例的关系角度进一步研究金融开放影响两类经济非平衡增长的路径，主要考察金融开放是使企业固定投资增长更快还是使金融资产增长更快。如果后者增长快于前者增长，表明金融开放扩大引起企业更愿意投资金融资产而减少固定资产投资，从而从企业层面进一步说明金融开放加大了两类经济非平衡增长的程度，同时，也从企业微观层面考察了金融开放引起经济"脱实向虚"的路径。

随着中国金融开放改革步伐加快，金融开放度越来越大，国内资本跨境流出、国际资本跨境流入数额越来越多。根据国际货币基金组织提供的数据，中国金融开放度由1996年的0.54上升到2020年的1.03，年均上升约0.02。① 在此期间，金融资产投资显著上升，物质资本积累明显下降。中国

① 1996～2011年FO指标直接使用菲利普和米勒斯－弗莱提（Philip and Milesi-Ferretti, 2007）及其后来扩展的数据，2012～2016年数据序列由笔者计算得到。

实体经济和虚拟经济出现显著非平衡发展，经济"脱实向虚"问题日显突出。从宏观层面看，以农业，工业，建筑业，批发和零售业，交通运输、仓储和邮政业，住宿和餐饮业作为实体经济宽口径计算，实体经济规模占 GDP 的比重由 2004 年的 75% 下降到 2020 年的 61%。而同期货币供应量 M2 占 GDP 的比例由 1.57 倍上升到 2.15 倍。中国 2014 年银行金融机构资产、股票市值和债券存量等虚拟资产之和为 GDP 的 2.81 倍，到 2017 年为 GDP 的 3.18 倍。[①] 宏观数据通常来自微观数据的加总，实体经济规模相对虚拟经济规模下滑应该可以从微观层面寻求解答。事实上，从微观层面看，2004～2020 年实体经济各行业固定资产投资与金融资产的比例确实呈现明显递减趋势。根据笔者对实体经济 3650 个企业数据计算，2004 年所有企业固定资产投资与金融资产的比例均值为 0.28，2020 年该比例下降到 0.06，年均下降 4.54%。这给我们提出如下课题：为什么金融开放扩大背景下实体经济和虚拟经济发展出现显著不同，实体经济企业固定资产投资相对下降而金融资产增长迅速？本章尝试通过实证研究考察金融开放是否对实体经济企业固定资产－金融资产投资组合产生了显著影响，以便从金融开放角度寻求经济"脱实向虚"的部分原因。

由笔者所掌握的资料看，很少有文献从金融开放视角直接研究金融开放度大小对企业固定资产－金融资产投资组合的影响。虽然已有文献从不同方面考察了中国经济"脱实向虚"的成因，但这些文献基本都未深入研究金融开放对实物投资和金融资产投资的影响，也没有将金融开放作为相应变量加入计量模型实证研究其对企业资产组合的影响。事实上，金融开放可能会促使实体经济和虚拟经济非平衡发展。因为金融开放扩大会降低金融抑制程度，促进服务业尤其是金融业发展而使制造业等实体经济发展相对减缓（王勋和 Johansson，2013）。从国内外资本跨境流动角度看，金融开放对本国实体经济会产生两种影响：一是金融开放有助于引入更多外资进入实体经济，同时会加剧竞争而有助于本国资本进入实体经济，从而有利于促进"金融服务实体经济"。二是通过金融开放引入的外资可能更多进入金融领域而未进入实体经济，本国投资实体经济的资本因金融开放而流向他国，从而不利于实体经济发展。另外，研究金融开放对经济影响的文献一般只是将整个经济作为研

---

① 国家统计局和中国人民银行网站，具体值由笔者计算得到。

究对象，研究其对整体经济增长、经济波动和经济结构的影响，很少有文献研究金融开放影响实体经济和虚拟经济非平衡增长的问题，尤其是几乎没有文献研究金融开放对企业固定资产和金融资产投资组合选择的影响，本章试图开展这方面的研究，以便对相关研究作出补充。

已有文献对于金融开放度的衡量出现了多种指标，归纳起来一般分法定指标和事实指标。本章参考菲利普和米勒斯 – 弗莱提（Philip and Milesi-Ferretti，2007）、陶雄华和谢寿琼（2017）对于金融开放度的衡量方法，即使用事实指标中的资本流动数量法作为金融开放度的衡量指标，并使用法定指标进行稳健性检验。另外，根据黄群慧（2017）将实体经济企业分成三个层次：R_0、R_1 和 R_2。R_0 为第一层次，只包含实体经济的核心部分制造业，是最狭义的实体经济。R_1 为第二层次，包含 R_0、农业、建筑业和除制造业以外的其他工业。R_2 为第三层次，包含 R_1，批发和零售业，交通运输、仓储和邮政业，住宿和餐饮业，以及除金融业、房地产业以外的其他所有服务业，是最广义的实体经济。本章将遵循这种划分标准围绕这三个层次深入研究金融开放对不同层次的实体经济企业固定资产 – 金融资产投资比例的影响，即考察金融开放是使非金融企业固定资产投资增长更快还是使金融资产增长更快。如果后者增长快于前者增长，表明金融开放扩大引起企业更愿意投资金融资产而减少固定资产投资，从而从实体经济企业层面证实金融开放加大了实体经济和虚拟经济非平衡增长的程度，同时，也从实体经济微观层面考察了金融开放引起经济"脱实向虚"的路径之一。另外，为了考察金融开放对不同行业企业固定资产 – 金融资产投资比例的影响，本章还分别比较分析了 R_0、$R_1 - R_0$、$R_2 - R_1$ 三组企业回归结果。其中，R_0 还是代表实体经济第一层次的制造业；$R_1 - R_0$ 为 R_1 去掉制造业之后的企业，包括农业、建筑业和其他工业企业；$R_2 - R_1$ 为 R_2 去掉 R_1 之后的企业，包括除房地产业和金融业以外的其他服务业企业。

与以往文献相比，本章的贡献主要有：第一，突破金融"脱实向虚"和经济金融化表象，从金融开放角度研究中国实体经济和虚拟经济非平衡增长的深层原因，使用中国不同层次实体经济企业动态面板数据模型实证考察了金融开放是否是引起实体经济企业固定资产 – 金融资产投资组合比例下降的原因之一，从而为研究"金融更好地服务实体经济"提供了新的思路。第二，从金融开放视角分别研究资本跨境流出和资本跨境流入对不同层次实体经济企业固定资产－金融资产投资组合比例的不同影响，为中国在扩大金融开放过程中如何更好地审核和监管资本跨境流动以保证实体经济和虚拟经济平衡协调发展提供了切实有效的实证参考。第三，研究发现：金融开放与金融资产收益率、经济不确定性对企业固定资产－金融资产投资组合比例的负向影响具有相互强化作用，这一结论将金融开放和经济金融化对实体经济和虚拟经济非平衡增长的影响结合了起来。

9.2　金融开放与中国经济固定资产投资和金融资产特征

近 20 多年来，中国金融开放度逐步扩大。IMF 公布的数据为衡量金融开放度大小的事实指标，反映了国际资本的跨境流动。具体计算方法是将国际投资头寸表中的资产和负债按年度加总，然后除以当年的 GDP，其中资产包括对外直接投资、证券投资、金融衍生工具、其他投资和除黄金储备外的储备资产，负债包括外商直接投资、证券投资、金融衍生工具和其他投资。为了分析资本流入和资本流出对企业固定资产投资的影响，本章根据 IMF 计算金融开放度的思路[①]，分别计算了年度资产总和与 GDP 的比值和年度负债总和与 GDP 的比值。因而本章使用的金融开放度指标有三个，其中指标 FO 为国内外资本跨境流动总和占 GDP 比值，指标 $FOTA$ 为国内资本流出占 GDP 比值，指标 $FOTD$ 为国外资本流入占 GDP 比值。图 9-1 显示了中国 1996 ～ 2020 年金融开放度的变化趋势。很显然，随着中国金融改革开放的深入，国际资本的跨境流动数量越来越大。1996～2006 年国外资本流入和国内资本跨境流出增长速度明显大于 GDP 的增长速度，因而这段时期三个指标都呈现明显的上升趋势。2007～2020 年资本跨境流入流出相对 GDP 增长趋于平稳，但基本保持在较高的位置上下波动。这段时期资本跨境流动还呈现另一特征：国内资本流出增长速度快于国外资本流入增长速度，因为 $FOTA$ 和 $FOTD$ 两个指标值从 1999 年后差额逐年扩大，到 2010 年后差额才出现略微缩小趋势。

---

① 具体计算方法参考菲利普和米勒斯－弗莱提（Philip and Milesi-Ferretti, 2007）。IMF 公布的金融开放度指标较好地反映了各国金融开放程度事实，因而本章采用该指标，同时，本章还分别使用法定和省际金融开放指标检验了研究结果的稳健性。

随着资本跨境流动的增加，这段时期中国所有行业实际利用外资和对外直接投资加总数量呈明显上升趋势，分别见图 9 – 2 和图 9 – 3。

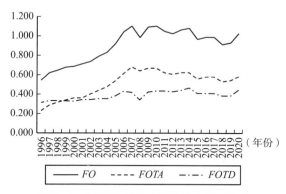

图 9 – 1　国际投资头寸衡量的金融开放度

资料来源：IMF 和国家统计局网站。

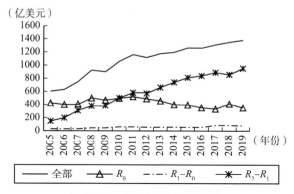

图 9 – 2　分行业实际利用外资

资料来源：IMF 和国家统计局网站。

在国外资本流入方面，全部行业实际利用外资额显著上升，从 2005 年的 602. 35 亿美元上升至 2019 年的 1381. 35 亿美元，年均增长 8. 62%。从分行业看，实体经济第一层次 R_0 实际利用外资额先呈上升趋势，2011 年上升到最大值 521. 01 亿美元，随后逐年下降。第二层次中 $R_1 - R_0$ 企业和第三层次中 $R_2 - R_1$ 企业实际利用外资额都逐年增加。在国内资本流出方面，全部行业对外直接投资额呈现逐年上升趋势。图 9 – 3 显示全部行业对外直接投资额由

2008 年的 559.07 亿美元上升到 2016 年的 1961.49 亿美元，年均增长 31.35%。从分行业看，实体经济第二层次中 $R_1 - R_0$ 企业对外直接投资先呈上升趋势，2013 年达到最大值 316.66 亿美元，随后逐年减少。实体经济第一层次 R_0 企业和第三层次中 $R_2 - R_1$ 企业对外直接投资一直呈上升趋势。以上数据表明金融开放扩大一方面吸引了越来越多的国外资本进入中国企业，另一方面中国企业在国外的投资额也越来越大。但是，日益递增的资本跨境流动并未促进国内固定资产投资显著增加。

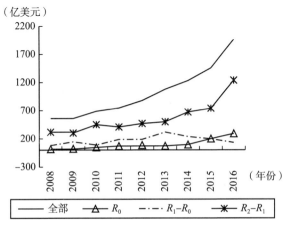

图 9 - 3 分行业对外直接投资

资料来源：IMF 和国家统计局网站。

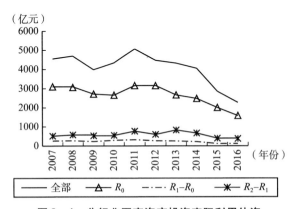

图 9 - 4 分行业固定资产投资实际利用外资

资料来源：IMF 和国家统计局网站。

首先，虽然随着金融开放度扩大企业实际利用外资逐年递增，但是企业固定资产投资实际利用外资额却呈逐年下降趋势。由图 9 - 4 看出，2007 年全部企业固定资产投资实际利用外资为 4549.02 亿元，虽然 2011 年回升到 5061.99 亿元，但总体趋势在减少，2016 年下降到 2270.34 亿元，年均下降 5.57%。从分行业看，实体经济第一层次 R_0 企业固定资产投资实际利用外资从 2007 年的 3098.05 亿元下降到 2016 年的 1584.69 亿元，年均下降 5.43%。第二层次中的 $R_1 - R_0$ 企业和第三层次中的 $R_2 - R_1$ 企业固定资产投资实际利用外资虽然没有制造业下降幅度大，但也呈明显下降趋势。这说明金融开放扩大虽然使得流入各行业的外资增加，但增加的外资并未完全进入固定资产投资项目。

其次，从所有行业加总看，企业实际利用外资和固定资产投资利用外资差额也呈明显上升趋势。图 9 - 5 显示了所有行业及实体经济第一层次 R_0 企业、第二层次中的 $R_1 - R_0$ 企业和第三层次中的 $R_2 - R_1$ 企业实际利用外资和固定资产投资利用外资差额。二者差额的扩大进一步表明金融开放引起的国外资本流入虽然越来越多，但进入实体经济企业进行固定资产投资的外资却呈下降趋势，从而可以断定金融开放扩大进程中流入的外资可能更多进入了金融领域而成为企业的金融资产。另外，由图 9 - 6 可以看出，近几年整个行业固定资产投资与对外直接投资比例也呈明显下降趋势，尤其是实体经济第一层次 R_0 企业 2008 年以来该比例就几乎一直下降。实体经济第二层次中的 $R_1 - R_0$ 企业表现出先下降随后几年又表现出上升趋势，实体经济第三层次中的 $R_2 - R_1$ 企业在 2013 年后一直呈下降趋势。这表明各行业固定资产投资受到对外直接投资数量的影响较明显，近几年总的趋势是随着对外直接投资增加，各行业固定资产投资相对下降。这也再次表明金融开放引起的资本流出可能对企业固定资产投资产生了负面影响。图 9 - 6 中全部企业和 $R_1 - R_0$ 企业坐标轴为右边轴。

金融开放扩大引起跨境流动资本大幅度增加虽然没有促使中国企业固定资产投资同幅度上升，但金融开放逐步扩大背景下，中国金融资产规模却增长迅速。2002 ~ 2016 年全国股票市值由 2002 年的 38329.13 亿元增加到 2016 年的 567086.07 亿元，增长率年均值为 17.96%。金融机构资本总额由 2002 年的 183388.48 亿元增加到 2016 年的 1692727.15 亿元，增长率年均值为 14.82%。2014 年中国金融机构资产、股票市值和债券存量等虚拟资产之和为 GDP 的 2.81 倍，到 2016 年为 GDP 的 3.18 倍，虚拟资产年均增长 19.38%，而此期间全社会固定资产投资总额年均增长速度只有 7.79%。[1]

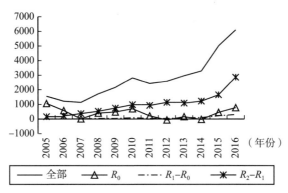

图 9 - 5   实际利用外资和固定资产投资利用外资差额

资料来源：IMF 和国家统计局网站。

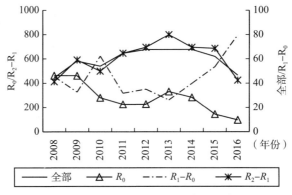

图 9 - 6   固定资产投资与对外直接投资之比

资料来源：IMF 和国家统计局网站。

以上分析表明随着金融开放程度扩大引入的外资可能更多进入金融领域而未进入实体经济部门用于固定资产投资。同时，本国流出的资本本来可能用于固定资产投资，但在金融开放背景下，企业为追求更高收益而将资本投

---

①   中国人民银行网站和国家统计局网站。

向国外市场。这两方面产生的后果都不利于本国实体经济的发展。为了更深入地了解金融开放对实体经济部门企业固定资产投资和金融资产组合选择的影响，本章使用实体经济企业面板数据对该问题进行了详细实证研究。

9.3 理论考察、研究假设和模型设计

9.3.1 理论考察

本章基于已有文献分析框架[①]，建立一个资产组合选择模型分析实体经济部门企业固定资产投资和金融资产组合问题。考虑一个经济中拥有许多完全相同的生活无限期的代理人，他们将财富投资于固定资产投资项目和金融资产，两类投资时期都为一期，代理人的消费来自所有投资所获得收益。为简化起见，假设经济中每种资产类型只有一个投资项目供选择，可以认为该投资属于固定篮子投资项目。假设企业 t 期用于固定资产投资为 I_t^k，收益率为 i_t^k，投资固定资产面临风险为 r^k，$r^k \sim N(\mu, \sigma^2)$，风险的存在体现为未来收益的不确定性、固定资产投资的不可逆转性和投资存在调整成本。t 期用于金融资产投资为 I_t^f，收益率为 i^f，不随时间变化且无风险。t_0 时期两类资产投资之和等于初始财富 Z_0，代理人 t 期选择不同投资资产组合的目的是使当期投资获得财富期望效用达到最大化。当不考虑金融开放的影响时，t_0 时期：

$$Z_0 = I_t^k + I_t^f, \quad t = 0 \qquad (9-1)$$

设投资 t 期后总财富为 Z_t，于是有：

$$Z_t = (1 + i_t^k) I_t^k + (1 + i^f) I_t^f \qquad (9-2)$$

由式（9-1）和式（9-2）可以进一步得到：

$$Z_t = Z_0 (1 + i^f) + (i_t^k - i^f) I_t^k \qquad (9-3)$$

企业选择固定资产投资 I_t^k，使自身财富的期望效用达到最大化，即有

[①] 参见：Tobin（1965）、Tornell（1990）、Le and Zak（2006）、Demir（2009）。

$$\max_{I_t^k} E \sum_{t=0}^{\infty} \beta^t U(Z_t) \qquad (9-4)$$

在约束条件式（9-3）下求式（9-4）的效用最大值，并运用 Stein's 引理①得到最优固定资产投资为

$$I_t^{k*} = E(i_t^k - i^f)/[\gamma \times \mathrm{Var}(i_t^k)] \qquad (9-5)$$

其中，$\gamma = -[E(U''(Z_t))]/[E(U'(Z_t))]$，为绝对风险厌恶系数，假定该系数为常数，同时假定企业为风险厌恶者，因而有 $\gamma > 0$。$\mathrm{Var}(i_t^k)$ 为固定资产投资收益率的方差，代表经济的不确定性或者风险。这样，式（9-5）意味着企业选择最优固定资产投资时总有 $E(i_t^k - i^f) > 0$。

设开放经济中金融开放度为 τ，由于金融开放对企业固定资产投资和金融资产投资组合产生影响，假设企业 t_0 时期选择固定资产投资变为 $I_t^{k'} = [1 + f(\tau)]I_t^k$，$f(\tau)$ 为 τ 的函数，则选择金融资产投资为 $I_t^{f'} = I_t^f - f(\tau) I_t^k$。即有：

$$Z_0 = I_t^k + I_t^f = I_t^{k'} + I_t^{f'}, \quad t = 0 \qquad (9-6)$$

说明金融开放使得企业最初选择投资组合发生了变化，但总投资不变。这样式（9-5）变为：

$$I_t^{k'*} = [1 + f(\tau)]E(i_t^k - i^f)/[\gamma \times \mathrm{Var}(i_t^k)] \qquad (9-7)$$

两端取对数得：

$$\log(I_t^{k'*}) = \log[1 + f(\tau)] + \log[E(i_t^k - i^f)] - \log(\gamma) - \log[\mathrm{Var}(i_t^k)] \qquad (9-8)$$

由式（9-6）、式（9-7）可得：

$$I_t^{f'*} = Z_t - [1 + f(\tau)]E(i_t^k - i^f)/[\gamma \times \mathrm{Var}(i_t^k)] \qquad (9-9)$$

由式（9-9）作适当变换后两端取对数，另外，由于 $[1 + f(\tau)]E(i_t^k - i^f)/Z_t[\gamma \times \mathrm{Var}(i_t^k)] < 1$，所以可利用 $\log(1-x) \approx -\log(x)$，从而得到：

$$\log(I_t^{f'*}/Z_t) = \log(Z_t) - \log[1 + f(\tau)] - \log[E(i_t^k - i^f)] + \log(\gamma) + \log[\mathrm{Var}(i_t^k)] \qquad (9-10)$$

式（9-8）和式（9-10）表明企业固定资产投资和金融资产投资与金融开放度函数 $f(\tau)$ 有关。如果 $f(\tau)$ 符号为负，表明在总投资不变的前提下，金融开放对固定资产投资有负向影响，而对金融资产投资有正向影响。

---

① $\mathrm{Cov}[f(x), y] = E[f'(x)]\mathrm{Cov}(x, y)$

根据前述分析的经济事实，金融开放逐步扩大过程中固定资产投资相对下降而金融资产相对上升，所以可以假定总投资不变时，金融开放度函数的表达式为：

$$f(\tau) = -k\tau \qquad\qquad (9-11)$$

即 $f(\tau)$ 为 τ 的一次线性函数，斜率为 $-k$，这里 $0 < k < 1$。将金融开放度标准化为 $(0, 1]$，即 $0 < \tau \leq 1$，因而 $\log[1 + f(\tau)]$ 的符号为负，由式（9-8）和式（9-10）可知，随着金融开放度加大，固定资产投资相应减少，金融资产投资相应增加。其中 k 与后文式（9-12）中的 β_1 绝对值存在比例关系。

另外，式（9-8）还表明企业固定资产投资随着固定资产投资收益率与金融资产收益率差额的扩大而增加，随着经济中风险或不确定性程度加大而减少。式（9-10）还表明企业金融资产投资与总资产比值受企业资产规模、固定资产投资收益率与金融资产收益率差额、经济中风险或不确定性有关。并且企业金融资产投资随着固定资产投资收益率与金融资产收益率差额的扩大而减少，随着经济中风险或不确定性程度加大而增加。

9.3.2　影响机制及研究假设

9.3.2.1　影响机制

前文通过理论考察得到金融开放变量与企业固定资产投资和金融资产投资的关系式，在总投资不变的前提下，金融开放引起固定资产投资减少，金融资产投资增加。那么金融开放是如何影响二者的组合呢？金融开放政策引起资本跨境流入和流出，资本的跨境流动实际上构成了金融开放的事实指标。因而金融开放对企业固定资产投资 – 金融资产组合的影响机制，其实质是资本流入和流出通过哪些渠道最终影响二者的组合。一般有以下渠道：第一，价格渠道。金融开放引起的资本流动会通过价格渠道对企业固定投资和金融资产组合产生影响。资本流动会改变贸易品部门商品的相对价格使得企业储蓄减少、就业人员下降而对企业固定投资产生负面影响（Frenkel and Ros，2006）。第二，汇率渠道。金融开放引起资金流入可能引起金融资产价格上升，促使国内物价上涨实际汇率上升，从而进口增加出口减少，企业投资减少造成更多资金流向金融资产。相反，当国内金融资产价格下降时，促使国内物价下降、实际汇率下降，从而出口增加进口减少。一方面，企业投资增加吸引更多资金用于固定资产投资；另一方面，在金融自由化下国内企业可能增加对外直接投资而导致更多资本跨境流出，从而影响国内固定资产投资。另外，资本流动引起汇率的过度波动会增加通货膨胀的不确定性，从而导致实体部门将资金投向金融资产（Felix，1998；UNCTAD，2006）。价格和汇率传导渠道产生的影响最终都可以通过通货膨胀的变化对二者组合的影响体现出来。第三，直接影响。随着金融开放扩大，金融市场自由化程度提高，资本流动更加自由，这给企业逐利资本提供了更多投资选择。一方面，国内金融市场逐渐增长的收益率，可能会鼓励更多企业选择短期金融资产投资而不是长期固定资产投资项目。也就是说，金融市场越来越容易获得且越来越便利的可选择投资机会，可能促使实体部门将储蓄转换成投资短期金融资产而不是长期固定资本形成额，因而造成这些企业固定资产投资下降金融资产投资增加。在对中国 2057 个企业数据分析后发现，企业固定资产与金融资产比从 2004~2016 年呈明显下降趋势，而此期间固定资产投资收益率明显下降，金融资产收益率明显上升追上并高于前者。这在一定程度上说明了企业为追求利润可能将更多资本投向收益更高、更具流动性且可以逆转的金融资产，而不是选择投资不可逆转的固定资产。本章后面的实证研究结果也表明，金融开放度相同时，金融资产收益率提高确实降低了企业固定资产投资与金融资产的比例，从而充分证实了这种直接影响。另一方面，金融开放扩大后为国内企业资本直接进入国际金融市场提供更多机会，一旦国际市场出现金融创新产品或者金融资产收益率较高时，国内企业资本同样因逐利行为而大量跨境流出，这将直接影响国内企业的固定资产投资。

9.3.2.2 研究假设

根据前面分析，金融开放扩大背景下实体经济行业固定资产投资实际利用外资呈下降趋势，同时金融资产规模却越来越大。金融开放引起国外资本跨境流入逐年增加，但进入实体经济企业进行固定资产投资的外资却呈下降趋势，整个行业固定资产投资与对外直接投资比例也呈明显下降趋势。另外，前文在对分行业实际利用外资、分行业对外直接投资以及分行业固定资产投资实际利用外资分析时发现，第一层次 R_0 企业、第二层次中的 $R_1 - R_0$ 企业和第三层次中的 $R_2 - R_1$ 企业表现出明显的差异性。表明金融开放可能对不同行业固定资产投资和金融资产投资的影响存在差异，基于此，同时根据理论考察，本章提出如下假设：

假设 1：研究样本期间，金融开放引起资本跨境流动促使实体经济企业固定资产投资相对下降，金融资产投资相对增加。

假设 2：金融开放对实体经济不同行业的企业固定资产投资和金融资产组合产生的影响存在差异。

另外，为进一步分析资本跨境流动对企业投资的影响，同时考虑到金融开放引起的资本跨境流入和跨境流出可能对行业固定资产投资和金融资产投资的影响存在差异，在假设 2 的前提下进一步提出如下假设：

假设 2a：金融开放引起资本跨境流入和跨境流出对实体经济企业固定资产投资和金融资产组合产生的影响存在差异。

9.3.3 模型设计和变量定义

结合式（9 – 8）和式（9 – 10），可以看出影响固定资产投资与金融资产组合比 $I_t^{k^*}/I_t^{f^*}$ 的主要因素包括企业资产规模、金融开放度、固定资产投资收益率与金融资产收益率差额、经济中风险或不确定性。同时，考虑到企业当期投资行为可能受到以前投资行为的影响，最终本章建立基本动态面板回归方程如式（9 – 12）所示。其中 FO_{it} 为核心解释变量，为了控制其他因素的影响，根据理论考察和已有文献（Demir，2009）加入了相应的控制变量。

$$IKF_{it} = \beta_0 + \sum_{k=1}^{p} \alpha_k IKF_{it-k} + \beta_1 FO_{it} + \beta_2\, CTRL_{it} + \mu_i + \varepsilon_{it} \qquad (9-12)$$

其中，IKF_{it} 为被解释变量，等于企业固定资产投资与企业金融资产之比，解释变量包含了被解释变量的多阶滞后项，以检验当期投资是否受到前期投资的影响。FO_{it} 为金融开放度，分 FO、FOTA、FOTD 三个衡量指标，分别代表对外投资资产和负债总和与 GDP 比值、对外投资总资产与 GDP 比值和对外投资总负债与 GDP 比值。虽然金融开放引起资本流动对固定资产投资和金融资产投资都会产生影响，根据前文分析，预期金融开放变量系数符号为负号。

$CTRL_{it}$ 为控制变量，包括：

（1）标准投资理论中的资本产出比 $KGDP_{it-1}$。该值下降意味着要增加新投资，所以预期其系数符号为负，使用滞后一期变量是考虑到预期、调整成本和传递滞后性（Abel and Blanchard，1986）。

（2）固定资产投资收益率与金融资产收益率差额 $RGAP_{it-1}$。一般而言预期二者差额越大对固定资产投资与金融资产组合比例的影响就越大，使用滞后一期变量一方面考虑收益差额可能给企业未来从事非营业活动提供了市场信号，另一方面考虑到机会成本效应。金融资产投资增加意味着更多资源从企业长期固定资产投资项目中转移出去而使得新的固定资产投资支出减少，因此预期其系数符号为正，即收益差额越大引起固定资产投资增加而使金融资产投资减少。

（3）企业规模 AT_{it}，使用企业资产期初总额对数值表示，一般而言，企业规模越大投资总额也越大，但究竟是固定资产投资增长更快还是金融资产投资增长更快是不确定的，这与经济环境等诸多因素有关，因而该变量对二者比值影响不确定。

（4）企业资本结构变量 DA_{it}，使用企业期初负债总额与资产总额比值衡量。由于总负债分为短期负债和长期负债，短期负债中的许多项目更多可能与金融资产投资有关，长期负债才是公司为生存发展而主动选择的融资方式，更多项目与固定资产投资有关，因而该变量对二者比值的影响也不确定。

（5）银行给私有部门的信贷总额与 GDP 比值 $PLOAN_{it}$。控制资本市场不完美效应和信贷可获得性效应。预期信贷可获得性能够激励新资本积累，因而预测该变量系数符号为正。

（6）实际 GDP 增长率 $GRTH_{it}$。控制总需求和投资者预期变化的影响，一方面总需求增加和预期经济正增长会激励企业分配更多资源投资固定资产，另一方面企业可能预期经济向好而将资金投向收益更高的金融资产，因而预测该变量对二者比值的影响不确定。

（7）宏观经济不确定性或风险变量 $RISK_{it}$。有关宏观经济不确定性代理变量的选择，有的文献使用宏观变量变化的标准差序列替代，有的文献使用宏观变量变化的条件方差序列替代，本章遵循大多数文献的选择使用条件方差序列替代，因为与无条件方差相比条件方差包含了历史信息集是度量不确定性较好的指标（Talavera et al.，2012）。本章使用 2003 年第一季度到 2019 年第四季度 GDP 变化率数据，通过广义自回归条件异方差模型 GARCH（1，1）得到条件方差序列，然后将季度数据转换成年度数据作为宏观经济不确定性或者风险的代理变量①，由于经济不确定性对固定资产和金融资产投资都会产生一定影响，所以该变量对二者比值的影响不确定。各变量定义和预测符号如表9－1所示。

表9－1 变量含义及预期符号

类型	变量	含义	预期符号
被解释变量	IKF	企业固定资产投资与企业金融资产之比	
核心解释变量	FO	金融开放度：（对外投资资产＋负债－黄金储备）/GDP	－
	FOTA	金融开放度（资本流出）：（对外投资资产－黄金储备）/GDP	－
	FOTD	金融开放度（资本流入）：对外投资负债/GDP	－
控制变量	KGDP	资本产出比：期初固定资本存量/营业总收入	－
	RGAP	固定资产投资收益 RK 与金融资产收益 RF 差额	＋
	AT	企业规模：企业期初资产总额取对数	不确定
	DA	企业资本结构：企业期初负债总额与资产总额比值	不确定
	RISK	宏观经济不确定性，使用 GDP 变化率的条件方差作代理变量	不确定
	GRTH	实际 GDP 增长率	不确定
	PLOAN	私有部门的信贷总额/GDP	＋

9.4 实证分析

9.4.1 研究样本和数据处理

根据中国证监会 2012 年新版行业分类分别将非金融企业分为 R_0、R_1 和

---

① 宏观经济不确定性的具体计算步骤可参考王义中和宋敏（2014）。

R_2 三个层次作为研究对象①。同时将中国证监会要求 A 股上市公司发布季报的年份 2002 年之后的一年作为研究起点，所以研究样本为 2003～2019 年所有 A 股非金融上市公司财务合并报表的数据。使用 winsor2 分别对 IKF、$KGDP$、RK、RF、TA、DA 六个变量两端各 1% 的异常值进行缩尾处理，同时删除所有含缺省值的记录样本，最后计量回归分析 R_0、R_1 和 R_2 的有效样本数分别为 16399 个、19660 个和 26150 个。本章除其他具体说明外，所有数据均来自国泰安经济金融研究数据库。

被解释变量 IKF 为企业固定资产投资与金融资产之比。其中固定资产投资等于固定资产净额期末与期初值差额，金融资产计算参照《企业会计准则》和胡奕明等（2017），2003～2006 年金融资产等于货币资金、短期投资净额、应收利息净额和长期债权投资净额之和，2007～2019 年金融资产等于货币资金、交易性金融资产、衍生金融资产、短期投资净额、应收利息净额、买入返售金融资产净额、可供出售金融资产净额、持有至到期投资净额、长期应收款净额和投资性房地产资产之和。

控制变量资本产出比 $KGDP$ 等于期初固定资本净额除以营业总收入。$RGAP$ 等于固定资产收益率 RK 减去金融资产收益率 RF，其中固定资产收益率等于固定资产净利润除以固定资产期初与期末余额的平均值。金融资产收益率计算如下：先计算金融资产收益，由三个部分加总得到：第一，各类金融资产投资收益和持有金融机构而获得的长期股权投资收益；第二，公允价值变动，包括交易性金融资产、交易性金融负债和投资性房地产的公允价值变动；第三，利息收入。三个部分数据均来自上市公司附注表，其中前两个部分数据来自投资收益表，利息收入数据来自财务费用表。加总的金融资产收益除以总金融资产得到金融资产收益率。

金融开放度 FO 数据 2003～2011 年来自菲利普和米勒斯–弗莱提（Philip and Milesi-Ferretti，2007）及其后来对数据序列的扩展，笔者根据其计算规则将 FO 数据分解为资本流出金融开放指标 $FOTA$ 和资本流入金融开放指标

---

① R_0 包括：制造业。R_1 包括：R_0；农林牧渔业；采矿业；电力、热力、燃气及水生产和供应业；建筑业。R_2 包括：R_1；批发和零售业；交通运输、仓储和邮政业；住宿和餐饮业；信息传输、软件和信息技术服务业；租赁和商务服务业；科学研究和技术服务业；水利、环境和公共设施管理业；居民服务、修理和其他服务业；教育；卫生和社会工作；文化、体育和娱乐业。

$FOTD$。2013～2019 年数据由笔者计算得到，数据来源于国际货币基金组织的国际投资头寸统计（International Investment Position Statistics，IIPS）。IIPS 包括资产和负债两个部分，其中资产减去黄金储备得到资本流出，负债即为资本流入。资本流入与资本流出之和除以名义 GDP 得到金融开放度 FO，资本流出除以名义 GDP 得到资本流出开放指标 $FOTA$，资本流入除以名义 GDP 得到资本流入开放指标 $FOTD$。其中名义 GDP 数据来自国泰安经济金融研究数据库。控制变量 $RISK$ 使用 GDP 变化率的条件方差作为代理变量。实际 GDP 增长率由名义 GDP 除以 CPI 指数后的实际 GDP 计算得到，其中 CPI 指数以 1978 年为基期。此两变量数据均来自国家统计局网站。私营部门贷款占 GDP 比重 $PLOAN$ 数据来自世界银行。

表 9 - 2 为各变量的描述性统计。由表 9 - 2 可知，按照 R_0、R_1 和 R_2 三个层次分，企业的固定资产收益率 RK 与金融资产收益率 RF 均值有较大差异，其中 R_0、R_1 企业后者比前者分别高出 0.028 和 0.029，R_2 企业后者比前者高出 0.012。同时，各个层次企业 RF 的标准误都明显大于 RK 的标准误，且 RF 的最大值比 RK 都大，最小值比 RK 都小，因而样本期间金融资产收益率相对来说可能更高但波动性大，说明金融资产投资收益率虽然更高但风险相对也更大。

表 9 - 2　　　　实体经济三个层次 R_0、R_1 和 R_2 各变量描述性统计

层次	变量	均值	标准误	最小值	最大值	层次	变量	均值	标准误	最小值	最大值
R_0	IKF	0.198	0.870	- 3.559	4.270	R_1	IKF	0.230	1.068	- 4.305	5.683
	$KGDP$	0.701	1.501	0.018	12.630		$KGDP$	0.833	1.901	0.016	16.230
	$RGAP$	- 0.028	0.170	- 1.213	0.595		$RGAP$	- 0.029	0.189	- 1.317	0.730
	RK	0.025	0.052	- 0.126	0.303		RK	0.025	0.054	- 0.126	0.322
	RF	0.054	0.166	- 0.502	1.087		RF	0.054	0.186	- 0.638	1.191
	AT	21.810	1.148	19.410	25.210		AT	21.910	1.256	19.270	25.840
	DA	0.456	0.210	0.056	1.074		DA	0.473	0.213	0.058	1.108

续表

层次	变量	均值	标准误	最小值	最大值	层次	变量	均值	标准误	最小值	最大值
R_2	IKF	0.201	1.046	-4.517	5.507	其他变量	FO	1.017	0.089	0.792	1.157
	KGDP	0.854	1.993	0.007	16.900		FOTA	0.601	0.073	0.401	0.704
	RGAP	-0.012	0.198	-1.297	0.913		FOTD	0.412	0.038	0.336	0.461
	RK	0.035	0.086	-0.146	0.630		RISK	0.025	0.017	-0.008	0.059
	RF	0.046	0.188	-0.821	1.152		GRTH	0.092	0.034	0.054	0.161
	AT	21.880	1.252	19.180	25.730		PLOAN	1.301	0.163	1.019	1.567
	DA	0.472	0.218	0.054	1.162		—	—	—	—	—

注：RK 和 RF 分别为固定资产投资收益率和金融资产收益率，其他变量见表9-1定义。

9.4.2 实证结果分析

本章使用的软件为 STATA 15.0 版本。为了避免变量之间、变量与残差项之间的内生性问题，本章使用系统广义矩两步法对所有模型进行估计。同时，为了获得稳健标准误，使回归结果更稳健可信，估计时还使用温德梅耶尔（Windmeijer，2005）提出的 WC-robust 方法。由于系统 GMM 是将差分方程和水平方程作为一个方程系统进行 GMM 估计，所以需要对差分后的残差序列进行一阶和二阶自相关性检验。同时，为了确保所有工具变量的有效性，还需要检验模型是否存在过度识别问题。本章回归分析过程中分别对估计结果进行了这两项检验。

9.4.2.1 金融开放对实体经济三个层次企业的影响

表9-3显示了金融开放指标 FO 和其他变量对各层次实体经济企业固定资产投资-金融资产组合比值影响的回归结果。

表 9-3 实体经济三层次 R_0、R_1 和 R_2 回归结果[①]

变量	R_0		R_1		R_2	
	(1)	(2)	(3)	(4)	(5)	(6)
FO	-0.266 * (-1.72)	-0.340 ** (-2.13)	-0.460 * (-2.93)	-0.469 *** (-2.95)	-0.352 ** (-2.46)	-0.312 ** (-2.87)
KGDP	-0.916 *** (-12.97)	-0.855 *** (-12.27)	-0.897 *** (-14.67)	-0.815 *** (-13.14)	-0.797 ** (-16.50)	-0.734 ** (-15.41)
L. RGAP	0.167 (1.78)	0.199 ** (2.23)	0.174 (1.89)	0.201 ** (2.28)	0.156 ** (2.06)	0.189 * (2.52)
AT		0.426 *** (8.96)		0.529 ** (10.61)		0.492 *** (12.65)
DA		0.229 (1.48)		0.205 (1.28)		0.184 (1.31)
RISK		-10.285 ** (-9.22)		-11.622 ** (-9.96)		-10.749 ** (-10.97)
GRTH		-1.197 ** (-4.66)		-0.938 *** (-3.47)		-0.994 *** (-4.14)
PLOAN		-0.0004 (-0.26)		-0.001 (-0.61)		-0.002 (-1.19)
常数项	0.805 *** (4.99)	-7.589 ** (-7.56)	1.077 ** (6.57)	-9.501 *** (-9.21)	0.890 * (5.98)	-8.779 ** (-10.86)
AR (1)	0.000	0.000	0.000	0.000	0.000	0.000
AR (2)	0.111	0.255	0.568	0.332	0.098	0.197
Wald	0.000	0.000	0.000	0.000	0.000	0.000

[①] 本章对 R_0、R_1、R_2 三个层次企业分别做了固定效应、随机效应和系统 GMM 估计，发现三种方法估计结果显示所有变量的系数符号和显著性都基本一致（表明模型的结论是稳健的），同时不存在年度效应。考虑到投资量易受前期投资的影响（实证结果也证明了这一点，因为表 9-3～表 9-6 中 L. IKF 系数都很显著）和系统 GMM 可以提高估计的效率，最终选择系统 GMM 估计方法。

续表

变量	R_0		R_1		R₂	
	（1）	（2）	（3）	（4）	（5）	（6）
Sargan	0.086	0.058	0.213	0.627	0.083	0.301
样本数	16399	16399	19660	19660	26150	26150
企业数	1901	1901	2213	2213	2908	2908

注：*、**、***分别表示在 10%、5% 和 1% 的置信水平上显著；小括号内为对应的 T 统计量；AR（1）和 AR（2）为 Arellano-Bond 检验对应的 p 值，分别检验扰动项的差分是否存在一阶和二阶自相关，Wald 为检验整体参数显著性统计量的 p 值，Sargan 为检验工具变量有效性统计量的 p 值。

被解释变量一阶和二阶滞后项回归系数为正且都显著，说明企业当期投资行为明显地受到前两期投资行为的影响，前两期固定资产投资相对金融资产投资越多，本期二者的比值就越大（表中未报告）。资本产出比 KGDP 系数符号为负，与预期符号一致，说明资本产出比上升，企业将减少固定资产投资额，在金融资产不变或者金融资产相应增加时都将引起固定资产投资与金融资产组合比值下降。固定资产投资收益与金融资产收益差额 RGAP 系数符号也与预期符号一致，所有回归模型中 RGAP 系数符号都为正，表明金融开放环境下企业资本流向与经济学投资理论一致，预期利润越高投资越多。即固定资产投资收益与金融资产收益差额越大，实体经济企业愿意将更多资本投向固定资产而不选择风险更高的金融资产。实际 GDP 增长率 GRTH 系数符号为负，模型（2）、模型（4）和模型（6）中 GRTH 系数都通过了 5% 的显著性水平检验，说明样本期间经济增长或者总需求扩大对实体经济企业固定资产投资和金融资产组合产生了显著负向影响。宏观经济不确定性变量 RISK 系数为负且都非常显著，说明在面临较多投资选择时经济中的不确定性和风险对实体经济企业新的固定资产投资会产生负面影响，企业可能会偏向选择收益较快、时期较短的金融资产投资。银行给私有部门信贷的增加并没有促使实体经济企业固定资产投资相应增加，银行给私有部门信贷总额与 GDP 比值 PLOAN 的系数为负，与预期符号相反，不过未通过显著性检验，说明样本期内私有部门获得的贷款并没有促进固定资产投资增加，而是可能将资本更多地用于金融资产投资。企业规模 AT 和资本结构 DA 的系数符号都为正，前者都通过显著性水平检验。表明企业规模越大用于固定资产投资的资本相对金融资产投资的资本就越多，企业债务资产比越大企业固定资产投资相对增加，这可能与企业债务结构中长期债务比例较大有关。

金融开放扩大显著降低了固定资产投资与金融资产组合比值，不管是无其他控制变量还是加入其他控制变量，所有模型中 FO 的系数都为负数，并且都通过了显著性水平检验。该结论完全符合直觉和经验预期，也验证了本章的研究假设 1。表明样本期间金融开放显著影响了实体经济企业对固定资产投资和金融资产组合的选择，金融开放扩大会引起企业固定资产投资相对下降，企业将更多资本投向金融资产。同时，金融开放对不同层次实体经济企业固定资产投资－金融资产组合比值的影响明显不同。从加入控制变量后模型（2）、模型（4）、模型（6）的回归结果看，金融开放对第二层次 R_1 实体经济企业的固定资产投资与金融资产投资比值影响最大，其次是第一层次 R_0，对第三层次 R_2 投资组合比值影响最小。金融开放度提高 1%，使得制造业（即 R_0）企业固定资产投资与金融资产投资组合比值下降约 0.34%。而当加入农业、建筑业和其他工业企业后（即 R_1），金融开放度提高 1%，该比值由下降 0.34% 提高到下降 0.47%。表明金融开放对后加入的这些行业固定资产投资和金融资产比值的影响更大一些。当再加入除房地产业和金融业以外的其他服务业企业后（即 R_2），金融开放度提高 1%，该比值由下降 0.47% 变到下降 0.32%。表明金融开放对后加入的这些行业固定资产投资和金融资产组合比值的影响又变小了。

为了进一步了解金融开放对实体经济不同行业企业固定资产投资和金融资产组合的影响，接下来将三个不同层次中的企业进一步分开分别进行回归分析。即再单独对第二层次中的 $R_1 - R_0$ 企业和第三层次中的 $R_2 - R_1$ 企业回归，回归结果再与实体经济第一层次 R_0 企业进行比较。

9.4.2.2　金融开放对实体经济不同行业企业的影响

这部分在前述回归分析基础上，将企业分为 R_0、$R_1 - R_0$、$R_2 - R_1$ 三组进行比较。主要目的是了解金融开放对实体经济不同行业企业固定资产投资与金融资产组合比值的影响。$R_1 - R_0$、$R_2 - R_1$ 回归结果见表 9-4。表中数据再次证明金融开放对农业、建筑业和其他工业企业固定资产投资与金融资产组合比值的影响最大，其次是制造业企业［见表 9-3 模型（2）］，再次是除房地产业和金融业以外的其他服务业企业。金融开放度提高 1%，$R_1 - R_0$ 企业、

R_0 企业固定资产投资与金融资产比值分别下降 0.98% 和 0.34%，而 $R_2 - R_1$ 企业 FO 系数不显著。该回归结果也验证了本章假设2[①]。

表 9 - 4　　　　　　　　　实体经济不同行业回归结果

变量	$R_1 - R_0$			$R_2 - R_1$		
	(7)	(8)	(9)	(10)	(11)	(12)
FO	-0.980 *** (-2.61)			-0.359 (-1.35)		
FOTA		-1.757 *** (-2.94)			-1.003 * (-2.18)	
FOTD			-1.679 * (-2.18)			-0.211 (-0.42)
KGDP	-0.903 *** (-23.37)	-0.903 *** (-23.42)	-0.904 ** (-23.35)	-0.642 ** (-11.65)	-0.640 * (-11.59)	-0.643 *** (-11.70)
L. RGAP	0.165 ** (2.07)	0.154 * (1.95)	0.159 ** (1.96)	0.077 (1.17)	0.074 (1.13)	0.075 (1.15)
AT	0.927 *** (12.31)	0.920 *** (12.07)	0.918 *** (12.21)	0.331 *** (7.31)	0.334 *** (7.37)	0.331 *** (7.34)
DA	0.713 * (2.27)	0.717 * (2.28)	0.708 * (2.26)	0.263 (1.81)	0.256 * (1.77)	0.268 (1.84)
RISK	-18.440 *** (-8.07)	-18.091 *** (-7.74)	-18.127 *** (-8.07)	-8.512 *** (-5.84)	-8.825 *** (-5.90)	-8.036 ** (-5.62)
GRTH	-0.291 (-0.59)	-0.150 (-0.30)	-0.471 (-0.98)	-0.970 *** (-3.09)	-0.869 ** (-2.76)	-1.048 ** (-3.33)
PLOAN	-0.0003 (-0.11)	-0.002 (-0.63)	0.001 (0.16)	-0.002 (-0.78)	-0.002 (-0.91)	-0.002 (-0.96)
常数项	-17.771 ** (-10.41)	-17.381 ** (-10.08)	-17.998 ** (-10.78)	-5.617 *** (-5.93)	-5.370 *** (-5.61)	-5.880 *** (-6.35)
AR (1)	0.000	0.001	0.001	0.000	0.000	0.000
AR (2)	0.312	0.310	0.323	0.119	0.125	0.116

① 我们使用"引入交叉项方法（CHOW 检验）"对 R_0、$R_1 - R_0$ 和 $R_2 - R_1$ 三个子样本回归后 FO 系数的差异性进行了检验，发现 R_0 和 $R_1 - R_0$、$R_1 - R_0$ 和 $R_2 - R_1$、R_0 和 $R_2 - R_1$ 系数差异性检验交叉项系数的 p 值分别为 0.055、0.024 和 0.097，表明三个不同行业 FO 系数存在显著的差异性。

续表

变量	$R_1 - R_0$			$R_2 - R_1$		
	（7）	（8）	（9）	（10）	（11）	（12）
Wald	0.000	0.000	0.000	0.000	0.000	0.000
Sargan	0.378	0.410	0.401	0.492	0.478	0.505
样本数	3261	3261	3261	6490	6490	6490
企业数	312	312	312	695	695	695

注：*、**、*** 分别表示在 10%、5% 和 1% 的置信水平上显著；小括号内为对应的 T 统计量；AR（1）和 AR（2）为 Arellano-Bond 检验对应的 p 值，分别检验扰动项的差分是否存在一阶和二阶自相关，Wald 为检验整体参数显著性统计量的 p 值，Sargan 为检验工具变量有效性统计量的 p 值。

金融开放对不同行业固定资产和金融资产投资组合的影响差异性可能来自各个行业固定收益率的差异。通过计算 R_0、$R_1 - R_0$ 和 $R_2 - R_1$ 三类企业 2003～2019 年固定资产收益率年均值发现，$R_1 - R_0$ 企业固定资产收益率年均值最低，只有 2.07%，其次是 R_0 企业，为 2.32%，$R_2 - R_1$ 企业最高，为 5.19%。这样，三类企业面临相同收益的金融资产时，$R_1 - R_0$ 最有可能将更多资金转向投资金融资产而使固定资产投资相对减少更多，而 $R_2 - R_1$ 企业则因固定资产投资收益率相对较高受这种影响相对较小。事实上从 2003～2019 年三类企业固定资产 – 金融资产投资组合比值变化可以看出这种影响。$R_1 - R_0$ 企业二者组合比值从 2003 年的 0.791 下降到 2019 年的 0.236，年均下降 5.4%，高于 R_0 企业和 $R_2 - R_1$ 企业年均下降率 4.50% 和 1.38%。

9.5 进一步分析

9.5.1 资本跨境流入流出的影响

通过金融开放引起的资本跨境流动对一国实体经济企业固定资产投资和金融资产投资会产生双重影响。跨境流入的资本可能进入实体经济部门，也可能进入虚拟经济部门，而进入实体经济部门的资本可能用于固定资产投资，也可能用于金融资产购买。跨境流出的资本可能本身可以用于国内实体经济企业的固定资产投资项目。因而资本跨境流入流出对固定资产投资－金融资产组合比值会产生一定的影响。

表9－5显示了由资本跨境流入和跨境流出衡量的金融开放度指标对三个不同层次实体经济企业二者之比的影响。表中数据表明金融开放引起跨境流出和流入的资本都显著降低了实体经济企业固定资产投资－金融资产组合比值，并且国外资本跨境流入使得实体经济企业固定资产投资下降比例相对更大。跨境流入资本衡量的金融开放度指标上升1%，分别引起R_0、R_1和R_2三个层次企业二者之比下降0.65%、0.85%和0.88%，而国内跨境流出资本衡量的金融开放度指标上升1%，则分别引起R_0、R_1和R_2三个层次企业二者之比下降0.52%、0.76%和0.56%。该结果进一步说明跨境流出的资本更多来自国内实体部门企业固定资产投资项目减少而积累起来的资本，跨境流入的资本更多进入了金融资产投资领域。同时，该回归结果也验证了本章假设2a。结合表9－4中的数据，可以再次看出使用跨境流出资本和跨境流入资本衡量的金融开放度对不同企业固定资产投资－金融资产组合比值有着显著不同的影响。跨境资本流出和跨境资本流入对$R_1 - R_0$企业的影响都最大，金融开放度提高1%，分别使二者比例下降1.76%和1.68%。资本跨境流出对$R_2 - R_1$企业的影响大于对R_0企业即制造业的影响，金融开放度提高1%，分别使$R_2 - R_1$和R_0企业二者比例下降1.00%和0.52%。跨境资本流入对$R_2 - R_1$企业二者比例的影响不显著。

表9－5 资本跨境流入流出对实体经济不同层次企业的影响

变量	R_0		R_1		R_2	
	(13)	(14)	(15)	(16)	(17)	(18)
FOTA		-0.524 * (-1.73)		-0.760 ** (-2.52)		-0.555 ** (-2.01)
FOTD	-0.648 * (-2.36)		-0.852 *** (-3.10)		-0.884 ** (-3.47)	
KGDP	-0.855 *** (-12.25)	-0.854 ** (-12.26)	-0.815 ** (-13.13)	-0.815 *** (-13.14)	-0.734 *** (-15.41)	-0.733 *** (-15.40)

续表

变量	R_0		R_1		R_2	
	（13）	（14）	（15）	（16）	（17）	（18）
L. RGAP	0. 195 * （2. 19）	0. 203 * （2. 28）	0. 198 * （2. 24）	0. 204 * （2. 31）	0. 186 ** （2. 48）	0. 189 ** （2. 53）
AT	0. 428 *** （9. 01）	0. 425 ** （8. 91）	0. 533 ** （10. 68）	0. 525 *** （10. 54）	0. 495 ** （12. 70）	0. 491 *** （12. 62）
DA	0. 225 （1. 46）	0. 228 （1. 47）	0. 199 （1. 25）	0. 208 （1. 30）	0. 177 （1. 27）	0. 190 （1. 36）
RISK	− 10. 313 *** （ − 9. 12）	− 10. 102 ** （ − 9. 05）	− 11. 703 ** （ − 9. 93）	− 11. 352 ** （ − 9. 78）	− 10. 926 *** （ − 11. 00）	− 10. 414 ** （ − 10. 71）
GRTH	− 1. 148 *** （ − 4. 42）	− 1. 255 ** （ − 4. 96）	− 0. 883 *** （ − 3. 25）	− 1. 012 *** （ − 3. 79）	− 0. 932 ** （ − 3. 86）	− 1. 058 ** （ − 4. 44）
PLOAN	− 0. 001 （ − 0. 54）	− 0. 0002 （ − 0. 12）	− 0. 002 （ − 0. 92）	− 0. 001 （ − 0. 41）	− 0. 002 （ − 1. 45）	− 0. 002 （ − 1. 18）
常数项	− 7. 528 ** （ − 7. 51）	− 7. 725 ** （ − 7. 74）	− 9. 475 *** （ − 9. 21）	− 9. 650 * （ − 9. 39）	− 8. 651 *** （ − 10. 71）	− 8. 982 *** （ − 11. 18）
AR （1）	0. 000	0. 000	0. 000	0. 000	0. 000	0. 000
AR （2）	0. 270	0. 259	0. 754	0. 773	0. 192	0. 206
Wald	0. 000	0. 000	0. 000	0. 000	0. 000	0. 000
Sargan	0. 064	0. 055	0. 180	0. 147	0. 289	0. 323
样本数	16399	16399	19660	19660	26150	26150
企业数	1901	1901	2213	2213	2908	2908

注：*、**、***分别表示在10%、5%和1%的置信水平上显著；小括号内为对应的 T 统计量；AR（1）和 AR（2）为 Arellano-Bond 检验对应的 p 值，分别检验扰动项的差分是否存在一阶和二阶自相关，Wald 为检验整体参数显著性统计量的 p 值，Sargan 为检验工具变量有效性统计量的 p 值。

9.5.2　收益率的影响

前文分析金融开放对企业固定资产投资 – 金融资产组合的影响机制指出，金融开放直接造成企业逐利资本投资收益率更高的金融资产，本章实证检验收益率变化是否影响金融开放对企业资产组合效应产生影响。前述分析发现，固定资产投资收益率与金融资产收益率差额（后者高于前者的差额）的提高会降低实体经济企业固定资产投资与金融资产组合比例，这验证了已有文献提出的观点：金融资产收益率的快速增长是造成经济资本形成率下降的原因之一。本章通过对 2134 个企业共 12496 个样本计算，发现 2003～2016 年实体经济企业获取的金融资产收益率年均值呈现明显上升趋势，固定资产投资收益率年均值虽然也呈现明显上升，但 2006～2015 年金融资产收益率年均值一直高于固定资产投资收益率年均值，见图 9 – 7。由图 9 – 7 可看出，实体经济企业金融资产收益率 2007 年之前出现快速增长，从 2003 年的 0.008 上升到 2007 年的 0.050，而且从 2005 年开始金融资产收益率与固定资产投资收益率差额逐渐增加，虽然 2010 年、2011 年二者差距有所缩小，但 2012 年之后的几年二者差距又有所加大，直到 2016 年二者才重新趋于接近。与此同时，固定资产投资 – 金融资产组合比值从 2004 年到 2007 年明显下滑，随后几年虽有所回升，但从 2012 年开始下降趋势明显。很显然逐渐上升的金融资产收益率不仅追上且高于固定资产投资收益率，而且最近几年金融资产收益率与固定资产投资收益率差额逐渐扩大，二者的这种变化引起金融资产投资显著地超过固定资产投资。

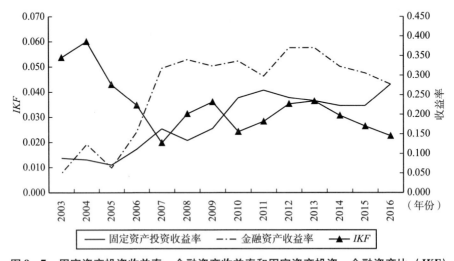

图 9 – 7　固定资产投资收益率、金融资产收益率和固定资产投资 – 金融资产比（IKF）

　　注：图中数据是由前文阐述的计算方法先计算出每个企业每年的金融资产收益率和固定资产收益率，然后对所有企业同年的收益率进行代数算术平均得到。

为了考察二者收益率差额的扩大及金融资产收益率提高是否会强化金融开放对固定资产投资 – 金融资产组合比值的影响，本章将金融开放度 FO 和二者收益差额 $RGAP$ 的交叉乘积项 $FO \times RGAP$ 以及金融开放度 FO 和金融资产收益率 RF 的交叉乘积项 $FO \times RF$ 分别加入模型进行回归分析。回归结果见表 9 – 6。

表 9 – 6　　　　　金融开放、收益率及风险相互作用的影响

变量	(19)	(20)	(21)	(22)	(23)	(24)
FO	– 0.452 ** (– 2.96)	– 0.799 *** (– 4.03)	– 0.454 ** (– 2.97)	– 0.808 ** (– 4.07)	4.747 *** (4.06)	4.028 *** (2.86)
$KGDP$	– 0.586 ** (– 8.13)	– 0.567 *** (– 8.12)	– 0.586 *** (– 8.15)	– 0.568 *** (– 8.14)	– 0.576 *** (– 8.03)	– 0.567 ** (– 8.11)
$RGAP$	0.013 (0.11)	0.014 (0.12)			0.211 * (1.90)	0.213 (1.92)
$FO \times RGAP$	0.208 ** (1.99)	0.227 * (2.20)				
RF			– 0.005 (– 0.04)	– 0.007 (– 0.06)		
$FO \times RF$			– 0.164 * (– 1.80)	– 0.187 * (– 1.85)		
$RISK$		– 1.493 *** (– 4.64)		– 1.489 *** (– 4.62)	9.529 *** (4.39)	7.896 *** (2.91)
$FO \times RISK$					– 9.013 ** (– 4.45)	– 8.690 *** (– 3.45)
AT	0.373 ** (7.73)	0.466 *** (8.41)	0.374 ** (7.66)	0.469 ** (8.37)	0.393 ** (7.96)	0.466 ** (8.36)
DA	0.707 ** (3.80)	0.654 ** (3.54)	0.700 (3.72)	0.646 ** (3.46)	0.695 *** (3.76)	0.659 ** (3.58)
$GRTH$		1.774 ** (2.37)		1.810 ** (2.43)		3.391 ** (4.08)

续表

变量	(19)	(20)	(21)	(22)	(23)	(24)
PLOAN		−1. 156 *** (−6. 17)		−1. 164 ** (−6. 20)		−0. 765 *** (−3. 82)
常数项	−7. 676 *** (−7. 21)	−7. 144 *** (−6. 92)	−7. 690 *** (−7. 15)	−7. 168 *** (−6. 88)	−13. 600 *** (−7. 40)	−12. 999 *** (−6. 55)
AR (1)	0. 000	0. 000	0. 000	0. 000	0. 000	0. 000
AR (2)	0. 567	0. 331	0. 566	0. 329	0. 492	0. 308
Wald	0. 000	0. 000	0. 000	0. 000	0. 000	0. 000
Sargan	0. 237	0. 323	0. 229	0. 314	0. 253	0. 346
样本数	12496	12496	12496	12496	12496	12496
企业数	2134	2134	2134	2134	2134	2134

注: * 、** 、*** 分别表示在 10% 、5% 和 1% 的置信水平上显著;小括号内为对应的 T 统计量;AR (1) 和 AR (2) 为 Arellano-Bond 检验对应的 p 值,分别检验扰动项的差分是否存在一阶和二阶自相关,Wald 为检验整体参数显著性统计量的 p 值,Sargan 为检验工具变量有效性统计量的 p 值。

由模型(19)和模型(20)可以看出,如果金融资产收益率超过固定资产投资收益率,并且二者差额增加时会强化金融开放对固定资产投资 – 金融资产组合比值的负面影响,因为两个模型中交叉乘积项 $FO \times RGAP$ 的系数都为正,并且都通过了 5% 的显著性水平检验。即当 $RGAP$ 为负($RK - RF < 0$)时,$FO \times RGAP$ 符号为负,于是回归系数与交叉项乘积 $0.208 \times (FO \times RGAP)$ 或 $0.227 \times (FO \times RGAP)$ 也为负数,所以金融资产收益率和固定资产投资收益率差额扩大时将强化金融开放对二者组合比值的负面影响。模型(21)和模型(22)回归结果表明金融资产收益率上升显著强化了金融开放对固定资产投资 – 金融资产组合比值的负面影响,两个模型交叉乘积项 $FO \times RF$ 的系数都为负,并且都通过了 10% 的显著性水平检验。以上分析证实了金融开放背景下金融资产收益率上升强化了金融开放对实体经济企业固定资产投资的负面影响,这种影响可能是实体经济企业固定资产投资下降的原因之一。另外,从另一个角度看,交叉乘积项 $FO \times RF$ 的系数为负表明当金融资产收益率既定时,金融开放度扩大同样强化了其对固定资产投资 – 金融资产组合比值的负向影响。因而,实证结果表明,在对固定资产投资 – 金融资产组合比

值的负向影响方面，金融开放和金融资产收益率会相互强化这种影响。

9.5.3 不确定性或风险的影响

有研究认为，日益增长的宏观经济不确定性或风险对固定资产投资会产生显著的负面效应，宏观经济波动性的增加会自我恶化使得投资者缩短投资时间从投机中获取利益以躲避风险（Grabel，1995），因而宏观经济不确定性会引起实体部门企业更偏好选择投资金融资产，前述分析也证实了该观点。为了考察宏观经济不确定性或者风险的增加是否会强化金融开放对固定资产投资－金融资产组合比值的负面影响，本章将金融开放度 *FO* 和代表经济不确定性或风险变量 *RISK* 的交叉乘积项 *FO × RISK* 加入模型进行回归分析。回归结果见表 9－6 模型（23）和模型（24）。两个模型中 *FO × RISK* 的系数都为负并且都通过了 1% 的显著性水平检验，说明金融开放扩大背景下经济不确定性或风险的增加会更进一步引起固定资产投资相对下降，金融资产投资相对上升。另外，也可以认为在经济不确定性或者风险既定的情况下，金融开放的扩大同样强化了前者对固定资产投资－金融资产组合比值的负向影响。实证结果表明在对固定资产投资下降金融资产投资上升的影响方面金融开放与经济不确定性或风险会相互强化。

9.5.4 稳健性检验

前述分析得出以下三个基本结论：一是金融开放扩大降低了固定资产－金融资产投资比；二是金融开放对实体经济不同企业固定资产－金融资产投资比影响存在差异；三金融开放与金融资产收益率和宏观经济不确定性对固定资产－金融资产投资比的负面影响具有相互强化作用。本章对上述结论做进一步稳健性检验。

9.5.4.1 稳健性检验 I：金融开放度的其他度量

衡量金融开放度指标一般分为事实指标和法定指标，前文使用的金融开放度指标属于事实指标，本章分别使用法定综合开放度指标和省际开放度指标对回归结果进行稳健性检验。法定综合开放度指标具体计算方法为：基于

2003～2019 年汇率安排和外汇管制年度报告（AREAER）中的数据进行分类整理，然后根据各类别开放程度进行相应赋值（取值区间为 [0，2]，分别取 0、0.5、1、1.5 或 2），得到汇率制度、进口经常账户交易、资本账户交易、出口收入强制结汇和金融业开放数据序列，最后通过对 5 类数据进行主成分分析得到法定金融开放主成分指数，即法定综合开放度指标。省际金融开放度的计算参考陶雄华和谢寿琼（2017）的计算方法，同时考虑资本流入和资本流出。具体计算方法为：首先计算各省份实际利用外资总额与 GDP 之比、各省份对外直接投资与 GDP 之比、各省份外币存贷款总额与本外币存贷款总额之比，然后将三者加总得到省际金融开放度指标。之所以使用省际金融开放度数据进行稳健性检验，主要是考虑到国家宏观层面样本数据较少的问题。将上市公司按所属省份区分开，然后各个公司的数据对应其所属省份的金融开放度，这样就有 31 个省份各 14 年金融开放度的数据。回归结果分别见表 9 - 7 和表 9 - 8。

表 9 - 7　　　　　　　　稳健性检验结果一：实体经济不同行业

R_0、$R_1 - R_0$ 和 $R_2 - R_1$ 回归

变量	法定 FO			分省份 FO		
	R_0	$R_1 - R_0$	$R_2 - R_1$	R_0	$R_1 - R_0$	$R_2 - R_1$
	(25)	(26)	(27)	(28)	(29)	(30)
FO	- 0.378 ***	- 1.171 **	- 0.292 **	- 1.864 ***	- 2.593 *	- 0.806 **
	(- 4.82)	(- 6.19)	(- 3.54)	(- 3.60)	(- 1.90)	(- 1.98)
KGDP	- 0.569 **	- 1.062 **	- 0.537 **	- 0.534 **	- 1.041 **	- 0.538 **
	(- 7.74)	(- 25.29)	(- 14.52)	(- 7.27)	(- 25.66)	(- 15.90)
RGAP	0.165	0.086	0.190 ***	0.191 *	0.022	0.205 ***
	(1.45)	(0.63)	(3.13)	(1.67)	(0.16)	(3.31)
AT	0.393 ***	0.995 ***	0.205 **	0.379 ***	0.928 **	0.184 ***
	(8.66)	(7.66)	(4.84)	(8.26)	(6.74)	(4.54)
DA	0.326	2.992 **	0.595 **	0.365 *	2.535 **	0.598 ***
	(1.93)	(6.28)	(3.87)	(2.12)	(5.08)	(3.85)
RISK	- 0.565 **	- 2.057 **	- 0.815 **	- 0.028	- 0.953	- 0.414 *
	(- 2.22)	(- 3.54)	(- 3.03)	(- 0.13)	(- 1.20)	(- 1.93)

续表

变量	法定 *FO*			分省份 *FO*		
	R_0	$R_1 - R_0$	$R_2 - R_1$	R_0	$R_1 - R_0$	$R_2 - R_1$
	(25)	(26)	(27)	(28)	(29)	(30)
GM2	−0.542 (−1.00)	−2.911** (−2.05)	−1.167* (−2.17)	0.973* (2.31)	2.570 (2.32)	0.010 (0.03)
GRTH				3.747 (1.92)		
GJ_ZS	−0.188** (−2.61)		−0.303** (−3.40)	−0.263** (−3.70)	−0.280 (−1.52)	−0.371*** (−4.00)
常数项	−6.862*** (−6.74)	−19.833** (−6.87)	−2.384* (−2.42)	−7.292** (−7.00)	−20.346** (−6.78)	−2.447** (−2.47)
AR (1)	0.000	0.000	0.0001	0.000	0.000	0.000
AR (2)	0.809	0.169	0.158	0.718	0.182	0.154
Wald	0.000	0.000	0.000	0.000	0.000	0.000
Sargan	0.230	0.347	0.066	0.161	0.192	0.067
样本数	7714	1679	3103	7714	1679	3103

注：*、**、***分别表示在10%、5%和1%的置信水平上显著；小括号内为对应的 T 统计量；AR (1) 和 AR (2) 为 Arellano-Bond 检验对应的 p 值，分别检验扰动项的差分是否存在一阶和二阶自相关，Wald 为检验整体参数显著性统计量的 p 值，Sargan 为检验工具变量有效性统计量的 p 值。

表 9-8　稳健性检验结果二：金融开放、收益率及风险相互作用的影响

变量	法定 *FO*			省际 *FO*		
	(31)	(32)	(33)	(34)	(35)	(36)
FO	−0.471*** (−4.91)	−0.467*** (−4.84)	0.327** (2.41)	−0.317 (−0.64)	−0.280 (−0.59)	5.755** (2.27)
KGDP	−0.579*** (−8.28)	−0.579*** (−8.31)	−0.577*** (−8.22)	−0.564*** (−8.12)	−0.564*** (−8.14)	−0.565*** (−8.08)
RGAP	−0.037 (−0.33)		0.198* (1.78)	−0.065 (−0.56)		0.212* (1.91)

续表

变量	法定 *FO*			省际 *FO*		
	(31)	(32)	(33)	(34)	(35)	(36)
$FO \times RGAP$	0.152 * (1.84)			1.450 * (1.80)		
RF		0.044 (0.37)			0.080 (0.68)	
$FO \times RF$		− 0.120 * (− 1.82)			− 0.440 ** (− 2.23)	
AT	0.513 *** (9.01)	0.513 *** (8.94)	0.505 *** (8.85)	0.474 *** (8.52)	0.473 *** (8.43)	0.461 *** (8.31)
DA	0.634 *** (3.48)	0.636 *** (3.44)	0.651 *** (3.56)	0.657 *** (3.55)	0.665 *** (3.57)	0.663 *** (3.60)
RISK	− 2.066 *** (− 5.60)	− 2.055 *** (− 5.56)	− 0.0003 (− 0.53)	− 1.283 *** (− 3.81)	− 1.282 *** (− 3.80)	− 0.002 (− 0.86)
$FO \times RISK$			− 1.308 *** (− 5.38)			− 1.280 *** (− 2.59)
GRTH	2.914 *** (4.07)	2.908 *** (4.08)	2.552 *** (3.68)	1.667 ** (2.57)	1.685 *** (2.61)	0.582 (0.94)
PLOAN	− 0.606 *** (− 3.33)	− 0.607 *** (− 3.32)	− 0.518 *** (− 2.91)	− 0.834 *** (− 4.43)	− 0.833 *** (− 4.42)	− 0.591 *** (− 3.58)
GM2	− 1.177 ** (− 2.12)	− 1.171 ** (− 2.11)	− 0.128 (− 0.27)	0.900 ** (2.25)	0.895 ** (2.24)	0.988 ** (2.50)
GJ_ZS	− 0.385 *** (− 4.87)	− 0.386 *** (− 4.87)	− 0.464 *** (− 5.32)	− 0.401 *** (− 5.04)	− 0.402 *** (− 5.05)	− 0.353 *** (− 4.48)
常数项	− 7.340 *** (− 6.69)	− 7.353 *** (− 6.65)	− 8.417 *** (− 7.54)	− 7.415 *** (− 6.70)	− 7.389 *** (− 6.64)	− 8.188 *** (− 7.41)
AR (1)	0.000	0.000	0.000	0.000	0.000	0.000
AR (2)	0.235	0.240	0.254	0.301	0.307	0.333
Wald	0.000	0.000	0.000	0.000	0.000	0.000

续表

变量	法定 FO			省际 FO		
	(31)	(32)	(33)	(34)	(35)	(36)
Sargan	0.521	0.508	0.519	0.273	0.270	0.306
样本数	12496	12496	12496	12496	12496	12496
企业数	2134	2134	2134	2134	2134	2134

注：＊、＊＊、＊＊＊分别表示在10%、5%和1%的置信水平上显著；小括号内为对应的 T 统计量；AR（1）和 AR（2）为 Arellano-Bond 检验对应的 p 值，分别检验扰动项的差分是否存在一阶和二阶自相关，Wald 为检验整体参数显著性统计量的 p 值，Sargan 为检验工具变量有效性统计量的 p 值。

从表 9 – 7 的回归结果看出，使用法定开放度和省际开放度指标时，金融开放对实体经济不同行业 R_0、$R_1 - R_0$ 和 $R_2 - R_1$ 企业的固定资产和金融资产投资比值的负向影响同样非常显著。金融开放度变量 FO 的系数都为负，并且都通过了 1% 的显著性水平检验。另外，与前文回归结果一样，金融开放对不同行业影响存在明显差异，其中对农业、建筑业和其他工业企业（$R_1 - R_0$）固定资产投资 – 金融资产组合比值负向影响最大，其次是制造业（R_0），再次是除房地产业和金融业以外的其他服务业企业（$R_2 - R_1$）。说明金融开放对不同层次行业固定资产 – 金融资产投资比的影响存在差异的结论也同样显著。从表 9 – 8 的回归结果同样可以看出，金融开放、收益率及不确定性或风险对固定资产和金融资产投资比值的影响具有明显的相互强化作用。因为模型（31）和模型（34）中的 $FO \times RGAP$ 系数符号都为正，模型（32）和模型（35）中的 $FO \times RF$ 系数符号都为负，模型（33）和模型（36）中的 $FO \times RISK$ 系数都为负。这些交叉项系数的符号与前文回归结果完全一致，并且所有模型交叉项系数都通过了显著性水平检验。总体来看，结合表 9 – 7 和表 9 – 8 以及前文的回归分析，可以认为本章的回归结果是稳健的。

9.5.4.2 稳健性检验 Ⅱ：纳入不同控制变量

考虑到被解释变量可能受到多个不同因素的影响，所以做实证研究时除了关注核心解释变量外，还会根据理论考察和经济事实加入相应的控制变量。一方面可以提高模型的解释能力，另一方面可以进一步考察核心解释变量的显著性和敏感性，所以控制变量的纳入成为实证研究中稳健性检验的重要手段。本章研究除重点考察核心解释变量金融开放度外，在表9－3～表9－6中都加入了可能影响被解释变量的控制变量，包括企业层面的财务指标、宏观经济不确定性、宏观经济发展状况等主要变量。前述研究结果表明，加入控制变量并没有影响核心解释变量的符号和显著性，表明本章的结论在控制各种可能的影响因素之后基本可以认为是稳健的。

为了对研究结论的稳健性做进一步检验，同时考虑货币政策可能影响企业投资，这部分将货币政策因素作为控制变量纳入模型。有关理论指出投资与市场利率有关，而货币市场利率取决于货币供给和货币需求，所以货币政策对固定资产投资和金融资产投资都可能产生较大的影响。考虑到中国利率并未完全市场化，所以选择货币供应量 $M2$ 的增长率 $GM2$ 作为货币政策控制变量。另外，考虑到资本市场对企业投资的影响，还选择资本市场股价指数作为控制变量加入模型，具体用上证综合指数收盘值对数值 GJ_ZS 表示。由表9－7和表9－8可以看出，加入货币政策控制变量 $GM2$ 和股价指数 GJ_ZS 后，所有模型中 FO 系数以及 FO 与其他变量交叉项系数符号和显著性都没有发生变化。这再次表明前述研究结论是稳健的。同时，基本可以认为货币供应量 $M2$ 对固定资产－金融资产投资比的影响不确定，所有模型中 $GM2$ 系数符号有负有正，且只有部分模型系数通过显著性水平检验。但资本市场股价指数上升显著地降低了固定资产－金融资产投资比，GJ_ZS 系数都为负且都通过了5%的显著性水平检验，说明金融资产价格或收益的提高会吸引企业将更多资金投向金融资产。

9.5.4.3 稳健性检验Ⅲ：子样本回归

由图9－1可知，1996～2010年金融开放度一直呈上升趋势，2010年达到最大值后呈现高位波动状态。为了进一步验证前述研究结论的稳健性，这里将整个样本划分成两个子样本再次进行回归。其中2003～2010年为金融开放度上升期，2011～2019年为金融开放度高位波动时期。如果这两段时期回归结果显示 FO、$FOTA$、$FOTD$ 系数符号与前文结论完全一致，表明结论是稳健可靠的。表9－9显示了实体经济 R_0 两个子样本回归结果，很显然，FO、$FOTA$、$FOTD$ 系数符号都为负，且都通过显著性水平检验。其中2003～2010年子样本的三个变量系数绝对值都大于2011～2019年样本的三个变量系数绝对值，说明当金融开放度较低时逐步扩大金融开放的过程中企业倾向于将更多资金投向金融资产，而当金融开放度较高时，企业投向金融资产的资金占比慢慢有所下降。该研究结果再次证明了本章研究结论的稳健性。

表9－9　　　　　　　　　稳健性检验结果三：实体经济 R_0 子样本

变量	2003~2010 年			2011~2019 年		
	(37)	(38)	(39)	(40)	(41)	(42)
FO	−0.861 *** (−2.98)			−0.510 * (−1.83)		
FOTA		−1.996 *** (−3.90)			−0.887 * (−1.65)	
FOTD			−2.487 *** (−3.72)			−1.012 * (−1.95)
KGDP	−0.866 *** (−5.78)	−0.872 *** (−5.85)	−0.880 *** (−5.87)	−0.710 *** (−7.76)	−0.706 *** (−7.70)	−0.711 *** (−7.72)
L. RGAP	0.065 (0.38)	0.060 (0.35)	0.054 (0.32)	0.222 (1.64)	0.224 * (1.66)	0.220 (1.62)
AT	0.467 *** (4.24)	0.480 *** (4.37)	0.472 *** (4.29)	0.434 *** (6.89)	0.437 *** (6.91)	0.434 ** (6.82)
DA	1.125 ** (2.83)	1.095 *** (2.79)	1.089 ** (2.74)	0.053 (0.31)	0.053 (0.31)	0.053 (0.31)
RISK	−9.258 *** (−3.80)	−8.300 *** (−3.37)	−18.652 *** (−6.02)	−18.034 ** (−7.26)	−18.474 ** (−6.83)	−15.931 *** (−4.16)
GRTH	−1.034 ** (−2.94)	−0.849 * (−2.37)	0.143 (0.33)	−0.783 (−1.77)	−0.745 (−1.54)	−1.122 * (−1.92)
PLOAN			0.015 *** (3.89)			−0.002 (−0.42)
常数项	−8.726 *** (−3.77)	−8.659 *** (−3.76)	−10.146 *** (−4.37)	−6.663 ** (−5.15)	−6.671 *** (−5.15)	−6.739 ** (−5.29)
AR (1)	0.000	0.000	0.000	0.000	0.000	0.000
AR (2)	0.756	0.783	0.785	0.631	0.604	0.644

续表

变量	2003～2010 年			2011～2019 年		
	(37)	(38)	(39)	(40)	(41)	(42)
Wald	0.000	0.000	0.000	0.000	0.000	0.000
Sargan	0.087	0.125	0.135	0.635	0.625	0.644
样本数	4089	4089	4089	10517	10517	10517

注：*、**、***分别表示在 10%、5% 和 1% 的置信水平上显著；小括号内为对应的 T 统计量；AR（1）和 AR（2）为 Arellano-Bond 检验对应的 p 值，分别检验扰动项的差分是否存在一阶和二阶自相关，Wald 为检验整体参数显著性统计量的 p 值，Sargan 为检验工具变量有效性统计量的 p 值。

9.6 本章小结

本章基于实体经济企业 2003～2019 年动态面板数据，使用系统 *GMM* 估计方法分别研究了金融开放对实体经济三个层次 R_0、R_1 和 R_2 的企业固定资产投资和金融资产组合比值的影响。实证结果表明，无论对实体经济哪个层次，金融开放扩大都显著降低了二者之比。金融开放度提高 1%，分别使得实体经济 R_0、R_1 和 R_2 三个层次的企业二者之比下降 0.34%、0.47% 和 0.31%。金融开放对不同行业的影响显著不同，其中对第二层次 R_1 中农业、建筑业和其他工业企业（即 $R_1 - R_0$）固定资产投资－金融资产组合比值负向影响最大，其次是第一层次 R_0 即制造业企业，再次是第三层次 R_2 中除房地产业和金融业以外的其他服务业企业（即 $R_2 - R_1$）。同时，金融开放引起的资本跨境流出对二者比值负向影响大于资本跨境流入的影响。另外，金融开放与金融资产收益率、经济不确定性对二者比值负向影响具有相互强化作用。

针对本章研究结论和中国金融开放度逐步扩大的经济背景，本章提出以下政策建议：第一，由于金融开放引起跨境流入的资本可能进入实体经济部门，也可能进入虚拟经济部门，同时，进入实体经济部门的跨境资本可能用于固定资产投资，也可能用于金融资产的购买，而金融开放引起跨境流出的资本可能本身可以用于固定资产投资项目。因此在扩大金融开放的同时，需慎重监管和审核资本跨境流动的去向及用途。例如，跨境流入的资本应更多地投资于物质生产和流通等领域，对进入房地产、金融债券等领域的外资应加以限制。第二，金融开放引起跨境流入的资本对固定资产投资－金融资产组合比值的负向影响大于跨境流出资本对二者比值的负向影响，因而在监管和审核力度上，要更重视国外跨境流入资本对国内实体经济的影响。第三，降低经济波动性、促使经济平稳发展，将有利于中国在扩大金融开放的同时促使固定资产投资－金融资产组合比值上升，从而确保实体经济和虚拟经济平衡协调发展。第四，金融开放对不同行业资产组合影响的差异性可能是行业固定资产收益率不同引起的，为促进各行业虚实经济协调发展，需要重点关注固定资产收益率低的行业资金的运用。通过计算发现，2003～2016 年 R_0、$R_1 - R_0$、$R_2 - R_1$ 企业固定资产收益率均值分别为 2.31%、2.07% 和 5.19%。其中 $R_1 - R_0$ 企业即农业、建筑业和其他工业企业收益率低于其他两类企业，因而金融开放对这类企业固定资产－金融资产比值负向影响相对更大，所以为促进实体经济增长，可以适当将更多资金引向这类企业。

| 第 10 章 |

金融开放、资产负债表与企业债务融资能力

10.1 引　　言

　　前面两章分别从资本配置效率和投资结构两个方面考察了金融开放影响实体经济和虚拟经济非平衡增长的路径，本章继续从金融开放与企业债务融资能力的关系考察金融开放影响两类经济非平衡增长的路径。根据金融加速器理论，企业债务融资能力与其资产净值有关，净值越高就越容易取得贷款。金融开放会减少金融市场摩擦和信息不对称，加强金融机构竞争，因而金融开放会弱化企业债务融资与资产净值的关系。同时，金融开放还应该能够改善小企业或私有企业获得贷款的能力。所以可以通过研究金融开放对企业债务融资能力尤其是小企业或私有企业的债务融资能力的影响，来了解金融开放是否提高了企业债务融资能力。如果金融开放弱化了企业融资约束，说明随着金融开放扩大企业可以更容易获得贷款，只要企业将贷款更多用于固定资产投资，就可以提高企业固定资产和金融资产投资比例。但是，在金融开放扩大进程中，如果企业将获得的贷款更多地用于金融资产投资，则金融开放扩大提高企业融资能力不但没有促进企业固定资产投资相对增加，反而还降低了企业固定资产和金融资产投资比例，从而在一定程度上加大了经济"脱实向虚"的程度。因而本章的研究结论与第 9 章的研究结论结合起来，可以判断出企业所获贷款是更多地投入实体经济还是虚拟经济来考察金融开放是否影响了两类经济非平衡增长。

大量研究经济周期的文献指出，企业和家庭的资产负债表状况是宏观经济波动的一个重要因素，因为资产负债表状况体现了借款者的偿付能力或者信用程度。例如，伯南克（Bernanke，1983）和弗雷德里克（Frederic，1996）认为借方资产负债表的恶化是引起大萧条的重要原因，因为企业作为资金需求方其资产负债表状况变化会直接影响到企业贷款能力，继而影响到企业投资而引起经济波动。故研究企业资产负债状况与企业债务融资能力之间的关系就具有十分重要的现实意义。伯南克等（Bernanke et al.，1996）认为由于信贷市场不完美或者信贷市场摩擦的存在，企业债务融资受到其资产净值的影响，由此提出金融加速器理论，其核心思想是：实际冲击或者货币政策冲击可能被具有较差的资产负债表的企业传播和放大。这意味着企业的贷款能力继而投资支出可能会受到企业资产负债表状况的影响，差的资产负债表企业因债务融资能力下降可能放大对投资支出的各种冲击。这种机制的形成是由于信贷市场存在非对称信息而导致可能出现道德风险和逆向选择问题，使得企业获取外部投资资金的权利成为企业资产负债表的函数（袁申国和陈平，2010）。该理论认为在具有金融加速器情形下企业对资本的需求方程为 $E(R_{t+1}^k) = s(N_{t+1}/Q_t K_{t+1})\,R_{t+1}$，其中，$E(R_{t+1}^k)$ 为一单位资本的预期收益，$s(N_{t+1}/Q_t K_{t+1})$ 为企业外部融资酬金，有 $s'(\cdot) < 0$，N_{t+1}、Q_t、K_{t+1} 分别为企业资产净值、资本品价格和资本存量，R_{t+1} 为无风险利率。该理论的核心机制是企业的外部融资酬金与资产净值存在着反向关系，即企业资产净值越小外部融资酬金就越高[①]，意味着企业外部融资成本也就越高，因而企业获得贷款就越少，企业外部融资能力下降。很显然，函数 $s(\cdot)$ 将企业债务融资能力与企业资产负债表联系起来。当企业资产负债表状况变差时，企业资产净值相应减少，外部融资酬金 $s(\cdot)$ 相应增加，引起企业债务融资成本上升，继而导致企业债务融资能力下降。相反，当企业资产负债表状况变好时，企业债务融资能力会因资产净值增加和外部融资酬金 $s(\cdot)$ 下降而提高。

根据金融加速器理论，以下两种情形会对企业债务融资产生重要影响，一是资产负债表状况不变时经济中直接影响风险酬金 $s(\cdot)$ 的冲击会影响企

---

① 根据 BGG 模型，外部融资酬金等于企业外部融资成本与内部融资机会成本的差额。企业净值等于流动资产与非流动资产抵押价值之和减去未偿还债务。

业债务融资能力，二是企业资产负债表状况变化时会影响风险酬金而对企业债务融资能力产生影响。第一种情形可以认为是某项政策或者冲击使得金融机构对企业债务融资约束程度发生了变化。如果某项政策或者冲击使得金融机构在企业资产负债表状况不变情况下对企业贷款规模增加或者贷款期限变长，说明该项政策或冲击弱化了企业债务融资约束，即企业外部融资酬金下降了，企业债务融资能力增强了，同样的资产负债表下可以获得更多贷款。相反，如果该项政策或冲击使得金融机构对企业贷款规模减小或者贷款期限缩短，说明该项政策强化了企业债务融资约束，企业在同样的资产负债表下获得的贷款减少。第二种情形可以说是由于金融加速器效应的存在对企业债务融资能力的影响。一般认为中小规模企业和民营企业受金融加速器机制的影响要大于大规模企业和国有企业，如果经济中某项政策或冲击促使金融机构对中小规模企业增加的贷款额多于大规模企业，或者对民营企业增加的贷款额多于国有企业，说明该项政策或冲击对企业债务融资的影响由于金融加速器机制的存在被民营企业或中小型企业放大了。

金融开放可能通过多种方式影响企业资产负债表状况或者外部融资风险酬金 $s(\cdot)$ 从而对企业的债务融资能力产生重要影响。第一，金融开放可能通过促进一国金融发展而影响企业的融资能力。因为一国金融发展可以减少金融摩擦和信息不对称，降低企业信贷融资对其资产负债表状况的依赖，使企业外部融资酬金下降，从而抑制金融加速器效应而起到平滑经济的作用（Caballero and Krishnamurthy，2001）。因而金融开放可能通过促进金融发展而弱化企业债务融资约束，增强企业债务融资能力。第二，金融开放引起金融机构之间的竞争加剧可能通过降低企业债务融资成本而影响企业债务融资能力。金融开放扩大后更多的外资银行进入国内，并且以低成本竞争者角色与国内银行进行竞争。中小企业将由于信贷渠道增加和中介成本降低可以获得更多贷款，即便中小企业不能直接从外资银行获得较多贷款，也会因为外资银行与国内银行竞争所产生的溢出效应而获益。第三，金融开放引起资金跨境流动可能改变国内资产价格，资产价格变化会通过抵押担保渠道影响企业的债务融资能力。资产价格上升引起企业抵押品价值增加，企业债务融资约束变得宽松，企业因此可以获得更多贷款。相反，资产价格下降会因抵押品价值下降而使企业获得贷款减少。第四，金融开放可能改变银行等金融机构信贷行为而影响企业的贷款能力。一方面，金融开放可能影响银行等金融机构自身的资产负债表从而改变这些机构的信贷意愿和信贷额度。当金融开放引起外资进入导致国内资产价格上升时，银行等金融机构资产负债表状况变好，其贷款额度和贷款意愿都可能相应增加，企业因此可以获得更多贷款。另一方面，金融开放可以增加银行信贷额度，一是因为金融开放为国内银行进入国际市场提供机会，国内银行可以从国际金融市场低成本借入资金然后贷给国内企业。二是金融开放扩大吸引外资金融机构进入国内信贷市场，导致国内信贷市场竞争加剧可能迫使银行收取较低的贷款利率，以维持市场份额缓解银行利润下滑的压力（Guillén et al.，2014；Ashraf，2018）。由此可见，金融开放可能使企业在资产负债表状况不变情形下债务融资能力增强，也可能通过降低企业外部融资风险酬金而使企业债务融资能力增强。但要回答金融开放是否通过影响企业资产负债表状况和风险酬金的变化，或者说金融开放是否弱化了企业债务融资约束而影响企业的债务融资能力，不能单从理论角度进行分析，还需要进行更深入的实证研究。

迄今为止，有不少文献从不同角度实证考察了影响企业债务融资的因素。例如，有的从企业履行社会责任水平高低角度考察企业贷款，发现企业履行社会责任水平与银行信贷规模和新增贷款呈显著正相关关系，企业所履行的社会责任水平越高，企业所获得的银行贷款越多（王晓颖等，2018）。有的从企业避税角度研究了企业债务融资能力和债务成本，发现无论是企业所得税避税程度变化还是企业总体避税程度变化，均与债务融资能力变化显著负相关，与债务成本变化显著正相关（姚立杰等，2018）。有的从企业社会绩效角度研究了企业借贷成本和贷款能力，发现企业社会绩效能显著地降低企业借入资本成本，而且，具有更好的社会绩效的企业会吸引更多的贷款者（Rosa et al.，2018）。有的从经济政策不确定性角度考察企业债务融资，发现当经济政策不确定性提高时，企业银行借款水平会显著下降（蒋腾等，2018）。还有一些文献从保险公司是否参股角度考察企业的贷款能力。认为保险公司参股可以改善企业债务融资能力，因为保险公司可以利用自身优势对企业经营和管理进行有效监督，降低企业风险，增强企业债务偿还能力（Jensen，1986）。企业还因为保险公司参股后将以较低的成本获得更多融资（Kahle and Stulz，2013）。参股公司还可以派专业的董事直接参与到公司治理中从而对公司管理层进行约束，缓解公司与外部投资者的信息不对称，提升公司的融资能力。

以上文献研究影响企业债务融资的因素可以分为两类，一类是有利于金融机构弱化企业债务融资约束的因素，比如企业履行社会责任水平越高、企业社会绩效越好、保险公司参股这都会使得金融机构对企业的信赖程度加强，因而愿意给企业更多贷款。另一类是促使金融机构强化企业债务融资约束的因素，比如经济不确定性、企业避税程度等会使金融机构对企业还贷风险有更多担忧，因而会降低给企业贷款的意愿。通过对相关文献梳理，笔者发现目前还没有文献从金融开放视角实证研究企业债务融资能力，从前述分析可知，金融开放可能弱化企业债务融资约束，即在金融开放背景下银行等金融机构在同样的资产负债表状况下愿意为企业提供更多的贷款或者直接降低企业外部融资酬金而影响企业债务融资能力。基于此，本章使用中国上市公司面板数据从微观层面考察金融开放是否显著影响了企业债务融资能力。

与以往文献相比，本章的贡献主要有：第一，在中国金融开放逐步扩大背景下，从金融开放视角考察企业债务融资能力，拓宽了该领域的研究，同时为考察金融开放成效从微观角度提供了实证依据。第二，本章认为企业之所以借贷是由其投资需求决定的，因而企业各项投资对企业贷款能力具有重要影响，本章从理论上对企业投资驱动债务融资情形进行了考察，并根据相关文献将 BGG 模型由一种投资类别驱动债务融资拓展到多种投资类别驱动债务融资，在此基础上建立相应计量模型进行实证研究。

10.2　理论考察与研究假设

10.2.1　理论考察

一般企业贷款规模和贷款期限与其投资项目继而投资额相关，企业投资额越多企业贷款数量可能越大，贷款期限结构也会随之变化，因而投资项目或者投资额对企业债务融资会产生重要推动作用。金融加速器理论实际上建立了投资驱动企业债务融资的重要关联，核心方程是 $E(R_{t+1}^k) = s(N_{t+1}/Q_tK_{t+1})R_{t+1}$，该方程假设企业只进行一种类别投资，即所有投资收益率完全相同。但实际上企业投资项目有多种类别，比如固定资产投资、库存投资、金融资产投资等，且每类投资收益率差异明显。通过对 2063 个企业共 11091 个样本计算，笔者发现 2003~2016 年中国实体经济企业获取的金融资产收益率年均值呈现明显上升趋势，而固定资产投资收益率年均值呈明显下降。所以企业在进行债务融资时会根据不同投资类别的收益率选择融资规模和融资期限。据此本章根据金融加速器理论核心方程，从理论上进行相应拓展，考察企业如何将资产净值分配到不同投资项目并通过外部融资使企业总利润最大化。在企业和贷款者最优契约 CSV（costly state verification）模型实现局部均衡时，金融加速器通过两个重要的关系式内生性地放大了外部冲击对资本预期收益的影响。第一个为投资资金供给关系式：

$$Q_t K_{t+1} = \varphi(z_t) N_{t+1}, \quad \varphi(1) = 1, \quad \varphi'(\cdot) \geq 0 \tag{10-1}$$

其中，$z_t = E(R^k_{t+1}/R_{t+1})$ 为资本收益贴现的期望值；R^K_{t+1} 为资本投资总收益率；R_{t+1} 为无风险利率。对企业而言，达到竞争均衡时购买的资本必须满足 $z_t \geq 1$，$\varphi(\cdot)$ 为 z_t 的单调递增函数。式（10-1）描绘了企业购买资本支出和企业财务状况的重要联系，其中企业财务状况由资本的期望收益率、无风险利率和企业净值共同决定。第二个为企业净值关系式：

$$N_{t+1} = R^K_{t+1} Q_t K_t - [1 + \phi(Q_t K_{t+1}/N_{t+1})] R_{t+1} D_{t+1} \tag{10-2}$$

其中，第一部分 $R^K_{t+1} Q_t K_t$ 表示 t 期资本 K_t 乘以资本价格 Q_t 后的总额投资于 $t+1$ 期的总收入。第二部分 $[1 + \phi(Q_t K_{t+1}/N_{t+1})] R_{t+1} D_{t+1}$ 为 $t+1$ 期对外融资 D_{t+1} 所需支付的债务总额。$\phi(Q_t K_{t+1}/N_{t+1})$ 为外部融资酬金，$\phi'(\cdot) > 0$，即在企业投资总额 $Q_t K_{t+1}$ 不变时，企业净值越小风险酬金越高，此时企业必须支付更高的风险酬金才能获得贷款。t 期末，企业净值为 N_{t+1}（进入 $t+1$ 期的净值），企业 $t+1$ 期总的投资额为 $Q_t K_{t+1}$，这样，企业需要对外融资总额为：

$$D_{t+1} = Q_t K_{t+1} - N_{t+1} = Q_t K_{t+1}[1 - 1/\varphi(z_t)] \tag{10-3}$$

式（10-1）表示企业实现最优契约、各项投资收益率都相等时企业投资资金供给必须满足的条件，事实上，企业的投资类别不同收益率会存在差异，例如，企业固定资产投资、库存投资、金融资产投资的收益率会存在较大差异。所以为了实现收益或者利润最大化，企业会将 t 期末的资产净值 N_{t+1} 分别投资于不同的投资项目，并使每项投资都满足式（10-1）。本章根据此思路假定企业有三种类别的投资项目，分别为固定资产投资、存货投资、金融资产投资。假设 $t+1$ 期期初企业拥有资产净值 N_{t+1}，企业将净值分别投资于上述三类投资项目，各投资项目分配的资产净值分别为 N_{t+1}^1、N_{t+1}^2 和 N_{t+1}^3，满足 $N_{t+1}^1 + N_{t+1}^2 + N_{t+1}^3 \leqslant N_{t+1}$。同时，企业根据各个项目投资预期收益率的不同在满足式（10－1）的条件下到金融机构进行债务融资。即有：

$$Q_t^i K_{t+1}^i = \varphi(z_t^i) N_{t+1}^i \tag{10－4}$$

其中，$z_t^i = E(R_{t+1}^{Ki} / R_{t+1})$，$i = 1$，2，3，$R_{t+1}^{K1}$、$R_{t+1}^{K2}$、$R_{t+1}^{K3}$ 分别为三类投资的收益率。假设每类投资总利润中支付给贷款者的份额为 τ_i，分别代表三类投资项目支付的份额，大小由 z_t^i 决定。于是企业从三类投资项目获得的总利润为：

$$TP_{t+1} = \sum_{i=1}^{3} (1 - \tau_i) z_t^i Q_t^i K_{t+1}^i \tag{10－5}$$

为了获得最大利润，理性的企业在 $t+1$ 期期初会将企业净值 N_{t+1} 按照式（10－1）分配到三类投资项目。这样，企业通过解决净值最优分配实现利润最大化，即有：

$$\max TP_{t+1} = \max \sum_{i=1}^{3} (1 - \tau_i) z_t^i \varphi(z_t^i) N_{t+1}^i$$

$$\text{s. t. } N_{t+1}^i \geqslant 0$$

$$\sum_{i=1}^{3} N_{t+1}^i \leqslant N_{t+1}, \ (i = 1, 2, 3) \tag{10－6}$$

式（10－6）求解非常直观，理性企业将这样分配净值给每一类投资项目：该项投资资本回报率贴现值 z_t^i 满足 $(1 - \tau_i) z_t^i \varphi(z_t^i)$ 达到最大化，即企业在该项投资项目中获得最大投资回报。如果有两个项目投资资本回报率贴现值 z_t^i 相同，则分配给这两个项目的净值比例无关紧要，如果三个项目投资资本回报率贴现值 z_t^i 都相同，分配净值比例同样不再重要。

这样，企业最终需要的外部融资总额等于使各个项目投资资本回报最大化时的外部融资资金加总，即有：

$$D_{t+1} = \sum_{i=1}^{3} Q_t^i K_{t+1}^i \left[1 - 1 / \varphi(Z_t^i) \right] \tag{10－7}$$

由式（10－7）可知，企业债务融资能力受企业投资项目、外部融资酬金和企业净值的影响。

以上分析没有考虑金融开放情形。在金融开放情形下，由于竞争加剧、风险分散等原因，企业面临的信息不对称和融资约束问题都会得到缓解，因而金融开放扩大环境下企业外部融资对资产负债表状况的依赖程度下降。一方面使得企业债务融资约束弱化，企业在相同的资产负债表状况下将获得更多贷款从而提高债务融资能力。另一方面金融机构会下调外部融资酬金，使得企业融资成本下降。即式（10-2）中 $\phi(Q_t K_{t+1}/N_{t+1})$ 减少，相当于企业资产净值 N_{t+1} 增加，根据金融加速器原理，企业净值越大获得贷款能力越强，所以当考虑金融开放时，企业债务融资能力将增强。体现在企业融资规模将会增加或企业获得长期贷款比例可能提高。

10.2.2　研究假设

本章债务融资能力指标使用企业债务融资规模和债务融资期限结构两个指标衡量。如果金融开放扩大提高了企业债务融资规模，或者提高了企业长期贷款占总贷款的比例，则表示企业债务融资能力提高或者增强了；反之，则表示企业债务融资能力下降或者减弱了。

金融开放加大了竞争，企业融资渠道更多，这将有利于企业融资，因而在同样的资产负债表状况下，企业债务融资能力提高。由于金融开放为资金需求方企业和资金供给方银行等金融机构进入国际金融市场提供了机会，同时也为国际金融机构进入国内信贷市场提供了机会。这样，一方面国内企业既可以从国内金融机构借贷，也可以从国际金融市场借贷，银行也可以从国际市场低成本借贷资金再贷给国内企业而增加信贷。另一方面由于外资银行等国际金融机构进入国内市场加剧了国内信贷市场竞争程度，为了维持市场份额银行等金融机构可能降低贷款利率或弱化企业的融资约束条件，在利率没有完全市场化时前者可通过降低外部融资酬金实现，后者则表现为在同样的资产负债表状况下，金融机构愿意为企业提供更多的贷款。显然这两方面都可能提高企业的债务融资能力。另外，根据金融加速器理论企业外部融资酬金大小与企业资产负债表状况有关。企业资产负债表状况越好，借款时就能提供更多的抵押，同时可以向贷款者展示自己的偿债能力，减少贷款者的担忧，因而可以借到更多的资金。金融开放可能引起国内资产价格上升，使得企业净资产上升，企业借款的抵押价值增加，促使企业融资能力提高。据此本章提出如下假设：

假设 1：金融开放提高了企业债务融资能力。

金融开放可以减少信息不对称、提高竞争而迫使金融机构弱化企业外部融资约束，所以金融开放对国有企业和民营企业的债务融资能力都有促进作用。但中国国有企业和民营企业面临的融资约束存在很大差别（俞乔等，2002）。由于国有银行垄断信贷市场，存在融资方面的"制度偏好"问题，使得金融资源更多地倾向于国有企业，民营企业由于缺少政府背景，更易受金融机构资金配置的"歧视"，因而面临更大的融资约束（林毅夫和李志赟，2005；Allen et al.，2005；马君潞等，2008）。而且国有银行和国有企业之间存在长期合作关系减轻了信息不对称问题，使得民营企业在信贷融资中遭受信贷"歧视"（白俊和连立帅，2012），结果造成民营企业受到更为严重的融资约束。因而民营企业进行债务融资时不仅受制于信贷资金的可得性，还受到更高的外部融资酬金成本的约束。由于融资约束的这种差别，最终导致国有企业可能出现投资过度，而民营企业则出现投资不足。因而相对国有企业而言，金融开放对民营企业债务融资能力的促进作用将会更大。据此，本章提出如下假设：

假设 2：金融开放能同时提高国有企业和民营企业的债务融资能力，但相对国有企业而言，对民营企业债务融资能力的提高作用更大。

企业规模一直是金融机构提供信贷时考虑的重要因素。中小企业通常被认为信贷风险较高，而大规模企业常被认为信贷风险较低，使得中小企业在信贷融资中遭受明显的规模"歧视"（白俊和连立帅，2012）。金融加速器模型指出企业外部融资和内部融资的成本差异可能放大货币政策和其他经济扰动，这种放大机制主要由严重依赖银行融资的小规模企业实现，因为小规模企业对市场利率和银行借贷可获得性更加敏感（Gertler and Gilchrist，1993；Hubbard，1995；Bernanke et al.，1996））。因此一个很小的冲击可能通过改变小规模企业的信贷市场环境而被放大，继而通过经济周期影响到企业的资产负债表，进一步影响到中小规模企业的债务融资能力而导致企业投资支出波动。由此可见，与大规模企业相比中小企业可能遭受更严重的债务融资约束，同时，中小企业对经济中冲击的反应更加强烈，因而金融开放扩大可能对中小企业的债务融资能力影响更大。据此本章提出如下假设：

假设 3：金融开放能同时提高不同规模企业的债务融资能力，但相对大规模企业而言，对中小企业债务融资能力的提高作用更大。

10.3 模型设计、变量定义和数据处理

10.3.1 模型设计和变量定义

前文理论考察部分分析了企业投资驱动债务融资情形，并且将 BGG 模型由一种投资类别驱动债务融资［见式（10 - 3）］拓展到多种投资类别驱动债务融资［见式（10 - 7）］。同时，还分析了金融开放扩大背景下，由于企业外部融资环境发生变化，企业与金融机构间的信息不对称和企业融资约束问题得到改善，企业外部融资酬金将随之发生变化继而影响企业债务融资能力。本章据此建立如下基本实证模型：

$$LOAN_{it} = \beta_0 + \beta_1 FO_{it} + \beta_2 IKA_{it} + \beta_3 STKA_{it} + \beta_4 FKA_{it} + \beta_5 CTRL_{it} + \mu_i + \varepsilon_{it}$$

$$(10 - 8)$$

其中，$LOAN_{it}$ 为企业债务融资规模或者债务融资期限结构变量，包括债务融资规模 AB_DT、RE_DT 和债务融资期限结构 MA_DT。其中债务融资规模 AB_DT 用企业长期贷款和短期贷款期末值之和取自然对数衡量，债务融资规模 RE_DT 用企业贷款总额除以企业总资产衡量，用于稳健性检验。债务融资期限结构 MA_DT 用长期贷款与贷款总额之比衡量。FO_{it} 为金融开放度，本章根据 IMF 公布的数据作为衡量金融开放度大小的事实指标，该指标反映了国际资本的跨境流动。具体计算方法是将国际投资头寸表中的资产和负债按年度加总，然后除以当年的 GDP，其中，资产包括对外直接投资、证券投资、金融衍生工具、其他投资和除黄金储备外的储备资产，负债包括外商直接投资、证券投资、金融衍生工具和其他投资。IKA_{it}、$STKA_{it}$、FKA_{it} 分别为固定资产投资、存货投资和金融资产投资，固定资产投资 IKA_{it} 用固定资产投资额与总资产比衡量。存货投资 $STKA_{it}$ 用存货净额与总资产比衡量。金融资产投资 FKA_{it} 用金融资产投资与总资产比衡量。$CTRL_{it}$ 为其他控制变量，包括企业规模和资产负债表状况指标。其中企业规模 SIZE，使用总资产的对数表示。对于资产负债表指标的选择不同的研究文献有些不同，但基本上都考虑到企业的债务担保能力、偿债能力、盈利能力、现金流量等方面的状况。本章借鉴

相关文献从中国上市公司财务数据库中选出6个资产负债表指标作为研究对象。具体包括：①债务担保能力变量 *FTA*，用有形资产比例衡量，等于固定资产净值与总资产账面价值之比。有形资产越高，债务担保能力越强，银行也更倾向于向其发放更多贷款（Williamson，1988；Harris and Raviv，1990）。②企业成长性指标 *TBQ*，使用托宾 Q 值衡量。具体计算为：（总股数 – 境内上市的外资股 B 股）×今收盘价 A 股当期值 + 境内上市的外资股 B 股×今收盘价当期值×当日汇率 + 负债合计本期期末值除以总资产。③盈利能力指标，分别用总资产净利润率（*ROA*）和投入资本回报率（*ROC*）两个指标衡量，前者等于企业净利润与总资产之比，后者等于企业净利润与财务费用之和除以总资产、应付票据、短期借款、一年内到期的长期负债之和减去流动负债之和的值。一般而言，盈利能力越强，企业获得贷款的能力也越强，但企业内源融资能力也越高，外部融资需求则越低。④自由现金流变量 *FCH*，用企业自由现金流除以总资产衡量，企业自由现金流等于净利润、利息费用、非现金支出之和减去营运资本追加和资本性支出，数据来自上市公司附注表中的现金流分析表。自由现金流越多，根据融资优序理论，企业通过外部借入资金的动机就越小。⑤偿债能力变量 *DMV*，用负债与权益市价比率衡量。本章主要关注FO_{it}的系数β_1的大小和符号，如果β_1符号为正，表明金融开放扩大显著提高了企业债务融资能力。如果β_1符号为正且民营企业的回归系数大于国有企业回归系数，或者中小规模企业回归系数大于大规模企业回归系数，表明金融开放不但弱化了企业融资约束，还弱化了金融加速器效应大小。各变量定义见表10 – 1。

表10 – 1　　　　　　　　　　　　　　变量定义

类型	变量名	含义	描述	预期符号
被解释变量	*AB_DT*	绝对债务融资规模	总贷款取自然对数	
	RE_DT	相对债务融资规模	总贷款/总资产	
	MA_DT	融资期限结构	长期贷款/总贷款	

续表

类型	变量名	含义	描述	预期符号
核心解释变量	FO	金融开放度	(对外投资资产 + 负债 − 黄金储备)/GDP	+
控制变量	IKA	固定资产投资	固定资产投资额/总资产	+
	STKA	存货投资	存货净额/总资产	+
	FKA	金融资产投资	金融资产投资额/总资产	+
	SIZE	企业规模	企业总资产取自然对数	+
	FTA	债务担保能力	固定资产净值/总资产账面价值	+
	TBQ	企业成长性	市值/总资产	+
	ROA	盈利能力指标1	总资产净利润率：净利润/总资产余额	+
	ROC	盈利能力指标2	投入资本回报率：(净利润 + 财务费用)/(资产总计 − 流动负债 + 应付票据 + 短期借款 + 一年内到期的长期负债)	+
	FCH	自由现金流指标	企业自由现金流/总资产	不确定
	DMV	偿债能力指标	负债与权益市价比率	+

另外，根据金融加速器理论，企业贷款能力与其资产净值有关，企业资产净值越高就越容易取得贷款。金融开放会减少金融市场摩擦和信息不对称，加强金融机构之间的竞争，因而金融开放会弱化企业贷款能力与资产净值之间的关系。本章建立如下模型对该分析进行检验：

$$LOAN_{it} = \beta_0 + \beta_1 FO_{it} + \beta_2 IKA_{it} + \beta_3 STKA_{it} + \beta_4 FKA_{it} + \beta_5 FO_{it} \times BS_{it} + \mu_i + \varepsilon_{it}$$

$$(10-9)$$

其中，BS_{it} 为资产负债表指标，由式（10−8）中控制变量除企业规模变量外的其他 6 个变量代表。本章主要关注交叉项 $FO_{it} \times BS_{it}$ 系数 β_5 的符号和大小，如果 β_5 符号为正，表明相同资产负债表状况下扩大金融开放提高了企业债务融资能力，同时也说明金融开放扩大弱化了企业债务融资约束。同样，如果 β_5 符号为正且民营企业的回归系数大于国有企业回归系数，或者中小规模企业回归系数大于大规模企业回归系数，表明金融开放不但弱化了企业融资约束，还弱化了金融加速器效应大小。

10.3.2　数据处理与描述性统计

　　根据国泰安金融数据库中的财务报表附注表，企业抵押贷款、委托贷款和信用担保等贷款数据从 2007 年开始较为齐全，因此本章选择 2007～2016 年所有 A 股上市公司财务合并报表的数据作为研究样本。使用 winsor2 删除企业所有变量两端各 1% 的异常值，同时删除所有含缺省值的样本，最后得到 1898 家上市公司共 9179 个观测值。为了检验金融开放对不同规模企业债务融资能力的影响，本章根据企业资产总额对数值大小将企业平均分成大型、中型和小型企业三组作为研究对象，资产总额从大到小排列前 33% 的企业为大型企业，34%～67% 的企业为中型企业，67% 后的企业为小型企业。为了检验金融开放对不同所有制性质企业债务融资能力的影响，本章将企业分成国有企业和民营企业两类，民营企业由国泰安金融数据库中民营上市公司数据库确定，国有企业由所有上市公司去掉民营上市公司确定。这样得到民营企业上市公司 1093 家共 4397 个观测值，国有企业上市公司 805 家共 4782 个观测值。本章除其他具体说明外，所有数据均来自国泰安经济金融研究数据库。表 10 - 2 为全部企业变量统计性描述，表 10 - 3 为不同所有制不同规模企业债务融资均值。

表 10 - 2　　　　　　　　全部企业变量统计性描述

变量	均值	标准误	最小值	最大值	变量	均值	标准误	最小值	最大值
AB_DT	20.780	1.398	17.130	24.870	$SIZE$	22.430	1.193	20.010	26.330
RE_DT	0.234	0.127	0.009	0.625	FTA	0.266	0.178	0.002	0.760
MA_DT	0.365	0.274	0.002	0.980	TBQ	2.073	1.116	0.882	8.530
FO	1.053	0.064	0.966	1.157	ROA	0.030	0.041	-0.190	0.167
IKA	0.031	0.079	-0.873	0.648	ROC	0.055	0.050	-0.228	0.237
$STKA$	0.180	0.167	0.000	0.928	FCH	-0.008	0.103	-0.452	0.264
FKA	0.004	0.040	-1.271	0.662	DMV	0.705	0.729	0.025	4.614

表 10 - 3 不同所有制不同规模企业债务融资均值

变量	国有企业	民营企业	大型企业	中型企业	小型企业
AB_DT	21.130	20.400	22.110	20.620	19.620
RE_DT	0.246	0.222	0.251	0.233	0.220
MA_DT	0.399	0.329	0.451	0.332	0.313

由表 10 - 2 看出，企业债务融资规模和债务融资期限结构最小值和最大值差别非常大。这一方面体现了不同企业债务融资需求的不同，另一方面也可能反映了金融机构对不同企业贷款融资约束和风险担忧程度的不同。表 10 - 3 则较明显体现了金融机构对不同所有制、不同规模企业贷款的差异。国有企业的贷款规模和长期贷款占比都明显大于民营企业，大型企业贷款规模和长期贷款占比也都明显大于中型企业和小型企业。

10.4 实证结果分析

本章使用的软件为 STATA 15.0 版本。为了确定面板模型估计是使用固定效应还是随机效应更佳，本章先对模型估计进行了 Hausman 检验，发现应该使用固定效应模型而非随机效应模型。

10.4.1 金融开放与企业债务融资规模

由表 10 - 4 可知，企业固定资产投资和库存投资对债务融资产生了显著的推动作用，回归系数符号都为正，这两项投资额的增加都将提高企业贷款意愿而从金融机构获取更多贷款。其中，固定资产投资对企业债务融资推动作用非常强，所有模型系数都通过了 1‰ 的显著性水平检验，库存投资对企业债务融资推动作用也较强，所有模型系数都通过了 5% 的显著性水平检验。金融资产投资变化对企业债务融资的影响不明显，所有系数都没有通过显著性水平检验。这表明企业进行债务融资时金融机构对企业贷款的用途需要进行相应审核，金融资产投资项目一般无法直接获得金融机构贷款。但金融资产投资会占用企业资金，因而也会对企业债务融资产生间接影响。企业规模越大企业绝对贷款能力越强，所有模型的 $SIZE$ 系数符号都为正，且都通过1‰的显著性水平检验，表明企业规模无疑是金融机构考察企业禀赋的一个重要指标，这与其他研究文献的结论是一致的。企业资产负债表各项指标对债务融资规模的影响也非常明显。其中有形资产在总资产中所占比例越大的企业、成长性较好的企业、投入资本回报率越高的企业、偿债能力越强的企业越容易获得金融机构的贷款，相应指标 FTA、TBQ、ROC、DMV 的回归系数符号都为正，除 TBQ 的部分系数未通过显著性水平检验外，其余都通过了5%的显著性水平检验。自由现金流指标 FCH 系数符号为负，说明企业自由现金流越多，根据融资优序理论，企业通过外部借入资金的动机就越小。盈利能力指标 ROA 系数符号为负，ROC 系数符号为正，表明金融机构考察企业盈利能力时，更注重的是企业新增投入资本的回报率而不是企业所有资产的回报率。由模型（1）可以看出，金融开放显著提高了企业绝对融资能力，FO 系数符号为正，且通过1‰的显著性水平检验。同时，金融开放显著弱化了企业债务融资约束。金融开放与资产负债表各个指标交叉乘积项系数都通过1‰的显著性水平检验，除 $FFCH$ 外其余交叉乘积项系数符号都为正。表明随着金融开放度扩大，由于金融机构面临更激烈的竞争环境，金融机构普遍降低了对企业债务融资的约束要求，在同样的资产负债表情形下愿意给企业贷款的倾向提高了，因而可以认为金融开放相应地增强了企业的债务融资能力，验证了本章假设1。

表 10 - 4　　　　　　金融开放与企业绝对债务融资能力（全部企业）

变量	（1）	（2）	（3）	（4）	（5）	（6）	（7）	（8）
IKA	0.329 *** (4.49)	0.327 *** (4.46)	0.308 *** (4.20)	0.341 *** (4.66)	0.363 *** (4.95)	0.355 *** (4.84)	0.367 *** (5.00)	0.348 *** (4.74)
$STKA$	0.229 * (2.12)	0.228 * (2.11)	0.220 * (2.05)	0.251 * (2.32)	0.266 * (2.47)	0.256 * (2.38)	0.279 ** (2.62)	0.246 * (2.28)
FKA	−0.153 (−1.08)	−0.152 (−1.07)	−0.119 (−0.85)	−0.119 (−0.83)	−0.082 (−0.57)	−0.096 (−0.67)	−0.048 (−0.34)	−0.078 (−0.55)

续表

变量	(1)	(2)	(3)	(4)	(5)	(6)	(7)	(8)
SIZE	0.919 ***	0.888 ***	0.910 ***	0.917 ***	0.899 ***	0.904 ***	0.892 ***	0.897 ***
	(48.43)	(47.47)	(47.92)	(47.78)	(47.89)	(47.97)	(46.87)	(47.54)
FTA	0.330 **	0.332 **	−1.814 ***	0.322 **	0.322 **	0.321 **	0.336 **	0.339 **
	(3.00)	(3.02)	(−6.09)	(2.92)	(2.90)	(2.90)	(3.03)	(3.08)
TBQ	0.014	0.015	0.013	−0.231 ***	0.013	0.012	0.0192 *	0.0205 *
	(1.50)	(1.55)	(1.42)	(−4.85)	(1.34)	(1.22)	(2.07)	(2.20)
ROA	−4.393 ***	−4.388 ***	−4.556 ***	−4.355 ***	−11.46 ***	−4.120 ***	−4.174 ***	−4.243 ***
	(−5.54)	(−5.53)	(−5.75)	(−5.49)	(−5.25)	(−5.16)	(−5.23)	(−5.32)
ROC	1.856 **	1.850 **	2.001 **	1.826 **	1.747 **	−4.574 **	1.813 **	1.828 **
	(2.95)	(2.94)	(3.19)	(2.90)	(2.75)	(−3.08)	(2.86)	(2.88)
FCH	−0.218 ***	−0.218 ***	−0.223 ***	−0.224 ***	−0.236 ***	−0.231 ***	2.837 **	−0.236 ***
	(−3.89)	(−3.90)	(−3.99)	(−4.00)	(−4.21)	(−4.13)	(3.23)	(−4.19)
DMV	0.162 ***	0.163 ***	0.162 ***	0.153 ***	0.153 ***	0.157 ***	0.153 ***	−0.349 ***
	(11.96)	(11.99)	(12.03)	(11.53)	(11.56)	(11.73)	(11.60)	(−4.33)
FO	0.672 ***							
	(7.51)							
FSIZE		0.023 ***						
		(7.51)						
FFTA			2.035 ***					
			(8.00)					
FTBQ				0.232 ***				
				(5.50)				
FROA					6.971 ***			
					(3.65)			
FROC						5.985 ***		
						(4.62)		
FFCH							−2.916 ***	
							(−3.54)	

续表

变量	(1)	(2)	(3)	(4)	(5)	(6)	(7)	(8)
FDMV								0.494 *** (6.09)
常数项	-0.793 (-1.75)	-0.096 (-0.22)	0.121 (0.28)	-0.037 (-0.08)	0.372 (0.88)	0.261 (0.61)	0.492 (1.14)	0.389 (0.91)
F 统计量	303.17	303.45	302.88	302.18	301.33	301.56	302.24	301.57
R^2	0.788	0.788	0.788	0.787	0.785	0.785	0.785	0.786
样本数	9179	9179	9179	9179	9179	9179	9179	9179

注：小括号内为 T 统计量，* p < 0.05，** p < 0.01，*** p < 0.001；FSIZE、FFTA、FTBQ、FROA、FROC、FFCH、FDMV 分别为金融开放度 FO 和 SIZE、FTA、TBQ、ROA、ROC、FCH、DMV 变量的交叉乘积项。

10.4.2　金融开放与企业债务融资结构

表 10-5 回归结果显示固定资产投资项目的增加会使得企业贷款期限变长，长期贷款占总贷款的比例增加了。存货投资对企业债务融资结构的影响不明显，金融资产投资增加会促使企业贷款期限变短，这与金融资产投资周期短、更具流动性且可以逆转的特点有关，由于金融资产的这种特点企业进行债务融资时更倾向于短期借贷。企业规模越大债务融资期限越长，表明规模越大的企业获得长期贷款占总贷款的比例越高。资产负债表状况对企业债务融资结构的影响不确定，债务担保能力指标 FTA、企业成长性指标 TBQ、偿债能力指标 DMV 系数基本没有通过显著性水平检验。盈利能力指标总资产净利润率 ROA 和投入资本回报率 ROC 两个指标对企业债务融资结构的影响也不一致，ROA 系数符号为正，ROC 系数符号为负。自由现金流指标 FCH 系数符号为负且通过 1‰显著性水平检验，表明企业现金流越多越对长期借款的需求越少。金融开放显著地提高了长期借款在总借款中的比例，模型（9）中 FO 系数为负且通过 1‰显著性水平检验。说明金融开放扩大背景下金融机构更愿意为企业提供长期贷款，主要原因还是金融开放有利于企业分散投资风险，加剧了金融机构之间的竞争，倒逼金融机构放松贷款条件，因而在对有贷款需求企业审核时弱化了对企业的融资约束。这体现在对资产负债表状

况的要求有所放松，所以在同样的指标下金融机构倾向于对企业提供风险更大、时期更长的贷款。从表 10 – 5 中模型（10）~模型（16）金融开放与各指标交叉乘积项系数可以看出这一点。除 *FFCH* 变量外，其余 5 个交叉乘积项系数都为正且都通过显著性水平检验，表明资产负债表指标不变的情况下扩大金融开放将改变企业债务融资结构，长期借款比例有所提高，反映企业债务融资能力有所增强。再次验证了本章假设 1。

表 10 – 5　　　　　　金融开放与企业债务融资结构（全部企业）

变量	(9)	(10)	(11)	(12)	(13)	(14)	(15)	(16)
IKA	0.229 *** (6.88)	0.228 *** (6.86)	0.218 *** (6.56)	0.234 *** (7.02)	0.238 *** (7.13)	0.235 *** (7.03)	0.240 *** (7.21)	0.232 *** (7.01)
STKA	0.043 (0.85)	0.042 (0.84)	0.036 (0.72)	0.050 (0.99)	0.053 (1.05)	0.049 (0.98)	0.055 (1.09)	0.046 (0.90)
FKA	– 0.122 ** (– 2.86)	– 0.123 ** (– 2.87)	– 0.119 ** (– 2.82)	– 0.109 ** (– 2.59)	– 0.103 * (– 2.44)	– 0.110 ** (– 2.59)	– 0.0937 * (– 2.25)	– 0.104 * (– 2.48)
SIZE	0.044 *** (5.90)	0.035 *** (4.86)	0.043 *** (5.91)	0.042 *** (5.56)	0.038 *** (5.18)	0.041 *** (5.48)	0.035 *** (4.83)	0.038 *** (5.27)
FTA	0.089 (1.86)	0.090 (1.87)	– 0.659 *** (– 4.98)	0.088 (1.82)	0.087 (1.81)	0.086 (1.80)	0.090 (1.86)	0.092 (1.92)
TBQ	– 0.001 (– 0.30)	– 0.001 (– 0.28)	– 0.002 (– 0.50)	– 0.055 ** (– 2.95)	– 0.001 (– 0.39)	– 0.002 (– 0.60)	0.000 (0.09)	0.001 (0.20)
ROA	0.869 ** (2.84)	0.869 ** (2.84)	0.795 ** (2.60)	0.888 ** (2.91)	– 1.039 (– 1.23)	0.946 ** (3.11)	0.926 ** (3.05)	0.905 ** (2.97)
ROC	– 0.495 * (– 2.06)	– 0.496 * (– 2.07)	– 0.441 (– 1.84)	– 0.503 * (– 2.10)	– 0.524 * (– 2.20)	– 2.603 *** (– 4.36)	– 0.505 * (– 2.12)	– 0.502 * (– 2.09)
FCH	– 0.392 *** (– 18.08)	– 0.392 *** (– 18.08)	– 0.391 *** (– 18.07)	– 0.395 *** (– 18.16)	– 0.397 *** (– 18.29)	– 0.395 *** (– 18.21)	– 0.210 (– 0.61)	– 0.396 *** (– 18.34)
DMV	0.006 (1.00)	0.0061 (1.05)	0.007 (1.16)	0.003 (0.58)	0.003 (0.60)	0.005 (0.79)	0.003 (0.58)	– 0.165 *** (– 4.57)

续表

变量	(9)	(10)	(11)	(12)	(13)	(14)	(15)	(16)
FO	0.181 *** (4.66)							
FSIZE		0.008 *** (4.78)						
FFTA			0.711 *** (6.34)					
FTBQ				0.051 ** (3.08)				
FROA					1.883 * (2.52)			
FROC						1.965 *** (3.75)		
FFCH							−0.179 (−0.55)	
FDMV								0.166 *** (4.69)
常数项	−0.848 *** (−4.65)	−0.665 *** (−3.89)	−0.641 *** (−3.81)	−0.611 *** (−3.55)	−0.534 ** (−3.14)	−0.585 *** (−3.43)	−0.476 ** (−2.81)	−0.544 ** (−3.24)
F 统计量	43.29	43.36	46.09	41.9	41.67	42.6	40.54	42.47
R^2	0.113	0.113	0.113	0.113	0.112	0.113	0.111	0.113
样本数	9179	9179	9179	9179	9179	9179	9179	9179

注：小括号内为 T 统计量，$* p < 0.05$，$** p < 0.01$，$*** p < 0.001$；*FSIZE*、*FFTA*、*FTBQ*、*FROA*、*FROC*、*FFCH*、*FDMV* 分别为金融开放度 *FO* 和 *SIZE*、*FTA*、*TBQ*、*ROA*、*ROC*、*FCH*、*DMV* 变量的交叉乘积项。

10.5　进一步分析

前文分析发现，金融开放提高了企业债务融资规模，改变了企业债务融资结构，总体上增强了企业债务融资能力。现实经济中不同性质企业和不同规模企业在债务融资中所面临的预算约束有较大差别，因而金融开放扩大对面临不同约束的企业的债务融资能力的影响可能会存在差异，为了考察这种差异，本章分别按照企业所有制性质和规模大小对企业进行分类，通过相应回归方法分析金融开放对不同类别企业债务融资能力的影响。分析结果见表 10 - 6 ~ 表 10 - 9。

表 10 - 6　　　　金融开放与不同所有制、不同规模企业债务融资能力

变量	国有企业	民营企业	大型企业	中型企业	小型企业
	(17)	(18)	(19)	(20)	(21)
FO	0.640 ***	0.748 ***	0.370 **	0.711 ***	0.959 ***
	(5.02)	(5.93)	(2.67)	(4.36)	(6.10)
NKIA	0.326 ***	0.349 **	0.320 **	0.361 **	0.341 *
	(3.41)	(3.18)	(2.72)	(3.23)	(2.30)
STKA	0.106	0.291	0.431 *	- 0.1	0.419 *
	(0.70)	(1.89)	(2.25)	(- 0.64)	(2.03)
FKA	- 0.170	- 0.135	0.333	- 0.484 **	0.240
	(- 0.78)	(- 0.74)	(0.76)	(- 2.95)	(1.10)
SIZE	0.912 ***	0.926 ***	0.932 ***	0.931 ***	0.907 ***
	(30.75)	(38.20)	(35.47)	(29.76)	(22.46)
FTA	0.405 **	0.210	0.395 *	0.484 **	0.037
	(2.81)	(1.29)	(2.07)	(2.61)	(0.21)
TBQ	- 0.005	0.032 **	0.030	0.017	0.046 ***
	(- 0.35)	(2.63)	(1.26)	(0.95)	(3.33)
ROA	- 3.208 **	- 5.863 ***	1.266	- 4.893 ***	- 8.430 ***
	(- 2.98)	(- 5.13)	(0.98)	(- 3.51)	(- 5.44)
ROC	0.903	3.075 ***	- 3.119 **	2.570 *	5.412 ***
	(1.07)	(3.34)	(- 3.12)	(2.33)	(4.22)
FCH	- 0.462 ***	- 0.002	- 0.340 **	- 0.279 **	- 0.104
	(- 5.63)	(- 0.03)	(- 3.08)	(- 3.01)	(- 1.20)
DMV	0.142 ***	0.216 ***	0.125 ***	0.202 ***	0.446 ***
	(8.80)	(8.55)	(7.53)	(7.28)	(6.65)

续表

变量	国有企业	民营企业	大型企业	中型企业	小型企业
	（17）	（18）	（19）	（20）	（21）
常数项	−0.511 （−0.73）	−1.130 （−1.91）	−0.623 （−0.98）	−1.149 （−1.50）	−1.136 （−1.21）
F 统计量	154.45	177.75	176.16	115.82	61.31
R^2	0.784	0.755	0.621	0.501	0.493
样本数	4782	4397	3056	3061	3062

注：小括号内为 T 统计量，$*p<0.05$，$**p<0.01$，$***p<0.001$。

表 10−7　金融开放与不同所有制、不同规模企业债务融资能力（交叉乘积项系数）

变量	国有企业	民营企业	大型企业	中型企业	小型企业
	（22）	（23）	（24）	（25）	（26）
FSIZE	0.028 *** （5.00）	0.034 *** （5.97）	0.016 ** （2.72）	0.032 *** （4.40）	0.045 *** （6.15）
FFTA	1.867 *** （5.79）	2.382 *** （5.84）	1.119 ** （2.73）	2.531 *** （5.79）	2.620 *** （5.89）
FTBQ	0.314 *** （4.41）	0.203 *** （3.88）	0.170 （1.87）	0.257 ** （3.22）	0.229 *** （3.94）
FROA	7.262 ** （2.59）	7.325 ** （2.79）	3.207 （1.02）	5.814 （1.84）	9.272 ** （2.83）
FROC	5.880 ** （3.11）	6.806 *** （3.86）	2.706 （1.39）	5.580 * （2.53）	9.637 *** （4.08）
FFCH	−1.820 （−1.47）	−3.138 ** （−2.83）	−3.221 * （−2.06）	−2.214 （−1.59）	−2.560 * （−2.01）
FDMV	0.398 *** （4.36）	0.743 *** （4.53）	0.262 ** （3.05）	0.718 *** （3.88）	2.466 *** （7.48）

注：每一类企业每一个指标交叉乘积项回归模型同表 10−4，例如，国有企业（22）实际做了 7 个模型回归，然后分别将 7 个模型回归结果的交叉乘积项系数取出来列于此表；小括号内为 T 统计量，$*p<0.05$，$**p<0.01$，$***p<0.001$；FSIZE、FFTA、FTBQ、FROA、FROC、FFCH、FDMV 分别为金融开放度 FO 和 SIZE、FTA、TBQ、ROA、ROC、FCH、DMV 变量的交叉乘积项。

表 10-8　　金融开放与不同规模和不同所有制性质企业债务融资结构

变量	国有企业	民营企业	大型企业	中型企业	小型企业
	(27)	(28)	(29)	(30)	(31)
FO	0.273 *** (5.12)	0.105 (1.89)	0.375 *** (5.82)	0.136 * (1.98)	0.104 (1.52)
SIZE	0.067 *** (5.74)	0.026 ** (2.97)	0.056 *** (4.93)	0.046 *** (3.84)	0.027 (1.62)
FTA	0.199 *** (3.32)	0.132 * (2.27)	0.223 ** (2.91)	0.136 (1.68)	0.160 * (2.26)
TBQ	-0.003 (-0.46)	-0.001 (-0.21)	-0.020 * (-2.28)	0.008 (1.05)	-0.0001 (-0.02)
ROA	1.092 * (2.43)	1.144 ** (2.84)	0.597 (1.02)	1.281 * (2.11)	1.578 *** (3.46)
ROC	-0.572 (-1.63)	-0.754 * (-2.37)	-0.118 (-0.26)	-0.775 (-1.60)	-1.120 ** (-3.17)
FCH	-0.414 *** (-13.41)	-0.365 *** (-12.04)	-0.349 *** (-9.64)	-0.434 *** (-10.91)	-0.375 *** (-10.47)
DMV	0.004 (0.57)	0.017 (1.90)	0.001 (0.20)	0.022 (1.72)	0.021 (0.95)
常数项	-1.471 *** (-5.19)	-0.385 (-1.80)	-1.315 *** (-4.48)	-0.889 ** (-3.05)	-0.409 (-1.06)
F 统计量	29.90	23.32	19.49	19.74	16.27
R^2	0.120	0.060	0.091	0.050	0.045
样本数	4782	4401	3061	3061	3061

注：小括号内为 T 统计量，* $p < 0.05$，** $p < 0.01$，*** $p < 0.001$。

表 10-9　　　　金融开放与不同规模和不同所有制性质企业

债务融资结构（交叉乘积项系数）

变量	国有企业	民营企业	大型企业	中型企业	小型企业
	(32)	(33)	(34)	(35)	(36)
FSIZE	0.012 *** (4.93)	0.004 (1.61)	0.015 *** (5.58)	0.005 (1.56)	0.005 (1.40)

变量	国有企业	民营企业	大型企业	中型企业	小型企业
	(32)	(33)	(34)	(35)	(36)
FFTA	0.887 ***	0.447 *	1.285 ***	0.582 **	0.216
	(6.18)	(2.54)	(7.35)	(2.88)	(1.04)
FTBQ	0.092 ***	0.019	0.219 ***	0.033	0.014
	(3.36)	(0.90)	(5.70)	(1.11)	(0.59)
FROA	1.765	1.836	4.142 **	0.338	1.712
	(1.62)	(1.83)	(3.20)	(0.23)	(1.50)
FROC	2.344 **	1.470 *	3.880 ***	0.764	1.517
	(3.02)	(2.15)	(4.58)	(0.77)	(1.76)
FFCH	0.555	−0.781	0.291	−0.484	−0.328
	(1.10)	(−1.93)	(0.48)	(−0.90)	(−0.60)
FDMV	0.215 ***	0.059	0.196 ***	0.084	0.230
	(5.26)	(0.89)	(4.87)	(1.03)	(1.69)

注：每一类企业每一个指标交叉乘积项回归模型同表 10 - 4，例如，国有企业（32）实际做了 7 个模型回归，然后分别将 7 个模型回归结果的交叉乘积项系数取出来列于此表；小括号内为 T 统计量，* $p < 0.05$，** $p < 0.01$，*** $p < 0.001$；FSIZE、FFTA、FTBQ、FROA、FROC、FFCH、FDMV 分别为金融开放度 FO 和 SIZE、FTA、TBQ、ROA、ROC、FCH、DMV 变量的交叉乘积项。

10.5.1 不同企业性质

表 10 - 6 中看出，金融开放扩大对国有企业和民营企业债务融资规模的提高都产生了促进作用，但对民营企业债务融资规模的提高促进作用更大。模型（18）中 FO 系数为 0.748，大于模型（17）中 FO 系数 0.640，表明金融开放对民营企业债务融资约束的弱化作用更强。出现这种差异的可能原因是，不存在金融开放背景下国有企业本身的融资约束就弱于民营企业融资约束，此时国有企业的贷款需求大部分得到满足，而民营企业因融资约束限制，相对来说有更多需求没有得到满足。一旦金融开放扩大，所有企业面临的贷款环境改善了，贷款渠道增加了，这时民营企业的贷款需求有了更多的融资机会了，因而其贷款增长的速度会快于国有企业。金融开放对不同性质企业债务融资能力影响的差异也可以从表 10 - 7 中金融开放与资产负债表各指标

的交叉项系数看出。无论是国有企业还是民营企业,在资产负债表指标不变时,金融开放扩大都显著地提高了企业债务融资能力,除 *FFCH* 外,所有交叉项系数符号为正且都通过显著性水平检验。同时,从交叉项系数大小再一次证明金融开放对民营企业融资约束问题的缓解作用更大,民营企业交叉项系数基本都大于国有企业交叉项系数。

表 10 – 8 显示金融开放扩大显著改变了国有企业和民营企业债务融资结构,但对国有企业债务融资结构改变的作用更大。模型(27)中 *FO* 系数为 0.273,且通过显著性水平检验,模型(28)系数为 0.105,且未通过检验。说明金融开放虽然提高了金融机构对民营企业的贷款规模,但相对于国有企业来说,金融机构对民营企业贷款风险的担忧并没有得到明显改善。民营企业增加的贷款更多为短期贷款,国有企业增加的贷款更多为长期贷款。这一点从表 10 – 8 金融开放与资产负债表各指标交叉项系数可以进一步得到证实,在资产负债表指标不变时,金融开放扩大背景下,金融机构更倾向于增加对国有企业的长期贷款额,表 10 – 8 中国有企业交叉项系数大部分大于民营企业交叉项系数。

以上分析得出结论:金融开放显著地提高了国有企业和民营企业的债务融资能力,但对二者的影响存在显著不对称性,验证了本章假设 2。从贷款规模看,金融开放对民营企业债务融资约束的弱化作用更强,即金融开放使得民营企业债务融资规模增加更快。从贷款结构看,金融开放对国有企业债务期限结构改变的作用更大,表明金融开放虽然增强了民营企业债务融资规模,但对民营企业贷款风险的担忧程度还是高于国有企业。

10.5.2 不同企业规模

表 10 – 6 中模型(19)~模型(21)显示金融开放对不同规模企业债务融资规模的提高都产生了显著的促进作用,*FO* 系数符号都为正且都通过 1% 的显著性水平检验。金融开放对不同规模企业债务融资规模的影响存在明显差异,金融开放扩大对小型企业债务融资规模的提高影响最大,其次是中型企业,再次是大型企业,*FO* 回归系数依次为 0.959、0.711 和 0.370。表明金融开放对小型企业债务融资约束的弱化作用最强,对大型企业融资约束的弱化作用最弱,中型企业处于二者中间,金融开放对中小型企业债务融资能力

提高的促进作用大于大型企业，与本章研究假设 3 一致，体现了明显的金融加速器效应。金融开放对不同规模企业债务融资能力影响的差异也可以从表 10 - 7 中金融开放与资产负债表各指标的交叉项系数看出。除 *FFCH* 外，所有交叉项系数符号都为正，其中小规模企业交叉项系数都通过显著性水平检验，中规模和大规模企业部分交叉项系数未通过检验，并且从交叉项系数大小看，基本上为小规模企业最大，中规模企业次之，大规模企业最小。因而从金融开放与资产负债表的交叉项回归结果再次证明金融开放对中小规模企业债务融资约束的弱化作用更大，同时金融开放对不同规模企业债务融资能力的影响具有明显的金融加速器效应。

表 10 - 8 显示金融开放扩大显著改变了大型企业和中型企业债务融资结构，但对小型企业债务融资结构改变的作用不明显。模型（29）和模型（30）中 *FO* 系数分别为 0.375 和 0.136，且都通过显著性水平检验，模型（31）中 *FO* 系数为 0.104，且未通过检验。说明金融开放虽然提高了金融机构对中小型企业的贷款规模，但相对于大型企业而言，金融机构对中小型企业贷款风险的担忧并没有得到明显改善，尤其是对小型企业贷款风险的担忧几乎没有变化。表明大型企业增加的贷款更多为长期贷款，中型企业增加的贷款更多为短期贷款，而小型企业增加的贷款几乎都为短期贷款。这一点从表 10 - 8 金融开放与资产负债表各指标交叉项系数可以进一步得到证实。在资产负债表指标不变时，金融开放扩大背景下，金融机构更倾向于增加对大型企业的长期贷款额，表 10 - 9 中大型企业交叉项系数都大于中小型企业交叉项系数。大型企业交叉项系数除 *FFCH* 外符号都为正且都显著，中型企业交叉项系数除 *FFCH* 外符号虽然都为正但只有 *FFTA* 显著，小型企业交叉项系数都不显著。

以上分析得出结论：金融开放显著地提高了大型企业和中小型企业的债务融资能力，但对不同规模企业的影响存在显著不对称性。从贷款规模看，金融开放对中小型企业债务融资约束的弱化作用更强，验证了本章假设 3。说明金融开放对企业债务融资规模的影响具有金融加速器效应，即相对于大型企业而言，金融开放扩大对中小型企业尤其是小型企业的债务融资规模影响更大。但从贷款结构看，金融开放对大型企业债务期限结构改变的作用更大，表明金融开放虽然具有金融加速器效应，使得中小企业债务融资规模提高更快，但金融机构对中小型企业贷款风险的担忧程度还是大于大型企业。

10.5.3 稳健性检验

10.5.3.1 稳健性检验 I

前述分析的被解释变量是使用企业贷款总额对数值，研究结论表明金融开放扩大提高了企业绝对贷款数额。为了考察金融开放影响企业债务融资规模的稳健性，本章使用企业相对债务融资规模变量即债务融资总额与企业总资产之比作为被解释变量重新进行回归，回归结果见表 10 - 10。由回归结果知，金融开放显著提高了企业贷款与总资产比值，*FO* 系数以及 *FO* 与各资产负债表指标交叉项系数都为正且都显著，表明金融开放在促进企业绝对贷款数量增加的同时，相对贷款数量也增加了。同时，该结果也说明前文结论具有稳健性。不管是从不同所有制性质还是不同规模看，回归结果都显示金融开放同样提高了企业相对贷款数量。从不同所有制性质回归结果看，金融开放对国有企业相对债务融资规模的影响略微大于民营企业，表明金融开放虽然促进民营企业绝对债务融资规模提高快于国有企业，但规模相同时金融机构还是更偏好贷款给国有企业。从不同规模企业回归结果看，金融开放促使小型企业相对贷款数量增长最快，其次是中型企业，再次是大型企业，这与前文结论是一致的。

表 10 - 10　　　　　　　　稳健性检验 I 回归结果

变量	全部企业	国有企业	民营企业	大型企业	中型企业	小型企业
	(37)	(38)	(39)	(40)	(41)	(42)
FO	0.203 ***	0.206 ***	0.201 ***	0.144 ***	0.210 ***	0.244 ***
	(11.17)	(7.89)	(7.89)	(4.53)	(6.68)	(8.37)
FFTA	0.611 ***	0.584 ***	0.658 ***	0.376 ***	0.738 ***	0.727 ***
	(11.23)	(8.23)	(7.68)	(4.04)	(7.71)	(8.49)
FTBQ	0.069 ***	0.086 ***	0.061 ***	0.068 ***	0.075 ***	0.062 ***
	(9.39)	(6.98)	(6.45)	(3.67)	(5.69)	(6.42)

续表

变量	全部企业	国有企业	民营企业	大型企业	中型企业	小型企业
	（37）	（38）	（39）	（40）	（41）	（42）
FROA	2.040 ***	2.131 ***	1.946 ***	1.284 *	1.955 ***	1.995 ***
	（6.30）	（4.53）	（4.32）	（2.36）	（3.73）	（3.60）
FROC	1.853 ***	1.925 ***	1.826 ***	1.174 ***	1.897 ***	2.191 ***
	（8.30）	（5.97）	（5.85）	（3.36）	（5.02）	（5.50）
FDMV	0.167 ***	0.151 ***	0.209 ***	0.101 ***	0.228 ***	0.636 ***
	（8.17）	（6.43）	（5.15）	（4.58）	（4.93）	（9.33）

注：被解释变量使用企业相对债务融资规模：贷款总额/总资产。表中数据只报告 *FO* 回归系数及所有模型的交叉项系数，有需求的读者可向作者索取。

10.5.3.2 稳健性检验Ⅱ

为了进一步检验回归结果的稳健性，本章使用不同的被解释变量和核心解释变量重新对相关模型进行回归。其中被解释变量与稳健性检验Ⅰ相同，使用企业相对债务融资规模。核心解释变量 *FO* 使用行业层面的金融开放度，具体计算：分行业对外直接投资与实际利用外资之和除以分行业增加值。回归结果见表 10－11。很显然，无论是全部企业回归，还是分不同性质和不同规模企业回归，分行业金融开放度都显著增加了企业相对债务融资规模，提高了企业债务融资能力，*FO* 系数都为正且都非常显著。从不同所有制回归结果看，规模相同时金融机构更偏好贷款给国有企业。从不同规模回归结果看，分行业金融开放指标对小企业相对债务融资规模的影响同样是最大。这再次证明了研究结论的稳健性和可靠性。

表 10－11　　　　　　　　稳健性检验Ⅱ回归结果

变量	全部企业	国有企业	民营企业	大型企业	中型企业	小型企业
	（43）	（44）	（45）	（46）	（47）	（48）
FO	0.018 ***	0.022 ***	0.014 ***	0.016 ***	0.016 ***	0.018 ***
	（8.93）	（8.12）	（4.29）	（4.71）	（4.24）	（5.37）

续表

变量	全部企业	国有企业	民营企业	大型企业	中型企业	小型企业
	(43)	(44)	(45)	(46)	(47)	(48)
FFTA	0.066 ***	0.070 ***	0.056 ***	0.074 ***	0.064 ***	0.047 ***
	(9.12)	(7.62)	(4.99)	(5.58)	(4.91)	(4.44)
FTBQ	0.003 ***	0.005 ***	0.002 *	0.003	0.003 **	0.003 *
	(4.87)	(4.54)	(2.31)	(1.92)	(3.05)	(2.55)
FROA	0.054 **	0.100 **	0.025	0.100 *	0.056	0.013
	(2.68)	(2.94)	(0.99)	(2.49)	(1.78)	(0.41)
FROC	0.048 **	0.089 **	0.018	0.064 *	0.056 *	0.010
	(3.14)	(3.30)	(0.95)	(2.22)	(2.25)	(0.38)
FDMV	0.005 ***	0.005 **	0.004	0.003 *	0.005	0.012 *
	(3.65)	(2.90)	(1.61)	(2.37)	(1.90)	(2.48)

注：被解释变量使用企业相对债务融资规模：贷款总额/总资产。表中数据只报告 FO 回归系数及所有模型的交叉项系数，有需求的读者可向笔者索取。被解释变量使用企业相对债务融资规模，金融开放使用行业层面值。

10.6　本章小结

　　本章认为企业投资项目类别对其债务融资具有重要影响，通过理论考察将 BGG 模型由一种投资类别驱动债务融资拓展到多种投资类别驱动债务融资，同时认为金融开放会影响企业债务融资约束使得企业外部融资酬金发生变化继而影响企业债务融资能力。在此基础上利用中国 A 股上市公司 2007～2016 年面板数据实证考察了金融开放对企业债务融资规模和融资期限结构的影响。研究发现，通过对企业投资项目类别控制后，金融开放通过弱化企业债务融资约束显著提高了企业债务融资能力，在资产负债表状况不变时，金融开放扩大明显增加了企业债务融资规模和企业长期贷款在总贷款中的比例。进一步分析发现，金融开放对不同所有制性质和不同规模企业债务融资能力的影响具有显著差异。从贷款规模看，金融开放对民营企业和中小型企业尤其是小型企业的债务融资规模影响更大，从贷款结构看，金融开放对国有企业和大型企业债务期限结构改变的作用更大。这表明金融开放虽然提高了企业债务融资能力，金融机构对民营企业和中小型企业贷款风险的担忧还是甚于国有企业和大型企业。结合前面两章的研究结论可以看出，金融开放扩大虽然弱化了企业融资约束，提高了企业贷款能力，但由于金融开放使得国内金融市场和国际金融市场投资环境更加宽松，企业并非将获得的贷款更多地投资于固定资产项目；相反，可能将更多的贷款投资获利高、变现快的金融资产，加大了中国经济"脱实向虚"的程度。据此，本章提出如下建议：第一，可以进一步深化金融改革，促进金融市场发展，弱化企业债务融资约束，为企业债务融资提供更多便利条件。第二，为了稳步促进民营企业和中小型企业持续稳定发展，在扩大金融开放的同时，可以协调金融机构适当增加这类企业的长期贷款比例。第三，对企业贷款的去向需要审慎监管，以防企业将更多贷款资金用于金融资产投资。

参考文献

[1] 白俊, 连立帅. 信贷资金配置差异: 所有制歧视抑或禀赋差异?[J]. 管理世界, 2012 (6): 30 - 42, 73.

[2] 白俊红, 王钺, 蒋伏心, 等. 研发要素流动, 空间知识溢出与经济增长 [J]. 经济研究, 2017 (7): 109 - 123.

[3] 陈志民. 论金融开放对我国经济增长的影响 [J]. 当代经济, 2017 (10): 4 - 7.

[4] 成思危. 虚拟经济与金融危机 [J]. 经济界, 1999 (3): 4 - 9.

[5] 戴伟, 张雪芳. 金融发展、金融市场化与实体经济资本配置效率 [J]. 审计与经济研究, 2016 (12): 117 - 127.

[6] 邓力平, 孔令强. 金融开放、金融发展与经济增长: 数据分析及政策启示 [J]. 山东经济, 2009 (6): 5 - 14.

[7] 贵丽娟, 胡乃红, 邓敏. 金融开放会加大发展中国家的经济波动吗?: 基于宏观金融风险的分析 [J]. 国际金融研究, 2015 (10): 43 - 54.

[8] 郭长林. 被遗忘的总供给: 财政政策扩张一定会导致通货膨胀吗?[J]. 经济研究, 2016 (2): 30 - 41.

[9] 韩峰, 王琢卓, 阳立高. 生产性服务业集聚, 空间技术溢出效应与经济增长 [J]. 产业经济研究, 2014 (3): 1 - 10.

[10] 韩立岩, 王哲兵. 我国实体经济资本配置效率与行业差异 [J]. 经济研究, 2005 (1): 77 - 84.

[11] 何国华, 常鑫鑫. 金融开放会增加中国宏观经济不稳定吗 [J]. 当代经济科学, 2013 (1): 28 - 37.

[12] 贺灿飞, 梁进社. 中国区域经济差异的时空变化: 市场化, 全球化与城市化 [J]. 管理世界, 2004 (8): 8 - 16, 155.

［13］胡奕明，王雪婷，张瑾. 金融资产配置动机："蓄水池"或"替代"？：来自中国上市公司的证据［J］. 经济研究，2017（1）：181 – 194.

［14］黄玲. 金融开放的多角度透视［J］. 经济学（季刊），2007，6（2）：421 – 442.

［15］黄群慧. 论新时期中国实体经济的发展［J］. 中国工业经济，2017（9）：5 – 24.

［16］黄赜琳. 中国经济周期特征与财政政策效应：一个基于三部门 RBC 模型的实证分析［J］. 经济研究，2005（6）：27 – 39.

［17］贾怀勤. 改革开放以来中国经济波动与对外经济贸易因素［J］. 国际贸易，2009（1）：19 – 23.

［18］姜波克. 论开放经济下中央银行的冲销手段［J］. 金融研究，1999（5）：1 – 4.

［19］蒋腾，张永翼，赵晓丽. 经济政策不确定性与企业债务融资［J］. 管理评论，2018（3）：29 – 39.

［20］金碚. 发展实体经济理论专题［J］. 中国工运，2012（6）：53 – 54.

［21］蓝发钦. 中国资本项目开放的测度［J］. 华东师范大学学报（哲学社会科学版），2005（2）：87 – 94.

［22］黎贵才，卢荻. 国际资本流入是否提升了中国经济增长效率［J］. 经济学家，2014（3）：56 – 63.

［23］李佩珈，梁婧. 资金"脱实向虚"的微观路径及影响研究［J］. 国际金融，2017（3）：29 – 36.

［24］李鹏飞，孙建波. 我国经济"脱实向虚"的影响，成因及对策：基于国际比较的视角［J］. 郑州大学学报（哲学社会科学版），2017（4）：72 – 76.

［25］李青原，李江冰，江春，等. 金融发展与地区实体经济资本配置效率：来自省级工业行业数据的证据［J］. 经济学（季刊），2013（1）：521 – 548.

［26］李扬. "金融服务实体经济"辨［J］. 经济研究，2017（6）：4 – 16.

［27］林毅夫，李志赟. 中国的国有企业与金融体制改革［J］. 经济学（季刊），2005（7）：916 – 936.

［28］刘笃池，贺玉平，王曦. 企业金融化对实体企业生产效率的影响研究［J］. 上海经济研究，2016（8）：74 – 83.

［29］刘俊民. 全国虚拟经济研讨会在南开大学举行［J］. 中国经贸导刊，2002（11）：10.

［30］刘晓欣. 个别风险系统化与金融危机：来自虚拟经济学的解释［J］. 政治经济学评论，2011（10）：64 – 80.

［31］马君潞，李泽广，黄群勇. 金融约束，代理成本假说与企业投资行为：来自中

国上市公司的经验证据［J］. 南开经济研究, 2008（1）：3 – 18.

［32］马勇, 李镏洋. 金融变量如何影响实体经济：基于中国的实证分析［J］. 金融评论, 2015（1）：34 – 50.

［33］马勇, 王芳. 金融开放, 经济波动与金融波动［J］. 世界经济, 2018（2）：20 – 44.

［34］潘文卿. 中国的区域关联与经济增长的空间溢出效应［J］. 经济研究, 2012（1）：54 – 65.

［35］钱雪松, 杜力, 马文涛. 中国货币政策利率传导有效性研究：中介效应和体制内外差异［J］. 管理世界, 2015（11）：11 – 27.

［36］任羽菲. 经济 "脱实向虚" 的流动性风险：基于货币增速剪刀差与资产价格相互作用的分析［J］. 财经研究, 2017（10）：31 – 42.

［37］宋超英, 王宁. 论虚拟经济与实体经济的关系：由冰岛破产与迪拜债务危机引发的思考［J］. 金融经济, 2010（3）：12 – 14.

［38］苏治, 方彤, 尹力博. 中国虚拟经济与实体经济的关联性：基于规模和周期视角的实证研究［J］. 中国社会科学, 2017（8）：87 – 109.

［39］陶雄华, 谢寿琼. 金融开放, 空间溢出与经济增长：基于中国 31 省份数据的实证研究［J］. 宏观经济研究, 2017（5）：10 – 20.

［40］铁瑛, 何欢浪. 金融开放, 示范效应与中国出口国内附加值率攀升：基于外资银行进入的实证研究［J］. 国际贸易问题, 2020（10）：160 – 174.

［41］万广华, 陆铭, 陈钊. 全球化与地区间收入差距：来自中国的证据［J］. 中国社会科学, 2005（3）：17 – 26.

［42］王国刚. 金融脱实向虚的内在机理和供给侧结构性改革的深化［J］. 中国工业经济, 2018（7）：5 – 23.

［43］王国静, 田国强. 金融冲击和中国经济波动［J］. 经济研究, 2014（3）：20 – 34.

［44］王美今, 林建浩, 余壮雄. 中国地方政府财政竞争行为特性识别："兄弟竞争" 与 "父子争议" 是否并存?［J］. 管理世界, 2010（3）：22 – 31.

［45］王舒健, 李钊. 金融开放能促进经济增长吗?［J］. 世界经济研究, 2006（10）：53 – 58, 46.

［46］王晓颖, 肖忠意, 廖元和. 上市公司履行企业社会责任水平与银行债务融资能力的提升［J］. 改革, 2018（7）：108 – 115.

［47］王勋, Johansson A. 金融抑制与经济结构转型［J］. 经济研究, 2013（1）：54 – 67.

［48］王义中, 宋敏. 宏观经济不确定性, 资金需求与公司投资［J］. 经济研究,

2014 (2)：4－17.

[49] 魏杰，董进. 改革开放后中国经济波动背后的政府因素分析 [J]. 中央财经大学学报，2006 (6)：52－57.

[50] 吴卫锋，庄宗明. 金融开放促进一国经济增长的门限条件研究：兼论对中国金融开放的启示 [M]//社会主义经济理论研究集萃 (2013)：创新驱动的中国经济. 北京：经济科学出版社，2014：446－465.

[51] 吴晓鹏. 金融开放须与经济结构调整平衡发展 [N].21 世纪经济报道，2007－05－23.

[52] 武文静，周晓唯. 过度金融化对中国实体经济的影响及例证分析 [J]. 理论月刊，2017 (5)：120－124.

[53] 谢家智，王文涛，江源. 金融化与工业化：作用路径及动态效应 [J]. 吉林大学社会科学学报，2014a (4)：48－56.

[54] 谢家智，王文涛，江源. 制造业金融化，政府控制与技术创新 [J]. 经济学动态，2014b (11)：78－88.

[55] 鄢莉莉，王一鸣. 金融发展，金融市场冲击与经济波动：基于动态随机一般均衡模型的分析 [J]. 金融研究，2012 (12)：82－95.

[56] 姚立杰，付方佳，程小可. 企业避税、债务融资能力和债务成本 [J]. 中国软科学，2018 (10)：117－135.

[57] 叶祥松，晏宗新. 当代虚拟经济与实体经济的互动：基于国际产业转移的视角 [J]. 中国社会科学，2012 (9)：63－79，207.

[58] 俞乔，陈剑波，杨江，等. 非国有企业投资行为研究 [J]. 经济学 (季刊)，2002 (4)：501－520.

[59] 俞俏萍. 经济均衡发展视野的"脱实向虚"治理 [J]. 改革，2017 (4)：70－79.

[60] 袁申国，陈平. 资产负债表，金融加速器与企业投资 [J]. 经济学家，2009 (4)：61－67.

[61] 云鹤，胡剑锋，吕品. 金融效率与经济增长 [J]. 经济学 (季刊)，2012 (1)：595－612.

[62] 张成思，张步昙. 再论金融与实体经济：经济金融化视角 [J]. 经济学动态，2015 (6)：56－66.

[63] 张金清，管华雨，连端清，等. 金融开放程度指标评价体系及其在我国的应用研究 [J]. 产业经济研究，2008 (3)：50－56.

[64] 张金清，刘庆富. 中国金融对外开放的测度与国际比较研究 [J]. 国际金融研究，2007 (12)：61－69.

［65］张军，吴桂英，张吉鹏. 中国省际物质资本存量估算：1952—2000 ［J］. 经济研究，2004（10）：35 – 44.

［66］张小波，傅强. 金融开放对中国经济增长的效应分析及评价：基于中国 1979 ~ 2009 年的实证分析 ［J］. 经济科学，2011（6）：5 – 16.

［67］张小波. 金融开放与宏观经济波动：基于修正的"三元悖论"框架的分析 ［J］. 西南政法大学学报，2017（4）：103 – 112.

［68］张玉鹏，王茜. 金融开放视角下宏观经济波动问题研究：以东亚国家（地区）为例 ［J］. 国际金融研究，2011（2）：14 – 24.

［69］中共中央文献研究室. 习近平关于社会主义经济建设论述摘编 ［M］. 北京：中央文献出版社，2017：113 – 114.

［70］朱荣华，左晓慧. 金融开放是平抑还是加剧中国经济波动：货币政策视角 ［J］. 经济问题，2018（12）：35 – 42.

［71］Abel A. B. and O. J. Blanchard. Investment and Sales：Some Empirical Evidence ［R］. NBER Working Paper，1986，No. 2050.

［72］Aghion P.，P. Bacchetta and A. Banerjee. Financial Development and the Instability of Open Economics ［J］. Journal of Monetary Economics，2004，51（6）：1077 – 1106.

［73］Allen F.，J. Qian and M. Qian. Law，Finance and Economic Growth in China ［J］. Journal of Financial Economics，2005，77（1）：57 – 116.

［74］Andersen T. B. and F. Tarp. Financial Liberalization，Financial Development and Economic Growth in LDCS ［J］. Journal of International Development，2003，15（2）：189 – 209.

［75］Arellano C. and G. M. Enrique. Credit Frictions and "Sudden Stops" in Small Open Economies：An Equilibrium Business Cycle Framework for Emerging Markets Crises ［R］. NBER Working Paper，2002，No. w8880.

［76］Ashraf B. N. Do Trade and Financial Openness Matter for Financial Development? Bank-level Evidence from Emerging Market Economies ［J］. Research in International Business and Finance，2018（44）：434 – 458.

［77］Bartolini L. and A. Drazen. Capital-Account Liberalization as a Signal ［J］. American Economics Review，1997，87（1）：138 – 154.

［78］Baumol W. Macroeconomics of Unbalanced Growth：The Anatomy of Urban Crisis ［J］. American Economic Review，1967，57（3）：415 – 426.

［79］Baxter M. and M. Grucini. Business Cycles and the Asset Structure of the Foreign Trade ［J］. International Economic Review，1995，36（4）：821 – 854.

［80］Bekaert G.，C. R. Harvey and C. Lundblad. Financial Openness and Productivity ［J］. World Development，2011，39（1）：1 – 19.

[81] Bekaert G. , H. Campbell and L. Christian. Does Financial Liberalization Spur Growth? [J]. Journal of Financial Economics, 2005, 77 (1): 3 – 55.

[82] Bekaert G. , H. Campbell and L. Christian. Growth Volatility and Financial Liberalization [J]. Journal of International Money and Finance, 2006, 25: 370 – 403.

[83] Bekaert G. and C. Harvey. Time-Varying World Market Integration [J]. Journal of Finance, 1995, 50 (2): 403 – 444.

[84] Bernanke B. , M. Gertler and S. Gilchrist. The Financial Accelerator and the Flight to Quality [J]. The Review of Economics and Statistics, 1996, 78 (1): 1 – 15.

[85] Bernanke B. S. Nonmonetary Effects of the Financial Crisis in the Propagation of the Great Depression [J]. The American Economic Review, 1983, 73 (3): 257 – 276.

[86] Bonfiglioli A. Financial Integration, Productivity and Capital Accumulation [J]. Journal of International Economics, 2008, 76 (2): 337 – 355.

[87] Brueckner J. K. Strategic Interaction Among Governments: An Overview of Empirical Studies [J]. International Regional Science Review, 2003, 26: 175 – 188.

[88] Buch C. M. , J. Doepke and P. Christian. Financial Openness and Business Cycle Volatility [J]. Journal of International Money and Finance, 2005, 24 (5): 744 – 765.

[89] Buch C. M. and S. Yener. Consumption Volatility and Financial Openness [J]. Applied Economics, 2010, 42 (28): 3635 – 3649.

[90] Buckley P. J. , J. Clegg, C. Q. Wang and A. R. Cross. FDI, Regional Differences and Economic Growth: Panel Data Evidence from China [J]. Transnational Corporations, 2002, 11 (1): 1 – 28.

[91] Bumann S. and R. Lensink. Capital Account Liberalization and Income Inequality [J]. Journal of International Money and Finance, 2016, 61: 143 – 162.

[92] Bussière M. and M. Fratzscher. Financial Openness and Growth: Short-Run Gain, Long-Run Pain? [J]. Review of International Economics, 2008, 16 (1): .69 – 95.

[93] Caballero R. J. and A. Krishnamurthy. International and Domestic Collateral Constraints in a Model of Emerging Market Crises [J]. Journal of Monetary Economics, 2001, 48 (3): 513 – 548.

[94] Cabral R. , R. García-Díaz and A. V. Mollick. Does Globalization Affect Top Income Inequality? [J]. Journal of Policy Modeling, 2016, 38: 916 – 940.

[95] Calderón C. and L. Liu. The Direction of Causality Between Financial Development and Economic Growth [J]. Journal of Development Economics, 2003, 72 (1): 321 – 334.

[96] Calvo G. Staggered Prices in a Utility-Maximizing Framework [J]. Journal Monetary Economic, 1983, 12 (3): 383 – 398.

［97］ Caprio G. and P. Honohan. Restoring Banking Stability： Beyond Supervised Capital Requirements ［J］. Journal of Economic Perspectives, 1999, 13 (4)： 43 – 64.

［98］ Chen J. and B. M. Fleisher. Regional Income Inequality and Economic Growth in China ［J］. Journal of Comparative Economics, 1996, 22 (2)： 141 – 164.

［99］ Chinn M. D. and H. Ito. A New Measure of Financial Openness ［J］. Journal of Comparative Policy Analysis, 2008, 10 (3)： 309 – 322.

［100］ Chou Y. K. Modeling Financial Innovation and Economic Growth： Why the Financial Sector Matters to the Real Economy ［J］. Journal of Economic Education, 2007, 38 (1)： 78 – 91.

［101］ Christian L. Foreign Direct Investment and Regional Inequality： A Panel Data Analysis ［J］. China Economic Review, 2013, 24： 129 – 149.

［102］ Claessens S. , A. Demirgue-Kunt and H. Huizinga. How Does Foreign Entry Affect Domestic Banking Markets? ［J］. Journal of Banking and Finance, 2001, 25 (5), 891 – 911.

［103］ Corden W. M. and J. P. Neary. Booming Sector and De-Industrialisation in a Small Open Economy ［J］. The Economic Journal, 1982, 92 (386)： 825 – 848.

［104］ Crotty J. Slow Growth, Destructive Competition, and Low Road Labor Relations： A Keynes-Marx-Schumpeter Analysis of Neoliberal Globalization ［R］. Working Papers, wp6, 2000.

［105］ Crotty J. The Neoliberal Paradox： The Impact of Destructive Product Market Competition and 'Modern' Financial Market on Nonfinancial Corporation Performance in the Neoliberal Era ［J］. Review of Radical Political Economics, 2003, 35 (3)： 271 – 279.

［106］ Crucini M. J. Country Size and Economic Fluctuations ［J］. Review of International Economics, 1997, 5 (2)： 204 – 220.

［107］ Demir F. Financial Liberalization, Private Investment and Portfolio Choice： Financiali-zation of Real Sectors in Emerging Markets ［J］. Journal of Development Economics, 2009, 3 (88)： 314 – 324.

［108］ Devereux M. and A. Sutherland. Financial Globalization and Monetary Policy ［J］. Journal of Monetary Economics, 2008, 55 (9)： 1363 – 1375.

［109］ Edison H. , L. Ross, R. Luca and S. Torsten. International Financial Integration and Economic Growth ［J］. Journal of International Monetary and Finance, 2002, 21： 749 – 776.

［110］ Edison H. J. , W. L. Michael, A. R. Luca and S. Torsten. Capital Account Liberalization and Economic Performance： Survey and Synthesis ［R］. IMF Staff Papers, 2004, 51： 220 – 256.

［111］ Epstein G. A. and A. Jayadev. The Rise of Rentier Incomes in OECD Countries： Financialization, Central Bank Policy and Labor Solidarity [J]. Financialization and the world Economy, 2005, 2: 46 – 74.

[112] Feldstein M. and C. Horioka. Domestic Saving and International Capital Flows [J]. The Economic Journal, 1980, 90 (358): 314 – 329.

[113] Felix D. Asia and the Crisis of Financial Globalization [M]//Baker D. , G. Epstein and R. Pollin. Globalization and Progressive Economic Policy. Cambridge University Press, 1998: 163 – 194.

[114] Field B. J. The Financialization of Capitalism [J]. Monthly Review, 2007, 58 (11): 1 – 12.

[115] Frederic S. M. Understanding Financial Crisis: A Developing Country Perspective [J]. Annual World Bank Conference on Development Economics, 1996: 29 – 62.

[116] Frenkel R. and J. Ros. Unemployment and the Real Exchange Rate in Latin America [J]. World Development, 2006, 34 (4): 631 – 646.

[117] Gavin M. and R. Hausmann. Sources of Macroeconomic Volatility in Developing Economies [R]. Inter-American Development Bank, 1996.

[118] Gertler M. , S. Gilchrist and F. M. Natalucci. External Constraints on Monetary Policy and the Financial Accelerator [R]. 2003.

[119] Gertler M. and S. Gilchrist. the Role of Credit Market Imperfections in the Monetary Transmission Mechanism: Arguments and evidence [J]. Scandinavian Journal of Economics, 1993 (1): 43 – 64.

[120] Glick R. and M. Hutchison. Capital Controls and the Exchange Rate Instability in Developing Countries [J]. Journal of International Money and Finance, 2005, 24 (3): 387 – 412.

[121] Goldsmith R. W. Financial Structure and Development [M]. New York: Yale University Press, 1969.

[122] Grabel I. Assessing the Impact of Financial Liberalisation on Stock Market Volatility in Selected Developing Countries [J]. Journal of Development Studies, 1995, 31 (6): 903 – 917.

[123] Greenwood J. and B. Jovanovic. Financial Development, Growth, and the Distribution of Income [J]. Journal of Political Economy, 1999, 98 (5): 1076 – 1107.

[124] Grilli V. and G. M. Milesi-Ferretti. Economic Effects and Structural Determinants of Capital Controls [J]. Staff Papers, International Monetary Fund, 1995, 42 (3): 517 – 551.

[125] Grossel S. and N. Biekpe. The Cyclical Relationships Between South Africa's Net Capital Inflows and Fiscal and Monetary Policies [J]. Emerging Markets Finance & Trade, 2013, 2 (49): 64 – 83.

[126] Guillén J. , E. W. Rengifo and E. Ozsoz. Relative Power and Efficiency as a Main Determinant of Banks' Profitability in Latin America [J]. Borsa Istanbul Review, 2014 (14): 119 – 125.

[127] Harris M. and A. Raviv. Capital Structure and the Informational Role of Debt [J]. Journal of Finance, 1990, 45 (2): 321 – 349.

[128] He C. Information Costs, Agglomeration Economies, and Location of Foreign Direct Investment within China [J]. Regional Studies, 2002, 39 (9): 1029 – 1036.

[129] Head A. C. Country Size, Aggregate Fluctuations, and International Risk Sharing [J]. The Canadian Journal of Economics, 1995, 28 (11): 1096 – 1119.

[130] Henry P. B. Do Stock Market Liberalizations Cause Investment Booms? [J]. Journal of Financial Economics, 2000, 58 (10): 301 – 334.

[131] Hubbard R. G. Is There a Credit Channel for Monetary Policy? [J]. Federal Reserve Bank of St. Louis Review, 1995 (5/6): 63 – 74.

[132] Jensen M. C. Agency Costs of Free Cash Flow, Corporate Finance, and Takeovers [J]. American Economic Review, 1986 (5): 323 – 329.

[133] Kahle K. M. and R. M. Stulz. Access to Capital, Investment, and the Financial Crisis [J]. Journal of Financial Economics, 2013, 110 (2): 280 – 299.

[134] Kalemli-Ozcan S. , B. Preston and O. Yosha. Risk Sharing and Industrial Specialization: Regional and International Evidence [J]. American Economic Review, 2003, 93 (3): 903 – 918.

[135] Kaminsky G. L. and S. Schmukler. Short-Run Pain, Long-Run Gain: Financial Liberalization and Stock Market Cycles [J]. Review of Finance, 2007, 12 (2): 253 – 292.

[136] Klein M. W. and G. Olivei. Capital Account Liberalization Financial Depth and Economic Growth [J]. Journal of International Money and Finance, 2008, 27 (6): 861 – 875.

[137] Klenow P. J. and A. Rodriguez-Clare. Externalities and Growth [M]//Aghion P. and S. Durlauf. Handbook of Economic Growth. North Holland, 2005: 817 – 861.

[138] Kose M. A. A. , E. S. Prasad and M. E. Terrones. Financial Integration and Macroeconomic Volatility [J]. IMF Staff Papers, 2003, 50 (1): 119 – 142.

[139] Krugman P. The Myth of Asia's Miracle [J]. Foreign Affairs, 1994.

[140] Lane P. R. and G. M. Milesi-Ferretti. The External Wealth of Nations Mark II: Revised and Extended Estimates of Foreign Assets and Liabilities, 1970 – 2004 [J]. Journal of International Economics, 2007, 73 (2): 223 – 250.

[141] Lane P. R. and G. M. Milesi-Ferretti. The External Wealth of Nations: Measures of Foreign Assets and Liabilities for Industrial and Developing Countries [J]. Journal of International

Economics, 2001, 55 (2): 263 – 294.

[142] Laurenceson J. and K. K. Tang. China's Capital Account Convertibility and Financial Stability [R]. EAERG Discussion Paper, 2005, No. 0505.

[143] Le Q. V. and P. J. Zak. Political Risk and Capital Flight [J]. Journal of International Money and Finance, 2006, 25 (2): 308 – 329.

[144] Lessmann C. Foreign Direct Investment and Regional Inequality: A Panel Data Analysis [J]. China Economic Review, 2013, 3 (24): 129 – 149.

[145] Levchenko A. A. , R. Rancière and M. Thoenig. Growth and Risk at the Industry Level: The Real Effects of Financial Liberalization [J]. Journal of Development Economics, 2009, 89 (2): 210 – 222.

[146] Levine R. Finance and Growth: Theory and Evidence [R]. NBER Cambridge, 2004.

[147] Lozano-Vivas A. and J. T. Pastor. Banking and Economic Activity Performance: An Empirical Study at the Country Level [J]. Manchester School, 2006, 74 (4): 469 – 482.

[148] Magdoff H. and P. M. Sweezy. Production and Finance [J]. Review of the Month, 1983, 35 (1): 1413.

[149] Malin A. , L. Stefan, L. Jesper and V. Mattias. Bayesian Estimation of an Open Economy DSGE Model with Incomplete Pass-Through [R]. DEAS Working Paper Series from RePEc, St. Louis, 2005.

[150] Mattoo A. Financial Services and the WTO: Liberalization Commitments of the Developing and Transition Economics [J]. The World Economy, 2000, 23 (3): 351 – 386.

[151] Ma Y. Financial Openness, Financial Frictions, and Macroeconomics Fluctuations in Emerging Market Economies [J]. Emerging Markets Finance and Trade, 2015, 52 (1): 1 – 19.

[152] Mckinnon R. I. Money and Capital in Economic Development [J]. American Political Science Review, 1973, 68 (4): 1822 – 1824.

[153] Mendoza E. G. Robustness of Macroeconomic Indicators of Capital Mobility [R]. IMF Working Papers, No. 92/111, 1992.

[154] Mishkin F. S. The Next Great Globalization: How Disadvantaged Nations Can Harness Their Financial Systems to Get Rich [M]. Princeton: Princeton University Press, 2006.

[155] Mishkin, F. Financial Policies and the Prevention of Financial Crises in Emerging Market Countries [R]. NBER Working Paper, 2001, No. 8087.

[156] Montiel P. J. and C. M. Reinhart. Do Capital Controls and Macroeconomic Policies Influence the Volume and Composition of Capital Flows? Evidence from the 1990s [J]. Journal of International Money and Finance, 1999, 18 (4): 619 – 635.

［157］ Obstfeld M. and K. Rogoff. Exchange Rate Dynamics Redux ［J］. Journal of Political Economy, 1995, 103 (3): 624 - 660.

［158］ Obstfeld M. and K. Rogoff. Perspectives on OECD Economic Integration: Implications for US Current Account Adjustment ［R］. RePEc, 2000.

［159］ Obstfeld M. Risk-Taking, Global Diversification and Growth ［J］. American Economic Review, 1994, 84 (5): 1310 - 1329.

［160］ Obstfeld M. The Global Capital Market: Benefactor or Menace? ［J］. Journal of Economic Perspectives, 1998, 12 (4): 9 - 30.

［161］ Odedokun M. Alternative Econometric Approaches for Analyzing the Role of the Financial Sector in Economic Growth: Time-Series Evidence from LDCs ［J］. Journal of Development Economics, 1996, 50 (1): 1419 - 1461.

［162］ Orhangazi O. Financialization and Capital Accumulation in the Nonfinancial Corporate Sector: A Theoretical and Empirical Investigation on the US Economy, 1973 - 2004 ［R］. IDEAS Working Paper, 2007.

［163］ Pesaran M. H. and E. Tosetti. Large Panels with Common Factors and Spatial Correlations ［J］. Journal of Econometrics, 2011, 161: 182 - 202.

［164］ Philip R. L. and G. M. Milesi-Ferretti. The External Wealth of Nations Mark II: Revised and Extended Estimates of Foreign Assets and Liabilities, 1970 - 2004 ［J］. Journal of International Economics, 2007, 73: 223 - 250.

［165］ Prasad E. S., R. G. Rajan and A. Subramanian. Foreign Capital and Economic Growth ［J］. Brookings Papers on Economic Activity, 2007, 38 (1): 153 - 230.

［166］ Quinn D. The Correlates of Change in International Financial Regulation ［J］. American Political Science Review, 1997, 91 (3): 531 - 551.

［167］ Ratna S. and B. Hugh. Rethinking Financial Deeping: Stability and Growth in Emerging Markets ［R］. IMF Paper, 2015.

［168］ Rodrik D. Who Needs Capital Account Convertibility? in Should the IMF Pursue Capital-Account Convertibility? ［M］. International Finance, 1998 (207): 55 - 65.

［169］ Rosa F. L., G. Liberatore, F. Mazzi and S. Terzani. The Impact of Corporate Social Performance on the Cost of Debt and Access to Debt Financing for Listed European Non-Financial Firms ［J］. European Management Journal, 2018 (36): 519 - 529.

［170］ Roubini N. and X. Sala-i-Martin. Financial Repression and Economic Growth ［J］. Journal of Development Economics, 1992, 39 (1): 5 - 30.

［171］ Saoussen B. G. Does Financial Liberalization Matter for Emerging East Asian Economies Growth? Some New Evidence ［J］. International Review of Economics and Finance, 2009,

18 (3): 392 – 403.

[172] Schumpeter J. Eugen von Böhm-Bawerk (1851 – 1914), In idem, Ten Great Economists: From Marx to Keynes [M]. New York: Oxford University Press, 1969.

[173] Selim E. and T. Ivan. Balance Sheets, Exchange Rate Policy, and Welfare [J]. Journal of Economic Dynamics & Control, 2007, 31 (12): 3986 – 4015.

[174] Shaw S. E. Financial Deepening in Economic Development [M]. New York: Oxford University Press, 1973.

[175] Skott P. and S. Ryoo. Macroeconomic Implications of Financialisation [J]. Cambridge Journal of Economics, 2007, 32: 827 – 862.

[176] Smets F. and R. Wouters. Shocks and Frictions in US Business Cycles: A Bayesian DSGE Approach [J]. American Economic Review, 2007, 97 (3): 586 – 606.

[177] Stiglitz J. E. Capital Market Liberalization, Economic Growth, and Instability [J]. World Development, 2000, 28 (6): 1075 – 1086.

[178] Stockhammer E. Financialisation and the Slowdown of Accumulation [J]. Cambridge Journal of Economics, 2004, 28 (5): 719 – 741.

[179] Stockhammer E. Shareholder Value Orientation and the Investment-Profit Puzzle [J]. Journal of Post Keynesian Economics, 2007, 28 (2): 193 – 215.

[180] Stulz R. Globalization of Equity Markets and the Cost of Capital [R]. NBER Working Paper, No. 7021 (3), 1999.

[181] Sun H. and J. Chai. Direct Foreign Investment and Inter-Regional Economic Disparity in China [J]. International Journal of Social Economics, 1998, 25: 424 – 427.

[182] Sutherland A. Financial Market Integration and Macroeconomic Volatility [J]. Scandinavian Journal of Economics, 1996, 98 (4): 521 – 539.

[183] Sweezy P. M. The Guilt of Capitalism [J]. Monthly Review, 1997, 49 (6): 60 – 61.

[184] Talavera O. , Tsapin A. and O. Zholud. Macroeconomic Uncertainty and Bank Lending: The Case of Ukraine [J]. Economic Systems, 2012, 36: 279 – 293.

[185] Taylor J. The Role of the Exchange Rate in Monetary Policy Rules [J]. American Economic Review, 2001, 91 (2): 263 – 267.

[186] Thomas M. Online P2P Lending Nibbles at Banks Loan Business [R]. Deutsche Bank Research, 2007.

[187] Tobin J. Money and Economic Growth [J]. Econometrica, 1965, 33 (4): 671 – 684.

[188] Tornell A. Real vs. Financial Investment: Can Tobin Taxes Eliminate the Irreversibil-

ity Distortion? [J]. Journal of Development Economics, 1990, 32 (2): 419 – 444.

[189] Trivedi S. R. Financialisation and Accumulation: A Firm-Level Study in the Indian Context [J]. Procedia Economics and Finance, 2014, 11: 348 – 359.

[190] UNCTAD. Trade and Development Report [R]. United Nations, Geneva, 2006.

[191] Williamson O. Corporate Finance and Corporate Governance [J]. Journal of Finance, 1988, 43 (3): 567 – 591.

[192] Windmeijer F. A Finite Sample Correction for the Variance of Linear Efficient Two-Step GMM Estimators [J]. Journal of Econometrics, 2005, 126 (1): 25 – 51.

[193] Wurgler J. Financial Markets and the Allocation of Capital [J]. Journal of Financial Economics, 2000, 58 (1): 187 – 214.

[194] Yao S. and Z. Zhang. On Regional Inequality and Diverging Clubs: A Case Study of Contemporary China [J]. Journal of Comparative Economics, 2001, 29 (3): 466 – 484.

[195] Yu K. , X. Xin, P. Guo and X. Liu. Foreign Direct Investment and China's Regional Income Inequality [J]. Economic Modelling, 2011, 28 (3): 1348 – 1353.

[196] Zhang X. B. and K. Zhang. Regional Inequality Within a Developing County? Evidence from China [J]. Journal of Development Studies, 2003, 39 (4): 47 – 67.